독수리의 눈,

사자의 마음,

그 리 고

여자의 손

이춘성 교수가 들려주는, 의사도 모르는 의사 이야기

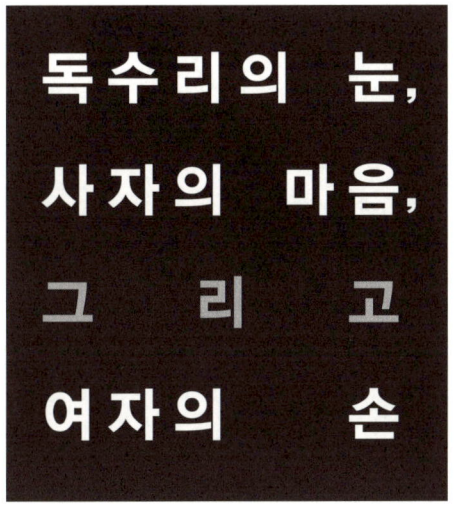

독수리의 눈,
사자의 마음,
그리고
여자의 손

이춘성(서울아산병원 정형외과 주임교수) 지음

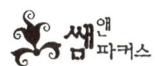

이 세상 모든 기쁨은
다른 존재의 행복을 바라는 데서 오고,
이 세상 모든 고통은
자신만이 행복하기를 바라는 데서 온다.

산티데바Shantideva

| **목차** |

머리말 — 10

Part 1
**독수리의 눈, 사자의 마음,
그 리 고 여 자 의 손**

외과의사도 피가 무섭다	— 15
인턴 첫 달	— 19
"단식하면 죽는데이!"	— 24
왜 외과의사들은 위험한 수술에 악착같이 도전할까?	— 30
평범 속의 위대함	— 36
자기도취적 의사, 대범하거나 비정하거나	— 41
무모함, 뛰어난 외과의사의 필수조건	— 45
격투기에서 배우는 담력과 품격	— 51
지금 알고 있는 걸 그때도 알았더라면	— 61
스타 의사, 스타 과학자	— 67
너무 많이 가지면 괴롭다	— 73
아름다운 것은 어렵다	— 81

Part 2

**애빌린 패러독스부터
루브 골드버그 장치까지**

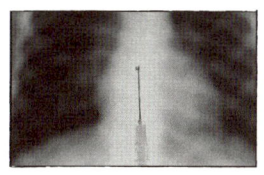

애빌린 패러독스	— 89
신라호텔 수술법을 아시나요?	— 93
미국 수술실에서 쫓겨나는 수모를 겪으며	— 98
수술하는 기계 vs. 책만 보는 서생	— 106
의사들의 플라세보 반응	— 111
니콜라 테슬라와 MRI	— 118
수술 많이 하는 병원일수록 수술결과가 나쁘다?	— 123
의사들의 거짓말, 경력위조와 학술사기	— 128
시행착오는 고스란히 환자의 몫	— 133
루브 골드버그 장치, 최악의 성과를 위한 최대의 노력	— 137

Part 3

아프리카에는
디스크 환자가 없다

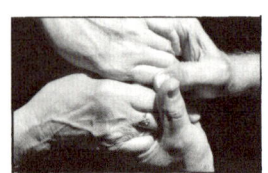

당장 수술하라고 하면 어떡하지?	— 145
의사는 좋아졌다고 하는데	— 153
인지부조화	— 157
세상만사가 일체유심조	— 165
무식해서 용감했던 시절을 거쳐	— 172
수술 없이 디스크를 치료하는 엄청난 비법?	— 177
아프리카에는 디스크 환자가 없다	— 181
MISS와 레이저, 맹신하지 마라	— 185
길면 3년, 짧으면 1년	— 192
견강부회, 신경성형술	— 198
문제는 잘못된 자세가 아니다	— 204
어떤 치료법이든 밝은 면과 어두운 면이 있다	— 208
측만증 학교검진의 여러 가지 부작용	— 214
무분별한 측만증치료, 악화가 양화를 구축한다	— 218
세렌디피티	— 224
100세 시대의 허리 건강	— 232
척추수술 분야의 일대 전환점이 된 나사못수술	— 236

Part 4
아는 사람은 말이 없고
말이 많은 사람은 알지 못한다

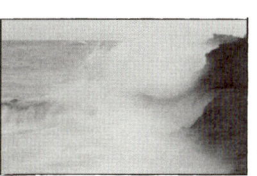

어느 곤충학자의 진지한 결론	— 243
이쑤시개를 이용한 가짜 침치료	— 250
판사님은 민간의술 전도사?	— 256
21세기 화타는 유죄	— 264
실속은 없고 말만 많은 병원들	— 271
전문가 집단의 사회적 책임	— 277
야나이하라 다다오 교수	— 282
에밀 졸라와 드레퓌스 사건	— 286
일본의 선각자, 후쿠자와 유키치	— 292
섀클턴의 위대한 항해, "우리는 꼭 살아 돌아간다!"	— 299

저자소개 — 307

| 머리말 |

 이 책의 제목은 '훌륭한 의사는 독수리의 눈과 사자의 마음과 여자의 손을 가져야 한다'는 영국 속담에서 따왔다. 훌륭한 의사가 되기 위해서는 날카로운 판단력과 담력, 그리고 부드러움이 필요하다는 뜻이다. 나는 지난 30여 년간 정형외과 의사, 척추외과 의사로 수많은 환자들을 경험하면서 특히 외과의사에게는 이 세 가지 덕목이 필수적이라는 사실을 절감했다.
 나의 전공인 척추외과 분야는 의료계의 그 어느 분야보다 검증되지 않은 엉터리 치료, 상업적인 과잉치료가 활개 치고 있다. 돈은 돈대로 버리고, 몸은 몸대로 망가져서 고생하는 환자들을 수없이 많이 보면서 전문가로서 안타까움을 느끼는 것은 일상이 되어버렸다. 이런 현실에서 나는 과연 전문가의 역할이 무엇인지, 이런 문제들을 모른 척하거나 무시하는 것이 전문가로서 현실과 타협하는 것은 아닌지에 관해 깊은 고민을 했다. 그리고 그런 고민에서부터 이 책이 시작되었다.

이 책에서 강조하고자 하는 사실은 다음의 세 가지로 요약할 수 있다.

첫째, 모든 의료행위는 양면성, 즉 장점(밝은 면)과 동시에 단점(어두운 면)을 가지고 있다는 것이다. 장점만 맹목적으로 믿다가 큰 손해를 보고 뒤늦게 후회해봐야 소용없다.

둘째, 의료행위의 옳고 그름을 판단할 때 관점을 달리하면 결과가 전혀 달라진다는 점이다. 선입견을 버리고 다양한 관점을 유지하기 위하여 냉철한 판단력과 균형감각을 갖는 것이 중요하다.

셋째, 인체를 대상으로 하는 의학에서는 객관적, 과학적인 검증과정이 대단히 중요하다는 사실이다. 검증과정 없이 대충 지레짐작하는 것은 여러 가지 부작용을 초래할 수 있다. 어떤 치료법이 몇몇 환자에서 효과가 있다고 전체 환자에서 효과가 있을 것이라고 일반화시키는 행위는 특히 경계해야 한다.

이 책에서는 디스크, 측만증 등의 척추질환을 통하여 이런 사실들을 설명하고 있다. 하지만 이런 사실들은 척추질환에만 국한되는 것이 아니라 모든 질병에 해당되는 것이다. 이 사실들을 잘 이해하게 되면 일상생활에서 '병을 대하는 올바른 태도'를 갖게 되어 혹세무민하는 의료행위가 난무하는 세상에서 큰 도움이 될 것으로 확신한다.

'인파출명저파장人怕出名猪怕壯'이라는 말이 있다. 돼지가 살이 찌면 먼저 도살되어 잡혀 먹히므로 살찌는 것을 두려워해야 하고, 사람이 공명심을 앞세워 유명해지면 다치기 쉬우므로 이름이 널리 알려지는 것을 두려워해야 한다는 뜻이다. 나이가 들면서 이 말을 좌우명으로 삼게 되었는데, 책을 출간하는 것이 혹시나 헛된 공명심 때문은 아닌가 하고 많이 망설였다. 더구나 글 쓰는 것과는 거리가 먼 외과의사가 사회적인 성격이 강한 글을 책으로 내는 것이 약간 부담스럽기도 했다.

하지만 의료가 초超전문화, 세분화되면서 각 분야 전문가들이 적극적으로 의견을 개진해야 하는 세상이 되었다. 자기 분야의 문제점들을 외면하면서 '누군가가 대신 나서서 해결해주겠지' 하고 안이하게 대처하는 것은 결코 전문가의 올바른 태도가 아니다. 그런 점에서 척추외과 분야의 사이비 의료행위, 검증되지 않은 의료행위의 폐해에 대해서 함께 고민했던 동료의사들의 양해와 응원을 기대하며 머리말을 마친다.

지은이 이춘성

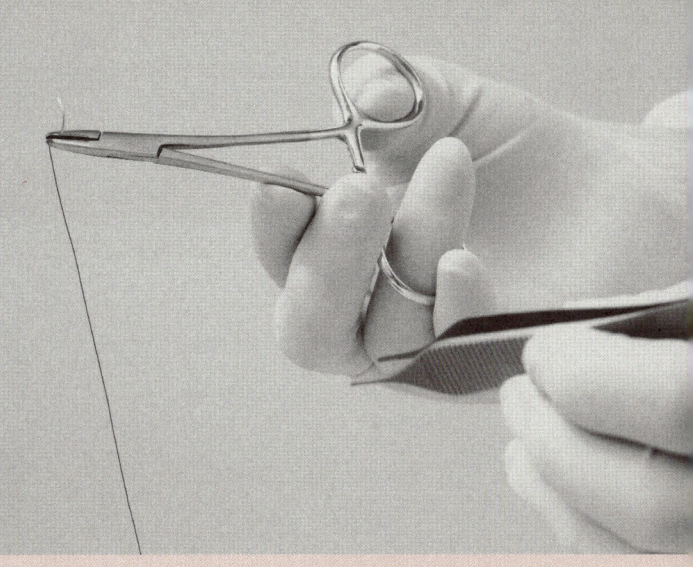

독수리의 눈,
사자의 마음,
그리고
여자의 손

Part 1

●
'훌륭한 의사는 독수리의 눈과 사자의 마음과 여자의 손을 가져야 한다'는 영국 속담이 있다. 대한민국에서 의사로 산다는 것은 무엇일까? '독수리의 눈과 사자의 마음, 그리고 여자의 손'만 있으면 훌륭한 의사로 보람차고 의미 있게 살 수 있을까?

내가 30여 년 동안 외과의사로 살아오면서 보고 듣고 깨달은 것이 있다. 모두가 극구 말리는 어려운 수술에 쉼 없이 도전하는 의사든, 자신의 무모한 용기에 도취된 의사든, 뜻대로 되지 않을 경우 한없는 자책감에 괴로워하는 의사든…, 의사라면 누구나 마찬가지다. 그 어떤 상황에서도 자신이 가진 지식과 기술로 사람을 살리는 일에 헌신하기로 결심한 사람들이라는 것이다. 모든 의사의 마음속에서 꺼지지 않는 심지는, 결국 인간에 대한 사랑이다.

외과의사도 피가 무섭다

　외과의사들은 수술 도중 칼이나 바늘에 찔리는 일이 종종 있다. 특히 피가 튀어 눈에 들어가면 기분이 굉장히 찝찝하다. 피가 혈관으로 직접 들어간 것과 똑같기 때문이다. 물론 수술하기 전에 환자의 혈액검사를 통해서 간염, 매독, AIDS 등에 걸린 건 아닌지 확인하고, 수술 중에도 세심하게 주의를 기울이지만 간혹 예상치 못한 일들이 생기기도 한다.

　1992년 미국 캘리포니아의 UC샌디에이고로 1년 동안 연수를 갔었다. 그곳에 간 지 한 달도 채 안 된 어느 날, 나는 난쟁이 환자의 척추기형 수술에 들어가 조수를 맡았다. 늑골(갈비뼈)을 자르고 앞쪽에서 척추뼈로 접근하는 측만증수술이었다. 그런데 수술 중에 문제가 발생했다.
　담당교수가 늑골을 자르는 순간, 수술 부위에 고여 있던 피가 튀면서 내 눈으로 들어간 것이다. 안경을 쓰고 있었지만 콧등 아래로 흘러내려 있었고, 그 너머로 피가 튀어 들어갔다. 순간 나는 너무 당황했지만 '의료선진국인 미국에서 웬만한 수술 전 검사는 다 했겠지'라고 생각하면서 아무런 내색을 하지 않고 조수 역할을 계속했다.

수술을 마치고 같이 일하는 미국인 동료의사에게 눈에 피가 들어갔다고 얘기했더니, 화들짝 놀라며 담당교수에게 긴급 사안으로 보고를 하는 것이었다. 잠시 후, 어리둥절해하는 나에게 담당교수가 직접 와서 '환자의 피검사를 원하느냐'고 물었다. 알고 보니 미국에서는 환자의 프라이버시를 보호해주기 위해서 수술 전에 AIDS 검사를 할 수 없다는 것이었다. 당시 담당교수는, 그 환자가 과거에 여러 차례 수술과 수혈을 받은 적이 있기는 하지만 AIDS인지 아닌지는 확실하게 알 수 없다고 말했다. 그러니 내가 원하면 환자에게 양해를 구하고 피검사를 할 수 있다는 것이었다.

'아니, 피검사를 해서 환자가 AIDS로 판명되면 나는 어쩌라고!'

순간 눈앞이 캄캄해졌다. 나를 둘러싸고 걱정해주는 미국인 의사들 앞에서 나는 대범한 척하며 피검사는 필요 없다고 거절했다. '양반은 물에 빠져도 개헤엄은 치지 않는다'는 속담도 있지 않은가? 하지만 온 몸에서 힘이 쭉 빠지면서 다리가 후들거렸다.

그날 이후로 나는 혼자 깊은 고민에 빠졌다. 하지만 아무리 끙끙거리며 고민해봐도 뾰족한 대책이 있을 리 만무했다. 집사람이 걱정할까 봐 집에 가서 이야기도 못하고, 식구들 몰래 수저, 식기를 따로 사용해가며 혼자 전전긍긍했다. 미국 연수 기간 내내 '이 머나먼 미국에까지 공부하러 왔다가 재수 없게 AIDS에 걸리는 것 아닌가?' 하는 스트레스를 많이 받았다. 만에 하나 AIDS에 걸렸을 경우, 난잡한 사생활 때문이라는 오해는 피해야겠기에 사고(?) 당일의 상황을 상세하게 기록해두었다. 알리바이를 확실히 하기 위하여 말이다.

수년 뒤에 텍사스의 한 병원에서 다시 연수할 기회가 있었다. 어느 날, 고난도의 측만증수술이 수술 당일 아침에 취소되었다는 통보를 받았다. 평소에 꼭 한 번 보고 싶었던 어려운 수술이었다. 무슨 일인가 했더니, 수술 전 검사에서 환자가 AIDS로 판명되어 수술이 취소되었다는 것이다.

어리둥절했다. 미국은 수술 전에 환자의 AIDS 검사를 할 수 없다고 했는데 어찌된 일인가? 텍사스 의사들에게 물었다. 수년 전 캘리포니아에서 있었던 나의 에피소드를 들은 텍사스 의사들이 '캘리포니아 놈들 웃긴다'고 마구 비웃는 게 아닌가. 텍사스 주는 캘리포니아와 달리 수술 전 환자의 AIDS 검사를 확실하게 한단다. 주州마다 법이 다른 것이다.

나는 개인적으로 수술 전 AIDS 검사를 금한 캘리포니아 주법州法에 전혀 동의할 수 없었다. UC샌디에이고에서 연수하던 1년 동안 과거에 수술을 많이 받았거나, 수혈을 많이 받았던 환자를 수술하는 날이면, 의사들끼리 농담 삼아 "AIDS의 가능성이 있는 환자니까 우리 서로 찔리지 않도록 조심합시다!" 하면서 수술을 시작하는 경우가 종종 있었다. 참

난감했다. 환자의 프라이버시를 보장해주는 것도 중요하지만, 의료진의 안전을 지켜주는 것도 중요한 것 아닌가? 아마도 의료 분야에는 아마추어인 시민단체의 압력으로 생긴 규정이 아닌가 싶지만, 어쨌거나 환자의 권리만 앞세우는 이런 규정은 균형감각을 잃은 것처럼 보였다.

이 사건 때문에 당시 나에게 미국이라는 나라는 황당함 그 자체였다. 외과의사라는 직업이 겉으로는 멋있어 보이지만 실제로는 대표적인 3D(더럽고dirty, 위험하고dangerous, 어려운difficult) 직업임을 여실히 보여주는 에피소드가 아닌가. 요즘 의대 졸업생들이 외과를 기피하는데, 그러한 현상이 이해가 되면서도 한편으로는 걱정스럽다.

매년 3월이 되면 의과대학을 졸업한 새로운 인턴들이 수술실에 들어온다. 그들 중에는 수술용 보호안경을 끼지 않고 수술에 합류하는 대범한(?) 인턴들도 많다. 선혈이 낭자한 수술실에서는 자신도 모르는 사이에 눈에 피가 튀어 들어갈 수 있다. 그런 사실을 주지시키고, 시력이 아무리 좋아도 반드시 보호안경을 착용하도록 사전 교육을 철저히 해야 할 것이다.

인턴 첫 달

정형외과 의사로 수술실에서 일한 지 벌써 30년이 넘었다. 외과의사가 되기 전 가장 걱정했던 일은 '혹시 수술 도중 생리현상이 급하면 어떻게 하나', '정형외과는 목수 같은 체력이 필요하다던데 버티지 못하면 얼마나 쪽팔릴까', 대충 이런 것들이었다. 의대 졸업 후 전공을 결정하는 것 때문에 스트레스를 받아서 많이 예민했던 것 같다.

하지만 세상사가 다 그렇듯이 우려하는 일은 대부분 일어나지 않는다. 나는 호리호리하고 날렵한(?) 체격이지만, 정형외과에서도 가장 힘든 척추 분야, 그 가운데서 수술 범위가 크고 시간도 오래 걸리는 척추기형수술을 별 탈 없이 감당해왔기 때문이다. 수술 도중 견디지 못하고 수술실을 나간 적도 없었고, 힘이 달려 낭패를 본 적도 없었다. 하지만 딱 한 번, 도저히 견디지 못하고 수술실을 뛰쳐나와야 했던 적이 있었다. 정형외과 의사가 되기 전, 1980년 3월 인턴 첫 달의 일이었다.

의대 졸업 후 인턴을 시작하는 첫 달, 나는 흉부외과로 배정되었다. 흉부외과는 힘들기로는 둘째가라면 서러울 만큼 악명이 높았던 터라 주변에서 측은하게 여겼다. 하지만 '매도 먼저 맞는 편이 낫지. 힘들어봐야 얼마나 힘들까? 몸으로 버티면 되지.' 하는 생각으로 흉부외과 인턴 근무를 시작했다.

당시 흉부외과는 심장판막수술이 막 시작되던 시기였다. 서울대학병원의 모든 과(科)가 아침 7시 반에 수술을 시작하는데, 유독 흉부외과만 1시간 일찍 수술을 시작했다. 인턴은 말이 의사지 거의 막일꾼 수준이다. 새벽 5시 반에 일어나 수술에 필요한 여러 가지 준비를 하고, 6시까지 수술실에 환자를 데리고 들어가야 했다.

그런데 병원식당이 7시 반에 문을 여니 아침은 굶는 게 당연했고, 오후 2~3시가 되어야 첫 수술을 마치는데 이때가 되어야 겨우 요기를 할 수 있었다. 하루 일과를 마치고 선배 레지던트들이 사주는 늦은 저녁을 거의 폭식 수준으로(요즘 말로 '흡입') 먹고 난 후 밀린 일들을 하다 보면 잠자리에 드는 시간은 새벽 1~2시가 예사였다. 그 이후에라도 병동에서 급한 일이 생기면 곤히 쓰러져 토막잠을 자고 있는 인턴이 어김없이 호출되어 달려가야 했다. 고생도 이런 고생은 난생 처음이었다.

가장 견디기 힘든 것은 배고픔이었다. 태어나서 처음으로 배고픈 서러움을 겪었다. 아침도 못 먹고 빈속으로 오후 2~3시까지 버티다 보면 저혈당 증상이 나타나 이만저만 힘든 게 아니었다. 그렇게 열흘쯤 지나자 생존의 위협(?) 비슷한 것을 느끼고, 흉부외과에서 함께 인턴을 하던 동료들과 궁여지책을 상의할 수밖에 없었다. 밤늦게 혜화동 병원 근처의 포장마차에서 김밥을 미리 사온 후, 새벽에 수술실 들어가기 전에 먹어두는 요령을 터득한 것이다. 오전에는 이것으로나마 허기를 면할 수 있었다.

그런데 어느 날 문제가 발생했다. 김밥을 먹고 수술실에 들어가 조수를 서고 있는데 1~2시간 지나지 않아 속이 메슥거리면서 구토가 나는 것이었다. 수술대에서 토할 수는 없는지라 맞은편의 레지던트 선생에게 눈짓으로 못 견디겠다고 사인을 보냈다. 그랬더니 레지던트 선생은 화를 마구 내면서 나가라고 소리를 질렀다. 막 뛰쳐나온 나는 화장실에서 새벽에 먹은 것을 다 게워냈다. 지난밤에 사온 김밥이 상했던 모양이다.

그리고 난 후에는 너무 힘들어서 도저히 수술실로 돌아갈 수가 없었다. 그리고 돌아가고 싶지도 않았다. 그때까지 살면서 한 번도 '농땡이'를 부려본 적이 없었는데, 그때는 무슨 생각이었는지 '그래, 배 째라!' 하면서 당직실로 가서 쓰러졌다.

그렇게 얼마나 잤는지 모른다. 그날 오후 늦게 흉부외과 선생들이 당직실로 와서 나를 찾았다. 당나귀나 노새도 살살 달래가면서 부려야지 너무 몰아치면 퍼져버린다. 그러면 아쉬운 건 부리는 사람들이다. 나는 다시 기운을 차리고 병실에 나가 일을 시작했다.

혹독한 인턴 생활이 보름쯤 지나자 레지던트 선생들이 처음으로 회식을 하자며 인턴들을 데리고 나갔다. 을지로에 있는 '우래옥'이라는 식당이었는데 불고기로 유명한 곳이라고 했다. 식당에 들어서자 입구에서부터 불고기 냄새가 진동을 했다. 사실 나는 그 전까지 쇠고기를 먹지 않았다. 하지만 그런 건 중요하지 않았다. 그냥 달려들어 그 자리에서 몇 인분을 먹었는지 모른다. 그때 이후로 나는 불고기를 즐기게 되었다.

요즘은 옛날 같지 않아서 대부분의 대학병원들이 인턴이나 당직의사가 새벽이나 밤늦게라도 식사를 할 수 있도록 세심하게 배려해준다. 인턴 첫 달 흉부외과에서 나와 함께 김밥을 먹었던 동료들이 서울대학 종양내과 허대석 교수, 삼성병원 신경외과 박관 교수다. 당시 흉부외과 수석 레지던트가 우리나라 최초의 심장이식 수술로 유명한 송명근 교수(요즘은 대동맥 판막 성형술의 일종인 카바 수술 논쟁으로 유명하지만), 3년차 레지던트가 순천향대학의 염욱 교수, 2년차 레지던트가 삼성병원의 박표원 교수, 가톨릭 의대의 성숙환 교수다. 잠 한숨 못 자고 밥 굶어가며 함께 고생했던 시절이 엊그제 같은데, 이제는 다들 자기 분야의 대가가 되었다. 요즘 인턴 제도를 없앤다는 얘기가 들리는데, 내 경우는 이제까지의 의사생활 중에서 재미있는 추억이 가장 많았던 시절이 바로 인턴 시절이었다.

요즘 성적이 좋은 의대생들은 피부과, 안과, 성형외과를 선호한다고 한다. 육체적으로 비교적 덜 고되고, 돈도 잘 벌 수 있기 때문이란다. 그러다 보니 흉부외과를 지원하는 학생들이 없어 사회적인 문제가 되고 있다. 흉부외과 레지던트의 월급을 조금 올려주는 인센티브로는 어림도 없다. 물질적인 보상도 중요하지만 힘들게 고생하는 흉부외과 의사들에 대한 사회적인 존경이 널리 퍼지도록 해야 할 것이다.

  막일꾼 수준으로 고생하는 인턴, 레지던트의 기본적인 권리를 보호하기 위하여 전공의 협의회가 결성되어 활동하고 있다. 더 나아가 의사 노조를 만든다는 이야기도 들린다. 하지만 밥 굶고, 상한 김밥 먹고 쓰러지며 고생한 기억을 아무리 떠올려 봐도 의사들이 머리띠를 두르고 노조 활동을 하는 데는 찬성하고 싶지 않다.

"단식하면 죽는데이!"

얼마 전 일본 척추학회에 다녀왔다. 돌아오는 비행기에서 TV 뉴스를 봤는데, 일본의 독도 영유권 주장에 항의하기 위해 우리나라 사람 몇 명이 손가락 끝을 베고 혈서를 쓰는 장면이 나왔다. 아무리 중차대한 사안이라도 어떻게 자기 신체를 저렇게 손상시킬 수 있을까 하는 궁금증도 들었지만, 어쨌든 보기 좋은 장면은 아니라는 생각을 했다. 요즈음 우리나라 사람들이 단식이나 자해 같은 극단적인 행동을 너무 쉽게 자행하는 게 아닌가 걱정스럽다.

오래 전 일이지만 나도 단식 시위를 할 뻔했다. 자의가 아니라 타의에 의해 억지로 단식에 동참해야 할 상황에 처했었다.

때는 1999년, 이런저런 연유로 재직 중인 대학의 교수협의회장이 되었다. 원래 교수협의회장은 할 일이 그리 많은 자리가 아니다. 그런데 내가 회장이 되자 뜻하지 않게 병원에서 가장 바쁜 감투가 되어버렸다. 의약분업에 반대하는 의사들이 갑작스럽게 전국적인 파업을 시작했기 때문이다.

지금이야 그 당시 파업에 얽힌 이런저런 에피소드들을 무용담 풀어놓듯이 즐겁게 회상하지만, 그때는 상황이 꽤 심각했다. 대학병원들은 한동안 완전히 업무가 마비되어 환자를 보지 못했고, 의사들도 분을 참지 못해 대부분 파업에 동참하는 분위기였다.

병원 안에서는 교수들의 의견을 수렴하기 위하여 전체 교수회의가 수시로 열렸고, 병원 밖에서는 전국 의과대학 교수협의회장(전교협)들의 모임이 정례화되어 하루가 어떻게 지나가는지 모를 정도로 바쁜 나날을 보내게 되었다. '하필 내가 교수협의회장이 되고 이런 일이 터질 게 뭐람?' 하는 생각도 들었다. 어쨌거나 전교협 모임이 열리는 장소에는 어김없이 방송국 카메라와 기자들이 진을 치고 있었다.

그러던 어느 날 우리 병원에서 전체 교수회의를 하느라 전교협 모임에 조금 늦게 참석했다. 살금살금 뒷자리에 가서 앉는데 회의장 분위기가 심상치 않았다. 의과대학 학생들이 단식농성을 하겠다는 마당에 스승인 교수들이 가만히 있어서야 되겠느냐는 의견이 논의되고 있었다. 목소리 큰 몇몇 사람들은 '제자들에게 모범을 보이려면 스승들이 먼저 단식을 해야 한다'고, 그중에서도 특히 '교수들의 대표인 교수협의회장들이 앞장서야 한다'고 열변을 토하는 게 아닌가.

누구 하나 반론을 제기하지 못할 정도로 분위기가 무겁고 진지했다.

전국에서 모인 40여 명의 교수협의회장들 가운데 유독 3~4명 정도가 강경한 입장을 고수하며 단식하자는 분위기를 주도하고 있었다. 가만히 보니 이 사람들은 모두 평소에 다이어트를 좀 하는 것이 좋겠다 싶을 정도로 풍채가 넉넉한 사람들이었다. 회의장의 분위기가 한창 과열된 가운데, 사회를 맡은 전교협 대표가 이 사안을 투표로 결정할지 거수로 결정할지 의견을 물었다. 단식을 전체 의견으로 정하여 가급적 한 사람도 빠지지 말고 동참하자는 것이었다.

나는 속으로 '어어, 이래서는 안 되는데…. 누군가가 나서서 반대하겠지…?' 하고 기대했지만 나서는 사람은 아무도 없었다. 하긴 그런 상황에서 '단식을 왜 하느냐?'고 혼자 따졌다가는 돌멩이라도 맞을 분위기였으니 그럴 수밖에. 단식에 찬성할 수 없었던 내 머릿속에서는, 짧은 시간이었지만 여러 가지 단상들이 스치고 지나갔다.

'이대로 단식이 결정되면 나는 어떻게 하지? 단식을 주장하는 교수들이야 다이어트도 할 겸, 도랑 치고 가재 잡는 기분으로 단식을 하겠지만…. 혼자 살짝 빠지면 눈치 보일 게 뻔하고…. 나만 빠질 수도 없고, 그렇다고 내 소신도 아닌데 남들이 하자는 대로 억지로 단식을 하는 것은 더 싫고….'

반대의견을 제시하는 사람은 아무도 없었고, 점점 단식은 기정사실화되어가고 있었다. 이젠 구체적인 방법을 토론하는 순서로 돌입하려고 한다. 그 순간 엉겁결에 나도 모르게 손을 번쩍 들고 일어섰다.

"단식으로 가장 유명한 사람은 인도의 간디입니다. 간디는 비폭력 저항운동의 일환으로 자신의 목숨을 걸고 단식을 했습니다. 여기 모인 분들 가운데 의약분업에 목숨을 거실 분 있습니까? 목숨을 건 단식이 아니라면, 또 그만큼 비장하지 않다면, 우리가 하려는 단식은 남에게 보여주기 위한 일종의 '쇼' 아닙니까? 가장 이성적이어야 할 교수들이 너무 감정에 치우친 것 같습니다. 특히 보여주기 위한 단식은 치졸한 행동이라고 생각합니다. 기왕에 보여주기 위한 거라면 삭발이 더 화끈한 방법 같은데, 삭발은 왜 안 합니까?"

급한 놈이 샘 판다고, 생각지도 않았던 말이 내 입에서 청산유수같이 쏟아졌다. 순식간에 회의장은 '얼음!' 그 자체였다. 나도 내 발언이 회의장을 그렇게 얼어붙게 만들 줄은 몰랐다. 한순간에 쥐 죽은 듯 정적이 흘렀고, 잠시 후 단식을 주장하던 교수들이 일어나 내 발언을 강하게 비난하기 시작했다. 단식을 하기로 이미 결정했는데, 그것을 뒤엎는 나의 거침없는(?) 발언에 자존심이 상했는지 그냥 묵과할 수 없었던 모양이다.

하지만 내 발언 내용에는 구구절절 틀린 말이 하나도 없었다. 의약분업 때문에 목숨을 걸 의사는 어디에도 없었다. 그래서 강경파 교수들은 내 발언 자체보다는 '치졸'이란 단어를 문제 삼아 나를 비난했다. 당연히 그런 거센 비난이 나올 거라고 예상했기에, 나는 귀를 막고 고개를 숙이고 있었다. 그러나 분위기는 점점 험악해지고, 여러 사람이 잇달아 트집을 잡으니 나는 하는 수 없이 다시 일어나 추가발언을 했다.

"제 발언 가운데 '치졸'이라는 단어가 여러 선생님들의 마음을 상하게 했다면 그 단어는 취소하겠습니다. 하지만 제가 만약 남들에게 보여주기 위한 단식에 동참을 한다면 조상님께 부끄러운 일이라고 생각합니다."

앗, 이런! '치졸'이라는 단어 때문에 흥분한 사람들의 마음을 좀 가라앉히고, 단식을 주장하는 분들의 입장을 좀 더 배려하고자 추가발언을 한 것이었는데, 나도 모르게 그만 '조상님'까지 들먹이게 된 것이다. 나의 강경 발언에 회의장은 더더욱 술렁이게 되었다. 이후의 상황은 길게 설명하지 않겠다.

어쨌건 나의 발언 때문에 단식을 하지 말자는 쪽으로 대세가 기울어져 갑론을박 끝에 결국 없던 일이 되고 말았다. 그때 내 옆에 앉아 있던 다른 대학의 교수협의회장이 살짝 귓속말을 한다.

"답답하던 차에 나서서 말씀 참 잘하셨습니다. 좀 전에 단식하기로 결정했을 때 저도 당황했거든요. 어떻게 해야 하나 내심 고민했었는데 안 하게 돼서 다행입니다."

지금 생각해보면 웃음이 나오지만 당시의 분위기는 살벌했다. 마지막 전교협 회의에 갈 때는 혹시 경찰이 덮쳐 교수협의회장들을 다 연행할 수도 있으니 장소는 비밀로 하라는 연락도 받았다. 비밀 회의장으로 가면서 법조계에 있는 친지에게 연락하여 혹시 내가 연행되면 행방을 수소문하여 가족들이 걱정하지 않게 해달라고 부탁을 했던 기억도 난다. 하지만 다행히 그런 일은 벌어지지 않았다. 이날 회의를 하던 도중에 의사들의 요구를 대거 수용한다는 대통령 담화가 TV로 발표되면서 파업 사태는 사실상 종료되었기 때문이다.

실제로 죽기 살기로 단식을 했던 어느 유명 정치인은 단식에 대해 이런 결론을 내렸다. 그의 결론은 무척 단순명료하다.
"단식하면 죽는데이!"
직접 경험에서 나온 명언이다. 목숨을 걸 만한 절박한 사안이 아니라면 단식 같은 자해행위를 꿈도 꾸지 말라는 이야기다.

왜 외과의사들은 위험한 수술에 악착같이 도전할까?

 솔직히 나는 산에 오르는 것을 별로 좋아하지 않는다. 힘들게 산행을 하기보다는 조용히 책을 읽거나 못 본 TV 드라마를 챙겨보는 편이 훨씬 행복하다(뒤에서 더 자세한 얘기를 하겠지만, 격투기 경기를 보는 것도 대단히 좋아한다). 그런데 내 주변에는 산행을 좋아하는 사람들이 꽤 많다. 가까이는 바로 위의 친형도 아웃도어 액티비티를 꽤 즐기는 축에 속한다.
 산행을 좋아하는 사람들에게 왜 산에 올라가느냐고 물으면 다양한 대답이 나온다. "거기 산이 있어서."라는 진부한 대답부터, 건강을 위해서, 친구들과 어울리려고, 그냥 즐거워서 등등, 이유는 각양각색이다. 정상에서 마시는 막걸리 맛 때문에 간다는 사람도 있다.
 하지만 이런 건 보통 사람들의 취미 산행에나 해당되는 이야기다. 8,000미터 고봉을 오르는 산악인들, 치명적인 사고의 위험성이 상존해 있는데도 불구하고 계속 암벽을 타는 사람들은 도대체 왜 산에 오르는 걸까? 그리고 8,000미터 봉우리에 한 번 올라갔다 왔으면 그만이지, 왜 그만두지 못하고 계속 또 다른 봉우리를 목표로 삼는 걸까? 산행의 재미를 잘 모르는 나로서는 엄홍길 씨나 고故 박영석 씨 같은 산악인들이 도저히 이해가 되지 않는다.

산을 오르는 과정에서 감내해야 하는 고생스러움과 위험천만함을 감안할 때, 그들에게서 "그냥 즐거워서."라는 대답을 기대할 수는 없을 것 같다. 그렇다면 왜일까? 일단, 돈 때문은 아닐 것이다. 돈이 생기기는커녕, 오히려 산행을 위한 경비를 마련하고 스폰서를 구하기 위해 동분서주해야 하니까 말이다.

그렇다고 명예욕이나 과시욕 때문도 아닌 것 같다. 8,000미터 정상은 이미 여러 사람들이 올랐기 때문에 맨 처음으로 에베레스트에 오른 힐러리 경Sir Edmund Percival Hillary 같은 영예가 따르는 것도 아니다. 그리고 험난한 산에 오르는 산악인들 대부분이 고작 사사로운 '과시욕' 때문에 목숨을 걸 만큼 경망스러운 사람들도 아닌 것 같다.

더 고생스럽고 더 위험할수록 성취감과 보람이 커진다는 아이러니 때문일까? 글쎄다. 이것도 아닌 것 같다. 성취감과 보람은 고생스런 산행의 결과이지 동기가 될 수는 없으니까 말이다. 일반인들에게는 인디아나 존스의 무모함으로 비치는 산사나이들의 위험한 산행, 도대체 무엇이 이들로 하여금 모험을 직업 삼아 반복하게 만드는 것일까?

나는 산을 좋아하지는 않지만, 그래도 산악인들이 줄기차게 정상을 추구하는 심리상태를 이해할 수 있을 것 같다. 위험한 수술을 마다하지 않는 외과의사의 심리상태와 크게 다르지 않기 때문이다. 험한 산을 오르고 힘든 수술을 하면서 얻는 건, 바로 자아실현 또는 자아를 확인하는 과정이다. 마비의 위험성이 큰 고난도의 척추기형수술이나 간이식수술, 심장수술, 뇌수술 등 위험이 따르는 수술을 하는 외과의사들, 이들은 왜 이런 수술을 할까? 이런 수술을 하지 않으면 병원에서 쫓겨나서? 정반대다. 병원 입장에서는 오히려 위험성이 큰 수술을 하는 것을 별로 달가워하지 않는다. 만에 하나 의료사고라도 나면 천문학적인 금액을 배상해야 하기 때문이다.

위험한 수술을 하는 의사들은 대부분 대학병원에서 근무하는 의사들로, 수술을 많이 한다고 월급을 더 받는 것은 결코 아니다. 일반인들은 잘 모르겠지만, 매일 간이식수술을 하는 교수와 정신과, 피부과 교수의 월급은 별로 차이가 없다(물론 정신과나 피부과 교수의 진료가 쉽다는 것은 아니다. 비교적 위험성이 낮다는 얘기다). 우리나라 대학병원의 급여체계가 그렇다. 요즘은 인센티브를 적용하는 대학병원들이 많지만 그래도 월급 차이가 그리 큰 것은 아니다.

어쨌거나 위험한 수술은 위험한 산에 오르는 것과 비슷하다. 위험한 수술을 많이 하다 보면 정상에 도전하는 산악인들이 종종 사고를 당하는 것처럼 자칫 의료사고로 이어지는 경우도 많다. 의료사고가 나면 보호자들에게 폭행을 당하기 십상인 데다, 가끔은 인신 구속의 위험도 있다. 그런데도 왜 외과의사들은 악착같이 위험한 수술에 도전할까?

그 이유는 산악인들의 자기확인 과정과 크게 다르지 않을 것이다. 프로 산악인들이 험준한 산 대신 매일 북한산이나 도봉산만 오른다면 과연 만족할까? 아마 '도대체 나는 왜 살까? 무엇을 하는 존재인가?' 하는 자괴감으로 괴로울 것이다. 마찬가지다. 위험하고 힘든 수술을 하던 외과의사들이 매일 비슷비슷한 수술, 별로 위험이 따르지 않는 뻔한 수술만 한다면 자기와의 타협이라고 느껴져 견딜 수 없게 될 것이다.

산악인들이 온갖 위험과 어려움을 무릅쓰고 8,000미터 정상을 정복하고 나서 느끼는 만족감과 희열, 자기 존재에 대한 확신은 외과의사가 위험한 수술을 마치고 나서 느끼는 감정과 거의 같은 느낌일 것이다. 그것은 직접 느껴본 사람이 아니면 절대 알 수 없다.

그런데 문제는 그런 감정이 그리 오래 지속되지 않는다는 것이다. 정상을 정복하고 며칠만 지나면 약발(?)이 떨어져 또 다른 정상에 도전하고 싶어진다. 마찬가지로 외과의사들도 험난한 수술을 하고 나면 얼마 지나지 않아 좀이 쑤셔서 또 다른 어려운 수술에 도전하게 된다.

산악인들이 낭떠러지에서 떨어지지 않게 온갖 안전장치를 갖추는 것처럼 의사들도 안전에 만전을 기한다. 하지만 예상치 못한 기상악화나 불의의 사고로 산악인들이 조난사고를 당하는 것처럼 외과의사들도 예상치 못한 의료사고에 맞닥뜨릴 수 있다.

현실에 안주하는 사람이 많은 사회는 건전성을 잃기 쉽다. 반면 여러 분야에서 새로운 모험을 시도하는 사람들이 많은 사회는 건강한 사회다. 그런 점에서 사회 전체가 관심을 갖고 산악인들과 외과의사들이 그들의 모험을 포기하지 않도록 끊임없이 격려해주는 건 어떨까?

나는 산을 좋아하지는 않지만,
그래도 산악인들이 줄기차게 정상을 추구하는
심리상태를 이해할 수 있을 것 같다.
위험한 수술을 마다하지 않는 외과의사의 심리상태와
크게 다르지 않기 때문이다.
험한 산을 오르고 힘든 수술을 하면서 얻는 건,
바로 자아실현 혹은 자아를 확인하는 과정이다.

평범 속의 위대함

어느 척추병원의 일간지 광고를 보니, 그 병원의 원장이 5,000건 이상 척추수술을 한 경력이 있어서 '척추수술의 마에스트로'라 불린단다. 마에스트로는 베를린 필하모닉이나 빈 필하모닉의 지휘자에게나 붙이는 호칭인 줄 알았는데, 의사도 마에스트로가 될 수 있구나 하는 생각에 쓴웃음을 지었던 기억이 난다.

도대체 어떤 경지에 오르면 의사도 마에스트로가 될 수 있을까? 마침 궁금증을 풀어주는 글을 접하게 되었다. 미국의 저명한 정형외과 의사인 헨싱거Robert Hensinger 교수가 쓴 '외과의사의 숙련과정Educational process of skill set acquisition'이라는 글이었다. 헨싱거 교수는 외과의사의 숙련과정을 7단계로 나누었다. 쉽게 접할 수 없는 내용이어서 소개해본다.

1단계는 초심자 단계beginner or novice다. 수술을 배우는 단계로, 수술 술기가 습관이 될 때까지 몸으로 익히게 된다. 의과대학을 졸업하고 전공의(레지던트) 과정에 들어간 의사들이 이 단계에 속한다고 볼 수 있다.

2단계는 초심자를 벗어난 단계advanced beginner로, 1단계에서 배운 지식을 실제 상황에 적용하는 단계다. 전공의를 마칠 즈음 또는 전임의fellow 과정이 여기에 속한다. 수술로 생기는 여러 가지 합병증들을 경험하게 되는 단계다.

3단계는 혼자 수술을 집도할 수 있는 단계competent다. 전임의 과정을 마친 후 취직 또는 개원하면서 홀로 독립하여 수술하는 단계다. 수술에 대한 책임감을 무겁게 느낄 뿐만 아니라, 수술결과에 기쁨과 실망, 자신감과 좌절, 환희와 공포를 느끼게 된다.

4단계는 능숙하게 수술할 수 있는 단계proficient다. 수많은 환자를 수술하여 수술 술기가 발군sublime의 경지에 도달한 의사를 말한다. 어려운 상황에서도 스트레스를 받지 않고 잘 대처하게 된다.

5단계는 해당 분야의 외과의사들 가운데 가장 뛰어난 수준의 의사expert를 말한다. 동료의사들의 롤모델이 되며, 어려운 문제로 도움을 청하는 동료의사들에게 적절한 조언을 해줄 수 있는 단계다.

6단계는 해당 분야에서 전 세계적으로 손꼽히는 대가大家, 즉 마스터master다. 학문적으로 최고 수준이며, 동시대의 의사들에게 거장 또는 마이스터Meister로 인정받는 몇 안 되는 의사를 말한다.

7단계는 학문적, 기술적으로 마이스터의 수준일 뿐만 아니라 아리스토텔레스와 같은 혜안과 현명함까지 갖춘 단계practical wisdom다. 해당 분야를 개척한 선구적, 선험적인 의사로 전 세계적으로도 수십 년에 1명이 나올까 말까 하는 단계다.

외과의사 입장에서 보면 참 재미있는 분류다. 이 분류에 따르면 대다수 외과의사들은 평생 3단계에 머문다. 세간에 수술 잘한다고 소문난 의사는 4단계에 속하며, 한 나라에서 가장 수술을 잘하는 의사는 5단계에 속한다. 그러니 6단계에 속하는 마이스터(마에스트로)가 얼마나 도달하기 힘든 단계인지 짐작할 수 있을 것이다. 마이스터는 음악계로 치면 지휘자 카라얀Herbert von Karajan 같은 세계적인 대가에게나 어울리는 호칭으로, 평범한 외과의사라면 도달하기 힘든 높은 곳이다. 그러니 척추수술을 수천 건 했다고 마이스터라 부르는 것은 엄청난 착각이자 오만이다.

마이스터는 자기 분야에서 대가의 반열에 올라선 위대한 경지를 말한다. 평범한 우리들로서는 감히 올려다보지 못할 위대함의 단계다. 그렇다면 위대함greatness이 꼭 세계적인 대가만을 의미하는 것일까? 평범한 우리들과는 완전히 동떨어진 존재일까?

앞서 소개한 자칭 마에스트로 원장의 에피소드에서 보듯이, 우리 사회는 지나치게 업적 위주 또는 외적인 성취 위주로 사람을 평가하는 경향이 있다. 그 결과 위대함이란 뛰어난 성취를 이룬 사람들이나 대가의 경지에 오른 사람들의 것, 우리의 일상과는 전혀 관계없는 것으로 생각한다.

하지만 평범한 사람도 끊임없는 자기성찰을 통해 위대해질 수 있다는 사실을 너새니얼 호손Nathaniel Hawthorne의 소설 《큰 바위 얼굴》은 이야기해주고 있다. 위대함은 돈, 명예, 권력, 지위 등 세속적인 성취에 있는 것이 아니라 일상의 평범함과 통한다는 것이다.

평범함과 통하는 위대함의 또 다른 모습도 있다. 소설 《위대한 개츠비》의 주인공은 어떤가? 사랑받을 자격이 없는 여자를 사랑하다가 죽어간 개츠비의 삶은 가엾고 허무한 것이었다. 그래도 개츠비가 위대한 것은, 아무리 미미한 삶이라 해도 그 속에서 희망을 감지할 수 있는 능력, 사랑에 실패해도 두려워하지 않고 언제라도 다시 사랑에 빠질 수 있는 낭만성, 그리고 삶의 경이로움을 느낄 줄 아는 능력 때문이라고, 작가 피츠제럴드F. Scotte Fitzgerald는 설명하고 있다. 물질 만능주의와 퇴폐주의로 타락해가는 시대에 개츠비가 지니고 있던 꿈과 희망을 위대함으로 보았던 것이다.

개츠비의 위대함은 파우스트의 구원과도 일맥상통한다. 자신의 욕망을 이루기 위하여 악마에게 영혼을 팔고, 살인도 하고, 쾌락을 좇는 반사회적 인물 파우스트가 구원을 받을 여지는 전혀 없어 보인다. 그러나 목표를 이루기 위하여 폭풍같이 살아온 일생, 무차별적인 열정, 무참한 용기로 인하여 파우스트는 구원받는다. 누구든 자신이 원하는 것을 위하여(설령 그것이 욕망과 쾌락이라 할지라도) 줄곧 노력하고 애쓰면 구원받을 수 있다는 사실 역시 평범한 삶이(욕망과 쾌락에 몰두하는 구체적 인간의 삶이라도) 구원의 길과 통하는 것을 보여준다.

우리는 누구나 자신의 분야에서 위대한 마에스트로가 되는 꿈과 희망을 가질 수 있다. 우리의 평범한 삶을 긍정적으로 받아들이고, 힘든 상황에서 절망하지 않고, 주어진 여건에서 하루하루 최선을 다해 살아가며, 그런 가운데서 삶의 의미와 가치를 찾는 성찰을 계속한다면, 굳이 높은 지위나 명성, 부를 얻지 못한다 할지라도 그 자체가 위대한 삶을 향해 나아가는 과정이 아닐까? 일상 속에서 평범함의 위대함을 음미하면서 그동안 허명虛名과 부질없는 지위에 집착했던 스스로를 되돌아볼 때다.

자기도취적 의사, 대범하거나 비정하거나

척추외과 의사들이 가장 두려워하는 것은 수술 후 환자에게 하반신 마비와 같은 신경합병증이 발생하는 경우다. 이런 심각한 합병증이 생기면 환자 자신이 가장 힘들겠지만, 의사 역시 괴롭기는 마찬가지다.

심각한 합병증에 대한 의사의 반응은 평소 성격에 따라 전혀 다르게 나타난다. 대다수의 의사들은 후회와 자책감에 시달리며 한동안 수술할 엄두를 못 낸다. 특히 마음이 아주 여린 의사의 경우 사태를 감당하지 못하고 인생 자체를 고민하다가 우울증에 걸리기도 한다. 심지어 자살 기도와 같은 극단적인 반응을 보이는 경우도 있다. 상황이 상황이니만큼 같은 의사 입장에서 생각해봐도 '그럴 수도 있겠다' 싶은 반응들이다.

그런데 이와는 대조적으로 아주 소수이지만 정말 이해하기 힘든 대범한(?) 반응을 보이는 의사들도 있다. 이들은 잠시 걱정을 하는 듯하지만 곧 아무 일도 없었던 듯 전혀 위축되지 않고 평소와 다름없이 활동하고 때로는 더 과감해지기도 한다. 자책감은 찾아보기 힘들고 오히려 "나처럼 잘하는 사람이 수술했는데도 문제가 생겼다면 어쩔 수 없는 것 아닌가?"라는 자신감을 보이기도 한다.

마음이 여린 의사들이나 정상적인 사고구조를 가진 의사들로서는 이런 대담한 반응을 보이는 의사들을 도무지 이해할 수 없다. 경이롭기도 하고, 때로는 그 둔감함이 부럽기도 하다. 또한 상대적으로 소심하고 예민한 자신의 성격을 자책하기도 한다.

과연 이런 대범함은 어디서 오는 걸까? 2005년 9월 시사주간지 〈뉴스위크Newsweek〉는 '자기도취주의의 명암'이라는 기사를 통해 '자기도취적 성격Narcissistic personality'을 가진 사람들을 분석하고 있다. 이들은 항상 활력에 넘치며, 매사에 자신만만하고 저돌적이다. 강력한 카리스마를 보이지만 때로는 자신감이 지나쳐서 오만하게 비치기도 한다.

또한 목표지향적이고, 창의적이어서 자신이 속한 조직에서 훌륭한 업적을 남기는 경우가 많다. 매력적인 사람처럼 보이지만 종종 남들의 입장을 고려하지 않고 너무 자기중심적으로 행동해서 비정한 사람, 잔인하고 이기적이며 무례한 사람으로 평가되기도 한다.

어느 사회, 어느 집단이건 이런 독특한 성격을 가진 소수의 사람들이 있다. 이들의 자신감이 생산적이고 긍정적인 방향으로 발전하면 역사상 위대한 인물이 된다. 〈뉴스위크〉의 기사에서는 빌 게이츠, 스티브 잡스, 마사 스튜어트Martha Stewart, 마오쩌둥 같은 사람들이 그 사례로 나왔다.

우리나라 역사에서는 태종을 들 수 있다. 그는 자신의 목적을 이루기 위해 수많은 정적들을 제거했고, 급기야는 후계자의 안정적인 통치를 위하여 자신의 처남들까지 1명도 남기지 않고 다 죽였다. 그 비정함에 놀라지 않을 수 없다. 하지만 조선의 건국과 안정적 기반 마련이라는 목표를 위해서라면 그에게 이쯤은 아무것도 아니었다.

이런 인물들과는 대조적으로 자기도취적 성격을 가진 사람들 중 일부는 범죄자가 되기도 한다. 유명한 범죄자들 가운데 이런 성격을 가진 사람들이 많다고 한다. 성격의 부정적인 면이 커지면서 범죄자의 길로 빠지는 것이다. 비슷한 성격을 가져도 누군가는 영웅이 되고 또 다른 누군가는 범죄자가 되니, 참으로 아이러니한 일이다.

사람은 누구나 어느 정도는 자기도취적 성향을 가지고 있다. 개인에 따라 그러한 성향의 정도는 차이가 있다. 사소한 일에 좌절하고 별것 아닌 것도 오래 고민하는 사람, 업무에 치여 자주 위축되는 사람들은 자기도취적 성향이 거의 없는 사람이다. 이들은 자신의 내면에 숨어 있는 주도성과 자기도취적 성향을 크게 키워 "내가 최고!"라는 자신감과 활력을 회복하는 것이 중요하다. 반대로 자기도취적 성향이 너무 강한 사람들은 자칫 독선적인 사람으로 비쳐 주변 사람들로부터 왕따 당하기 십상이니 자중해야 할 것이다.

맨 앞에서 언급한 대범한 척추외과 의사는 전형적인 자기도취적 성격의 사람이다. 이런 사람들은 환자에게 하반신 마비와 같은 심각한 합병증이 생겨도 별로 위축되지 않고 자신의 목표를 향해 매진하여 대부분 카리스마 넘치는 명의名醫의 반열에 오른다. 하지만 합병증으로 고생하는 환자의 입장에서 보면 비정한 의사로 느껴질 따름이다.

　의료계의 어느 분야에서든 이런 의사를 만날 수 있다. 자신을 치료할 의사를 결정할 때 마음이 여리고 성격이 부드러운 의사를 택할지, 아니면 대범하고 매력이 넘치는 자기도취적 성격의 의사를 택할지, 어느 쪽이든 쉬운 선택은 아니다.

무모함, 뛰어난 외과의사의 필수조건

바로 앞에서 의사의 자기도취적 성향에 대한 얘기를 했는데, 이번에는 '무모함'에 대한 얘기를 해보려고 한다. 자기도취와 무모함? 언뜻 비슷한 게 아닌가 싶겠지만, 여기에서 말하는 무모함은 담력과 대범함 쪽에 가깝다.

의과대학에는 고등학교 학업성적이 최상위권인 학생들이 들어온다. 하지만 공부를 잘하는 학생이라고 해서 무조건 좋은 의사가 되는 것은 아니다. 특히 외과의사는 그렇다. 그렇다면 어떤 자질을 갖춘 사람이 훌륭한 외과의사가 될 수 있을까? 내가 30여 년 동안 외과의사로 살아오면서 깨달은 게 있다. 외과의 대가가 되기 위한 필수조건은, 첫째 전문 분야에 대한 해박한 지식, 둘째 뛰어난 수술 기술technique, 그리고 마지막은 무모함이다. 앞의 두 가지는 당연한 것인데, 세 번째인 무모함은 무슨 황당한 소리인가?

평범한 수술은 제대로 된 수련과정을 거치고 경험이 쌓이면 누구나 잘할 수 있다. 하지만 위험부담이 큰 수술은 그렇지 않다. 경험을 통하여 지식과 기술을 탄탄하게 갖춘다고 해도 누구나 다 할 수 있는 것은 아니다. 위험한 수술을 앞두고 밤새 고민하다가 도저히 감당할 자신이 없어 새벽에 병원에 전화를 걸어 수술을 포기했던 선배의사를 본 적이 있다. 그는 자기 분야의 대가로 인정받던 의사였다. 실력의 문제라기보다는 위험한 수술을 할 만한 담력이 부족했던 것이다.

하지만 그를 탓할 수는 없다. 그가 보인 반응은 누구라도 공감할 수밖에 없는 정상적인 반응이다. 위험부담이 큰 수술을 앞두고 전혀 스트레스를 받지 않거나 별일 없는 듯 멀쩡하다면, 그가 오히려 더 비정상적인 사람일 것이다. 외과의사로서 나는 그 선배의사의 심정을 백분 이해한다. 나 역시 하반신 마비나 출혈의 위험성이 큰 환자의 척추수술을 앞두었을 때는 며칠 전부터 엄청 긴장된다. 이것은 어찌할 수가 없다. 아무리 의식하지 않으려고 해도 무거운 돌이 가슴을 짓누르는 것 같은 답답한 심정에서 벗어날 수가 없다.

막상 수술이 시작되면 오히려 마음이 편해지는데 그 전까지가 견디기 힘든 것이다. 수술 전 마음속에서 살금살금 커진 두려움이라는 괴물 때문이다. 극심한 두려움은 자칫 자신의 실력을 제대로 발휘하지 못하게 하고, 때로는 충분히 할 수 있는 일을 해보지도 않고 포기하게 만든다. 밤새 고민하다가 수술을 포기한 선배의사 역시 두려움 그 자체 때문에 옴짝달싹하지 못하게 된 것이리라. 미국 대공황 당시 루스벨트 대통령은 '우리가 두려워해야 할 대상은 (경제 상황이 아니라) 두려움 그 자체다'라고 말하면서 두려움이라는 괴물을 경계하라고 역설했다.

아는 것도 많고 기술이 뛰어나도 햄릿처럼 심사숙고하는 스타일은 훌륭한 외과의사가 되기 어렵다. '수술이 잘못되면 어떻게 하나' 하고 매번 전전긍긍한다. 그러다가 타협안을 찾아 좀 용이한, 그러나 최선이 아닌 수술법으로 방향을 틀기도 하고, 수술을 포기하기도 한다. 하지만 인디아나 존스같이 약간 무모한 스타일의 의사는 그렇지 않다. 앞뒤 가리지 않고 일단 시도해보고 문제가 생기면 후회하고 또 시도하고…, 이러면서 실력을 쌓아간다.

무모하다고 해서 실력도 제대로 갖추지 않고 의욕만 앞세우는 것을 말하는 것은 아니다. 여기서 말하는 무모함이란 다른 의미다. 앞에서도 말했지만 위험한 수술을 하는 의사들은 대부분 대학병원에서 근무하는 월급쟁이 의사들이다. 위험한 수술을 한다고 월급을 더 받는 것도 아니고, 병원에서는 오히려 사고의 가능성이 높은 수술을 달가워하지 않는다. 수술을 하다가 사고가 나면 천문학적인 금액을 보상해줘야 하기 때문이다. 의사 본인에게도 대단히 불리한 상황이 될 수 있다. 따라서 위험한 수술을 시도하는 것은 개인적인 이득이 별로 없는, 단지 자기만족 또는 자아확인을 위한, 일종의 무모한 도전인 셈이다. 하지만 이런 무모한 시도를 통하여 외과의사는 점점 실력이 올라가고 대가의 경지에 가까워지는 것이다.

위험한 상황을 즐기는 유형의 사람이 외과의사가 된다면 성공할 가능성이 높다. 담력을 바탕으로 한 무모한 시도를 통하여 실력이 일취월장할 수 있기 때문이다. 반대로 햄릿형의 의대생들은 외과의사로는 부적격이다. 공연히 외과의사가 되어 위험한 수술을 앞두고 번번이 고민에 빠지는 괴로운 인생을 사는 것보다 내과를 전공하여 자신의 숨은 탤런트를 찾는 편이 훨씬 낫다.

무모한 시도를 통하여 큰 성공을 거둘 수 있는 것은 외과의사에만 국한된 이야기는 아니다. 사업가로 대성한 사람들도 대개 약간의 무모함을 갖춘 사람들이다. 주변에서 무모하다고 말리는 사업을 벌려 결국 목표를 달성하는 것을, 그들의 인생역정에서 종종 확인할 수 있다. 어느 분야건 성공한 사람들은 비슷한 성향을 보인다. 그렇다고 아무나 무모한 시도를 할 수 있는 것은 아니다. 기본적으로 용기와 담력을 갖춰야 한다.

익스트림 스포츠extreme sports를 즐기는 사람들은 태어나면서부터 남다른 유전자를 가지고 태어난다는 학설이 있다. 용기와 담력은 선천적으로 가지고 태어나는 것이지 후천적으로 길러지는 것은 아니라는 것이다. 하지만 미국의 전투기 조종사 에디 리켄베커Eddie Rickenbacker는 '용기란 자신이 두려워하는 것을 시도하는 것이며, 두려움이 없으면 용기도 없다'고 말하면서 두려운 상황을 활용하여 용기를 기를 수 있다고 했다.

노력을 통하여 용기를 기르는 것이 쉽지는 않겠지만 전혀 불가능한 것은 아니라는 것이다.

안전한 돌다리로 갈지, 자신에게 벅찬 위험한 길에 무모하게 도전할지는 결국 선택의 문제다. 심약하거나 세심한 성격의 소유자는 안전한 길을 택하겠지만, 자칫 일상의 안이함이라는 함정에 빠질 수 있다. 반면 담력을 갖춘 사람은 무모한 도전을 택할 것이다. 하지만 그 역시 자기도취라는 함정에 빠질 수 있다. 분명한 것은 후자의 경우만이 훌륭한 외과의사가 될 수 있다는 사실이다.

공부 잘하는 학생이라고 해서 무조건 좋은 의사가 되는 것은 아니다.
특히 외과의사는 그렇다.
그렇다면 어떤 자질을 갖춘 사람이 훌륭한 외과의사가 될 수 있을까?
내가 30여 년 동안 외과의사로 살아오면서 깨달은 게 있다.
외과의 대가가 되기 위한 필수조건은,
첫째 전문 분야에 대한 해박한 지식,
둘째 뛰어난 수술 기술,
그리고 마지막은 무모함이다.

격투기에서 배우는 담력과 품격

바로 앞에서 이야기한 용기와 담력을 바탕으로 한 무모함은 어떻게 기를 수 있을까? 뒤에서 더 자세히 얘기하겠지만, 나는 인내심이 필요한 극한 상황에 닥치면, 남극에서 조난을 극복한 어니스트 섀클턴 경 sir Ernest Shackleton을 떠올리면서 기氣를 받는다(그에 관한 이야기는 책의 맨 뒤에서 하겠다). 그렇다면 용기와 담력을 키우기 위하여 본보기로 삼을 만한 인물은 누구일까?

용감한 사람들이야 여러 분야에서 수없이 많겠지만, 나는 격투기 선수인 기무라 마사히코(1917년에 태어나 1993년에 타계했다)를 추천하고 싶다. 목숨을 걸고 싸워야 했던 로마시대 검투사들이야말로 극한의 두려움을 극복할 최고의 담력이 필요한 사람들이 아닐까? 현대판 검투사인 격투기 선수들 가운데 기무라는 담력은 물론 실력, 절제력, 품격까지 함께 갖춘 매력적인 선수였다. 현대 격투기의 가장 중요한 기술인 주짓수(jiu-jitsu, 유술)의 발전사를 기무라 선수와 함께 소개하겠다.

최근 몇 년 사이에 격투기는 복싱, 프로레슬링 등 종래의 인기 투기 스포츠를 완전히 제압하면서 새로운 인기 스포츠로 자리 잡았다. 격투기는 크게 두 종류로 구분할 수 있다. 서 있는 자세, 즉 스탠딩으로 경기를 하는 '입식立式타격기'와 어떤 자세도 허용되는 '종합격투기(mixed martial arts, MMA)'가 그것이다. 일본에서 주도했던 입식격투기 K-1과 종합격투기 프라이드Pride FC는 최근에 모두 쇠퇴하였고 현재는 미국의 종합격투기 UFC가 대세다.

짧은 기간에 격투기가 폭발적으로 성장하게 된 계기는 1997년 10월 11일 도쿄돔에서 열린 브라질의 힉슨 그레이시Rickson Gracie와 일본의 다카다 노부히코의 종합격투기 프라이드 FC의 대결이었다. 400전이 넘는 격투기에서 단 한 번도 진 적이 없는 전설적인 파이터 힉슨 그레이시와 일본의 헐크 호건으로 대접받으며 최고의 인기를 구가하던 노부히코의 경기는 일본 영웅의 참패로 끝났지만 격투기가 대중의 인기를 끌게 된 기념비적인 경기로 인정받고 있다.

현대 격투기가 시작되면서 주짓수라는 무술 출신의 선수들이 타이틀을 휩쓸었다. 힉슨 그레이시도 주짓수 선수 출신이다. 주짓수는 격투기 선수라면 누구나 기본적으로 갖추어야 할 싸움 기술이 되었다. UFC, 프라이드 FC 등의 시작도 알고 보면 주짓수의 우수성을 입증하기 위하여 마련된 무대였다. 그렇다면 과연 주짓수란 어떤 무술인가?

주짓수는 '브라질리안 주짓수' 또는 '그레이시 주짓수'라고도 불린다.

브라질의 그레이시Gracie 가문이 실전기술로 발전시키고 전 세계로 전파했기 때문이다. 하지만 주짓수는 브라질에서 새롭게 만들어진 무술이 아니다. 일본 고유의 무술이 브라질을 거쳐 전 세계로 퍼져나간 것이다.

주짓수는 일본에서 17세기 이후 '유술柔術'이라는 이름으로 전해져온 무술인데, 전쟁터에서 무기를 지급받지 못한 무사들이 무기를 사용하지 않고 상대를 제압하는 기술로 발전되어 왔다. 유술에는 수많은 유파가 있었으나 일본 유도의 아버지로 추앙받는 가노 지고로(1860년에 태어나 1938년에 타계했다)가 가장 효율적인 기술을 모아 유도柔道라는 이름으로 통일했다.

가노는 효고현 출신으로 어려서부터 몸이 허약하여 친구들로부터 괴롭힘을 많이 당했다. 이를 극복하기 위하여 여러 스승들을 찾아다니며 유술을 연마하여 고수가 되었다. 당시에는 수백 개의 유술 유파가 있었는데, 이들의 기술 가운데 '눈 찌르기'와 같이 생명을 빼앗는 치명적 기술은 제외하고, 상대방의 에너지를 가장 효율적으로 이용할 수 있는 기술을 엄선하여 유도를 창안했다.

가노에게 유도는 무술 기술에 국한된 것이 아니었다. 삶의 방식까지 결정하는 일종의 도道였다. 그는 강도관講道館이라는 도장을 만들어 자신이 창안한 유도를 교육했으며, 강도관은 전 세계 유도의 본산이 되었다. 가노는 쓰쿠바대학의 전신인 동경고등사범학교에서 23년 동안 교장으로 재직하면서 교육 발전에도 힘썼으며, 아시아 최초의 IOC 위원이 되어 유도 발전에 기여하기도 했다.

가노 유도의 장점은 자유대련을 도입한 점이다. 이를 통하여 다른 유파들과의 대결에서 우위를 점할 수 있었다. 하지만 도장 밖에서 스트리트 파이터와의 대결은 엄격하게 금하였다. 싸움기술보다는 스포츠로서의 유도를 강조한 것이다.

가노의 강도관 제자인 마에다 미츠요는 현대 격투기의 발전사에서 빼놓을 수 없는 중요한 인물이다. 1878년에 태어난 그는 유도 입문 3년 만에 강도관 고수 3인방에 올랐다. 마에다는 160센티미터가 안 되는 작은 체격이었지만 스모 선수였던 아버지의 피를 물려받아 힘이 장사였다. 하지만 그는 프로레슬러, 스트리트 파이터 등과 자유로운 격투 교류를 벌여 강도관에서 파문당한다.

그 후 마에다는 미국, 유럽 등을 돌며 2,000회 이상의 격투를 벌이면서 유도에 없는 타격 기술, 하체 관절 기술 등을 더욱 연마하고 발전시킨다. 스승인 가노 지고로로부터 스포츠 유도를 배웠지만 실전 싸움을 통해서 현재의 유술로 발전시킨 것이다. 마에다는 그의 일생을 그린 《콘데 코마Conde Coma》라는 만화로 유명하다. '콘데'는 '백작'이라는 뜻이고 '코마'는 '곤란하다'는 뜻으로, 콘데 코마는 아무도 선뜻 맞붙기를 원치 않는 '싸움의 고수'라는 뜻이다. 이 만화는 한국어판도 출간되었다.

마에다는 스페인을 거쳐 브라질에 정착해 살면서 현지 유력인사인 가스타우 그레이시Gasteo Gracie를 만나 그의 큰아들에게 유술을 전수한다.

이것이 바로 '브라질리안 주짓수'의 시작이다. 현지 여성과 결혼하여 브라질에서 살던 마에다는 고향인 아오모리를 그리워하며 63세의 나이에 신장질환으로 브라질 베렌에서 생을 마감한다.

한편 그레이시 가문은 스코틀랜드에서 브라질로 이민을 온 사람들이었다. 1900년대 초반 마에다가 그레이시 가문의 큰 아들 카를로스 그레이시Carlos Gracie에게 4년 간 유술을 전수했다. 당시 일본인이 아닌 사람에게 유술을 가르치는 것은 일본법으로 금지되어 있었지만, 마에다는 개의치 않고 당시 15세였던 카를로스를 가르쳤다. 그리고 마에다가 세상을 떠난 후 카를로스는 도장을 세워 자신의 형제들을 비롯한 다른 사람들에게 주짓수를 가르치기 시작했다. 하지만 막내 동생인 엘리오 그레이시Helio Gracie는 몸이 너무 허약했기 때문에 가르치지 않았다.

그러던 어느 날, 카를로스에게 주짓수 레슨을 받던 브라질 은행장인 마리오 박사가 도장에 왔는데 엘리오 이외에 아무도 없었다. 하는 수 없이 엘리오가 평소 곁눈질로 익혔던 실력으로 마리오 박사를 가르치게 되었다. 마리오 박사는 엘리오의 레슨에 크게 만족하여 계속 그에게 배우기를 원했다. 이를 계기로 엘리오가 본격적으로 주짓수를 연마하게 되면서 주짓수의 새로운 시대가 열리게 된다.

이처럼 우연한 기회에 주짓수를 시작하게 되었지만, 엘리오 그레이시의 숨은 재능은 점차 빛을 발하게 된다. 엘리오는 기존 유술이 힘을 많이 필요로 하는데 반해, 자신과 같이 힘이 약한 사람들은 상대방의 힘을 레버지리leverage, 즉 지렛대로 이용하는 기술이 절실함을 깨닫고 이를 개발하는 데 매진하게 된다.

그의 주된 관심사는 누워서 하는 기술ground technique의 개발이었다. 전통적인 유술, 유도는 상대를 바닥에 눕히는 것으로 승부의 끝이었다. 하지만 실전 격투에서는 바닥에 눕힌다고 끝나는 것이 아니다. 엘리오는 누운 상태에서 상대방을 제압하는 조르기, 질식시키기 등의 기술을 개발하여 마에다의 주짓수를 현대 주짓수(브라질리안 주짓수 또는 그레이시 주짓수)로 발전시켰다. 엘리오는 평생 주짓수의 발전을 위하여 매진하다가 2009년 95세의 나이로 사망했다.

그레이시 주짓수가 전 세계로 퍼져나갈 수 있었던 요인은 카를로스와 엘리오의 자식의 수가 엄청나게 많았으며(카를로스는 21명, 엘리오는 9명) 이들이 거의 대부분 주짓수의 전파를 위해 노력했다는 점이다. 특히 역사상 최강의 파이터로 인정받는 프라이드 FC 1회 우승자 힉슨 그레이시, UFC 초대 우승자 호이스 그레이시 등은 모두 엘리오의 아들들이다. 그레이시 가문은 엘리오 그레이시가 불패의 파이터였다고 전설처럼 이야기한다. 하지만 공식 기록에서 엘리오는 2번의 패배를 기록했다. 그 가운데 한 번은 1951년 10월 리우데자네이루에서 열린 기무라 마시히코와의 경기였다. 이 경기는 브라질 대통령과 부통령이 모두 경기장에 와서 관람했을 정도로 화제가 된 경기였다.

기무라 마사히코는 구마모토 출신으로 10세부터 유도를 시작하여 17세인 1935년 전全 일본유도대회 최연소 우승 후 3연패, 1950년까지 13년 무패, 10연속 우승 등 엄청난 기록을 세웠다. 일본 유도계에는 '기무라 전에 기무라 없고, 기무라 후에 기무라 없다'는 말이 회자될 정도의 고수였고 유도의 천재였다. 1950년 기무라는 강도관을 탈퇴하고 막 생겨난 프로유도에 입문한다. 하지만 빗발치는 비난 속에 프로유도는 곧 해체되고 기무라는 프로레슬링으로 전향하게 된다. 그 와중에 기무라는 브라질을 방문해 엘리오 그레이시와 경기를 갖게 된다.

함께 브라질을 방문한 가토 5단이 수일 전 엘리오에게 패배하는 것을 본 기무라는 긴장감 속에서 경기에 임했다. 브라질 관중들은 경기장에 기무라의 관棺을 갖다놓는 쇼까지 벌이면서 기무라의 기를 꺾으려고 했다. 하지만 경기는 기무라의 일방적인 승리로 끝났다. 기무라는 몇 번의 기술을 걸면서 엘리오가 정신을 잃는 듯하자, 기술을 풀고 엘리오의 의식을 확인할 정도로 신사적으로 경기를 했다. 그래도 엘리오가 항복하지 않자 '기무라 록'이라고 알려진 팔 비틀기 기술을 걸어 엘리오의 항복을 받아내려 했다. 하지만 엘리오는 끝내 항복하지 않았고 결국 팔이 부러지는 소리가 경기장에 울렸다. 경기를 지켜보던 맏형 카를로스 그레이시가 타월을 던져 항복하고 경기가 끝났다.

그럼에도 불구하고 그레이시 가문이 불패不敗를 주장하는 것은, 경기 전 "만약 엘리오가 3분 이상 견디면 내가 진 것으로 하자."는 기무라의 제안 때문이었다. 하지만 실전에서 엘리오는 기무라에게 도저히 상대가

되지 않았다고 한다. 경기 시작 13분 만에 엘리오가 참패했던 것이다. 이 경기를 통하여 기무라 마사히코가 얼마나 뛰어난 격투기 선수였는지 알 수 있다. 그가 고안한 기술인 '기무라 록'은 현대 격투기의 대표적인 기술 중 하나다. 기무라가 우리나라 사람들에게 잘 알려진 또 하나의 계기는 재일교포 레슬러 역도산과의 경기 때문이다.

1954년 12월 24일 크리스마스이브 일본 열도 전체가 흥분의 도가니에 빠져들었다. 바로 최강의 프로레슬러 역도산과 유도선수 출신의 레슬러 기무라 마사히코의 경기가 도쿄 국기관에서 열렸기 때문이다. 이 경기는 '제2의 간류지마의 결투'라고 불릴 정도로 일본 국민들의 엄청난 관심을 끌었다. '간류지마의 결투'란 사상 최강의 사무라이 미야모토 무사시와 검의 귀신 사사키 고지로의 1612년의 결투를 말하는데, 역도산과 기무라의 결전이 그만큼 치열한 경기가 될 것이라는 예상이었다.

하지만 경기는 싱겁게 끝난다. 역도산이 무력한 기무라를 마구 때려 실신시켜버린 것이다. 유튜브youtube.com에서 찾아보면 이 충격적인 경기의 동영상을 볼 수 있다. 기무라가 실신하자 링사이드에서 역도산을 향해 달려드는 사람이 있었다. 바로 가라데의 최배달이었다. 타격을 하지 않기로 한 경기 전의 약속을 어기고 역도산이 기무라를 가격하여 실신시킨 것에 대해서 최배달이 항의하기 위해 달려든 것이다. 주변 사람들의 만류로 현장에서 역도산과 최배달이 부딪치는 것을 막을 수 있었다.

　천하의 기무라가 왜 아무런 기술을 쓰지 않고 일방적으로 맞으면서 이렇게 무력하게 패한 것일까? 나중에 밝혀진 바에 따르면 이 경기는 사전에 무승부로 끝내기로 담합을 한 경기였다고 한다. 총 3번의 경기를 하기로 담합하고 사전에 날인한 약정서를 교환했다고 한다. 하지만 경기 도중 기무라가 실수로 역도산의 사타구니를 가격하자 약이 오른 역도산이 타격기로 마구 가격하여 기무라를 실신시킨 것이다. 이 경기 후 일본 각지에서 비겁한 역도산을 응징하겠다고 많은 사람들이 도쿄로 몰려들었다고 한다. 겁이 난 역도산은 제자들에게 경비를 서게 하고 엽총을 곁에 놓은 채 잠을 잤다고 한다.

　그렇다면 왜 정식 무도인인 기무라가 쇼적인 요소가 강한 프로레슬링에 몸을 담그고, 또 역도산과 사전 담합을 하게 된 것일까? 바로 사랑하는 아내 때문이었다. 아내가 결핵에 걸려 비싼 약값을 마련해야 했던 기무라로서는 프로레슬링 외에는 돈을 벌 방법이 없었다. 경기가 끝나고 며칠 후, 역도산은 기무라의 복수가 두려워 추가로 돈을 보냈고 기무라도 없었던 일로 하는 데 합의했다. 어쨌건 기무라의 아내는 완쾌되었고 기무라는 자신이 프로레슬링에 몸을 담그면서 역도산의 반칙으로 실신하게 된 치욕을 겪은 것에 대해서 일말의 후회도 보이지 않았다. 은퇴 후 말년의 기무라는 얼굴에 평안함과 부드러움이 깃들어 있었다고 한다.

1997년 프라이드 FC 1회 대회 이후 그레이시 주짓수가 전 세계를 휩쓸게 되자 엘리오 그레이시를 완벽하게 꺾었던, 일본 역사상 최강의 파이터였던 기무라 마사히코는 새삼스레 존경과 각광을 받게 되었다.

지금 알고 있는 걸 그때도 알았더라면

　수년 전 흔치 않은 연말모임에 초청을 받았다. 200킬로그램이 넘는 참치를 일본에서 공수해와서 해체하는 파티였다. 일본에서 온 전문가들이 거대한 참치를 해체하여 회로 뜬 후 일본 정종과 함께 참석자들에게 제공했다. 망년 분위기와 어우러져 다들 들떠서 세상 시름을 잊은 듯 파티가 무르익어 가고 있었다. 나 역시 지인들과 담소를 나누면서 파티를 즐기고 있는데 어떤 남자 분이 다가와서 인사를 한다. 누군지 잘 모르겠다.

"혹시 누구신지?"

"OOO 환자 아들 되는 K입니다."

"아!" 하고 내 입에서 신음이 새어 나왔다. 들떴던 기분은 금세 폭삭 가라앉았고 K씨 역시 공연히 아는 체를 했다고 미안해하는 눈치였다. 집사람은 내 얼굴을 보고 "누구야? 무슨 일이 있어?" 하고 걱정한다. 나는 별일 아니라고 했지만 파티 내내 K씨 쪽을 쳐다보는 것이 불편했고, K씨도 비슷한 것 같았다.

K씨의 아버지는 오래전 나에게 척추수술을 받았던 환자로 수술 합병증 때문에 고생하는 분이었다. 수술은 별 문제 없이 끝났고 수술 후에도 괜찮았는데, 몇 달이 지나면서 한쪽 발목에 마비증상이 나타났다. 왜 몇 달이 지나서 발목마비가 시작되었는지 이해할 수 없었다. 수술 후 척추신경이 엉겨 붙는 유착현상 때문인지, 신경 주변의 협착증이 진행되어서 그런 것인지 분명치 않았다. 재수술을 하려 해도 환자의 전신상태가 여의치 않아 결국 발목마비 상태로 지낼 수밖에 없었다. 연세 드신 분에게 갑작스레 발목마비가 생기자 보행이 상당히 불편해졌고 지팡이를 쓸 수밖에 없었다. 환자와 가족 모두 점잖은 분들이라 외래진료에 와서도 가급적 불평하지 않았다. 그런 점이 오히려 내 마음을 더 불편하게 했다.

외과의사가 수술을 많이 하면 환자에게 합병증이 생기는 일을 피할 수 없다. 아무리 완벽을 기해도 예상치 못한 합병증이 발생한다. 심각한 합병증이 발생했을 때 의사들의 반응은 다양하다. 대다수의 의사들은 합병증이 해결될 때까지 많이 걱정하고, 일시적으로 위축되고, 반성하면서 교훈을 얻는다. 이건 정상적인 반응이다. 하지만 일부 극단적인 의사들은 합병증에 전혀 개의치 않는다. 자기가 수술해서 합병증이 생겼다면 누가 수술해도 마찬가지였을 것이라고 자기합리화를 하면서, 간혹 부하 의사들에게 모든 잘못을 뒤집어씌운다. 이런 자기도취 성향의 의사들은 앞에서 언급한 바 있다.

한편 자기도취적인 성향과는 정반대로 극단적으로 위축되는 의사들도 있다. 걱정이 지나쳐서 더 이상 일상생활을 못하고 때로는 자살기도까지 한다. 이런 심약한 의사들은 애초부터 외과의사에 맞지 않는 사람들로, 과 선택을 잘못한 것이다.

외과의사는 합병증을 먹고 자란다는 우스갯소리를 할 정도로 다양한 합병증을 겪으면서 성장한다. 나도 마찬가지였다. 전공의, 전임의 과정을 마치고 홀로 독립하던 시기에 겪었던 합병증들을 생각하면 참 험난한 길을 뚫고 왔구나 하고 감개가 무량할 정도다.

한번은 50대 환자의 척추관협착증 재수술을 꼬박 하루 종일 했다. 그런데 수술을 마치고 나니 오랜 시간 수술대에 엎드려 있던 환자의 얼굴 근육이 괴사되면서, 그 독소로 인하여 콩팥의 기능이 일시적으로 상실되는 게 아닌가? 이처럼 상상할 수도 없는 일을 많이 겪었다.

요즘 같으면 2~3시간이면 마칠 측만증수술을 아침부터 밤늦게까지 하루 종일 하고 나니 흉곽에 피가 차서(혈흉) 가슴에 튜브를 박아 피를 뽑아낸 적도 있었다. 물론 당시에는 경험도 적었고 수술기구도 지금처럼 발달하지 않아 수술 시간이 더 오래 걸렸던 점도 있었겠지만, 20여 년이 지난 지금도 어제 일처럼 생생하게 느껴지는 합병증들이었다. 그 밖에도 이루 말할 수 없이 많은 합병증을 경험했다.

외과의사는 합병증을 통하여 성장한다는 이야기를 들으면 환자의 입장에서는 당연히 반발할 것이다. 외과의사가 홀로 독립하기 전에 훌륭한 스승에게 잘 배우면 합병증을 피할 수 있는 것 아니냐고. 맞는 말이다. 그래서 외과의사의 수련과정은 꽤 길다. 의과대학을 졸업한 후 1년의 인턴, 4년의 전공의, 1~2년의 전임의 과정을 거쳐야 한다. 이후 1~2년간 외국에서 연수를 더 하는 게 대세다. 의과대학 6년에 길면 9년까지 추가된다. 그 정도면 배울 만큼 배우는 것 아닌가? 이 정도 배웠으면 독립해야 한다는 데 반대할 사람은 별로 없을 것이다.

위대한 물리학자 뉴턴도 '나는 거인의 어깨에 올라서 더 멀리 볼 수 있었다'고 하면서 훌륭한 선배의 가르침을 강조했다. 하지만 배움과 직접 경험은 다르다. 훌륭한 스승에게 아무리 오래 배워도 '홀로서기'를 해야 성장할 수 있다. 그 '홀로서기'의 과정에서 합병증을 경험하고, 직접 경험을 통하여 자기 확신과 노하우를 체득해야 훌륭한 외과의사가 될 수 있다.

수년 전 어느 세미나에서 '척추외과 의사의 함정'이라는 주제로 강의를 한 적이 있다. 내가 홀로서기를 한 이후 20여 년간 겪었던 합병증들을 분석하여 어떻게 하면 합병증을 최소화할 수 있는지 후배들에게 알려주기 위한 강의였다. 강의를 준비하면서 잠언 시詩 '지금 알고 있는 걸 그때도 알았더라면'이 떠올랐다.

「지금 알고 있는 걸 그때도 알았더라면

…

더 즐겁게 살고, 덜 고민했으리라.

…

더 많이 놀고, 덜 초조했으리라.

…

그 결말에 대해선 덜 걱정했으리라. 설령 그것이 실패로 끝난다 해도 더 좋은 어떤 것이 기다리고 있음을 믿었으리라.

…

더 많이 행복해했으리라.

지금 내가 알고 있는 걸 그때도 알았더라면.

《지금 알고 있는 걸 그때도 알았더라면》(류시화 저, 열림원) 중에서 」

지금 알고 있는 걸 홀로서기 할 때 알았더라면 그 많은 합병증들을 다 피할 수 있었을 텐데…. 강의를 준비하면서 진한 아쉬움이 남았다. 외과 의사가 빠질 수 있는 함정을 미리 알 수 있다면 함정에 빠지지 않고 잘 헤쳐 나갈 수 있을 것 같다. 하지만 이건 거의 불가능한 일이다. 족집게도 아니고 어떻게 함정을 다 파악할 수 있을까? 마치 인생에서 겪을 수 있는 좌절과 고통을 미리 알고 대비하는 것과 무엇이 다르랴. 아무리 훌륭한 인생 멘토mentor의 코칭을 받더라도 자신의 삶을 살아가면서 겪을 고통은 다 겪게 되어 있다.

　오랜 세월 외과의사 생활을 하다 보면 합병증 환자가 축적된다. 수술이 잘된 환자는 더 이상 병원에 오지 않고 합병증 환자만 남기 때문이다. 합병증 환자는 아무리 성격이 좋은 사람이라도 담당의사를 원망할 수밖에 없다. 간혹 담당 외과의사는 환자에게 '가문의 원수'가 되기도 한다.

　하지만 아무리 경험 많고 유능한 외과의사라도 피할 수 없는 불가피한 합병증이 있다. 특히 고난도의 수술에서는 더 그렇다. 무성의하게 치료하다가 합병증이 생긴다면 모를까 최선을 다했는데도 생기는 불가피한 합병증에 대해서는 의사도 도리가 없다. 또 괴롭기는 환자에 못지않다. 오늘도 홀로서기를 하며 합병증에 괴로워하는 젊은 외과의사들에게 파이팅을 외쳐본다.

스타 의사, 스타 과학자

　영화배우나 탤런트, 가수 등 연예인이라면 누구나 스타가 되기를 갈망하지만, 정작 스타가 되는 경우는 흔치 않다. 하지만 일단 스타가 되고 나면 모든 사람들의 관심을 끌게 되고 몸이 10개라도 감당할 수 없는 스케줄 때문에 정신이 없다. 어딜 가나 사람들이 구름같이 몰려오고, 돈은 저절로 따라온다.

　인생사에 통달하고 성숙한 사람은 그렇지 않겠지만, 대다수는 인간의 속성상 스타가 되면 교만해지기 마련이다. 자신의 인기가 한없이 계속될 것이라 착각하고 안하무인의 행태를 보이는 경우가 많다. 문제는 아무리 뛰어난 스타라도 시간이 흐르면서 대중의 관심이 점점 줄어들고 결국 잊혀져 가게 된다는 점이다. 정상에서 내려와야 하는 순간이 오는 것이다. 이게 세상사의 진리다. 정상에 더 오래 머무르려고 몸부림을 쳐도 소용없다. 오히려 더 비참해질 뿐이다. 그나마 정상에 있을 때 겸손했거나, 최소한 겸손하려고 노력이라도 했던 스타는 세월이 흐르면서 인기가 시들해지는 것을 받아들이는 게 조금은 수월할 것이다.

최정상의 인기를 맛본 스타는 그 맛을 잊기가 쉽지 않다. 자신이 더 이상 관심의 대상이 아니라는 사실을 받아들이기가 무척 어렵다. 최고의 인기를 누리다가 세월이 흘러 점점 잊혀지면서 괴로움을 이기지 못하고 마약을 하거나 자살로 생을 마감하는 스타들의 뉴스도 간간이 들려온다. 어쩌면 이런 스타들에게는 정상에 올라갔다는 사실 자체가 축복이 아니라 고통의 시작인지도 모르겠다. 그냥 평범한 삶을 살았더라면 괴로움도 없었을 게 아닌가.

의료계나 과학계에도 스타가 있다. 객관적으로 봤을 때 결코 스타가 될 수 없는데도 불구하고 방송에 자주 출연했다는 이유로 스스로가 스타라고 착각하는 사람들도 있다. 하지만 이런 사람들은 가짜 스타다. 이들과 달리 정말 뛰어난 업적 때문에 누구나 인정할 수밖에 없는 스타 학자들이 있다. 나 역시 주위에서 종종 본다. 이런 진짜 스타 의사나 스타 과학자들은 대부분 주변의 평판이나 인기에 아랑곳하지 않는다. 설령 한때 반짝했던 인기나 관심이 시들해졌다 하더라도 별로 개의치 않고 자신의 진료나 연구에 몰두한다. 사실 의사나 과학자는 연예인이 아니므로 인기나 평판에 연연치 않는 이런 태도가 당연하다고 할 수 있다.

하지만 그렇지 않은 경우도 종종 있다. 뛰어난 업적으로 스타가 되어 대중의 관심을 끌고 난 후 한번 맛보았던 정상의 인기를 잊지 못하는 사람들이다. 자신이 연예인이라고 착각해 인기를 지속시키기 위하여 최선을 다한다. 하지만 세간의 인기를 얻는다는 게 어디 그리 쉬운 일인가. 영화배우라면 몇 편의 흥행작으로 연타석 홈런을 칠 수 있겠지만 의학을 포함한 과학 분야는 다르다. 평생 해봐야 학문적인 업적 한 방을 터뜨리기도 쉽지 않은데, 지속적인 업적을 내기는 정말 어렵다. 스타 의식에 사로잡힌 의학자나 과학자는 추가 성과를 내지 못해 점점 초조해한다. 행여 인기를 잃을까 봐, 각광받지 못할까 봐 전전긍긍하다가 결국 자신의 업적을 가공 내지는 조작하는 유혹을 받게 된다. 이러한 학자들의 업적 조작 때문에 사회 전체가 혼란에 빠졌던 쓰라린 경험을 우리는 기억하고 있다.

비정상적으로 남들의 평판이나 인기에 연연하는 스타 의사나 과학자들 대부분 앞에서 소개한 '자기도취적인 성향'을 가지고 있다. 이들은 언제 어디서나 스타로서 대중 매체의 중심에 자리 잡고 있어야 만족스러워한다.

환자의 입장에서는 스타 의식에 사로잡힌 의사가 아주 매력적으로 보일 수도 있다. 하지만 자신을 치료해줄 의사로는 결코 좋은 선택이 아니다. 이들은 자신의 목표를 달성하기 위해서라면 주변 사람들의 희생쯤은 대수롭지 않게 여기기 때문이다. 업적을 조작하는 것 정도는 아무것도 아니다. 그리고도 자신이 옳다고 굳게 믿는다. 거짓말하는 게 아니다. 어떤 경우든 자신이 옳다는 그릇된 확신에 사로잡혀 있을 따름이다. 이런 것 모두가 자기도취적인 성향의 특징들이다. 이들 의료계, 과학계 스타들의 오류는 꼬리가 길어지면서 같은 분야 전문가들에게 발각되고 조사가 시작된다. 이 과정에서 동료 전문가들과 거친 대립도 불사하며 자신의 입장을 고수하지만, 결국 진실이 밝혀지면서 파멸의 길로 들어서게 되는 것이다.

최정상의 인기가 연예인에게 축복이 아니라 저주의 시작이듯, 스타의식에 사로잡힌 의사나 과학자에게도 마찬가지다. 최고의 인기를 맛보는 것, 너무 높은 지위에 올라가는 것은 누구에게나 괴로움의 원천이요, 파멸의 시작이라는 것이 동서고금의 진리이다. 하늘 끝까지 올라간 용이 내려갈 길밖에 없음을 알고 후회한다는 뜻의 '항룡유회亢龍有悔'라는 사자성어가 있다. 또한 욕망과 무모함으로 너무 높이 날아올랐다가 날개의 밀랍이 녹아내려 추락하는 '이카로스의 날개' 신화도 알 것이다. 모두 정상의 자리나 인기에 집착하는 것이 얼마나 무모한지 보여주는 동서양의 교훈들이다.

살다 보면 누구나 자신이 속한 집단에서 가장 돋보이고 싶은 욕심을 갖게 된다. 또 주변에 돋보이는 스타가 있으면, 그가 부럽기도 하고 상대적으로 자신이 초라해 보인다. 하지만 우리가 진정으로 닮아야 할 사람은 정상에 오른 스타가 아니라, 인기에 연연치 않으면서 묵묵히 자기 길을 가는 사람이 아닐까? 아무리 스타라 할지라도 정상의 인기에 집착하는 순간 그의 삶은 더 이상 행복하지 않다. 그저 인기의 노예, 남들의 평판의 노예에 지나지 않는다. 살찐 돼지가 먼저 도살당하듯이 너무 유명해진 사람이 먼저 다친다는 '인파출명저파장'의 의미를 다시 한 번 되새겨야 할 것이다. 평범하게 사는 것이 가장 훌륭한 삶이라는 사실을 깨달았을 때 비로소 자기 삶의 주인이 될 수 있다.

'항룡유회亢龍有悔'라는 사자성어가 있다.
하늘 끝까지 올라간 용이 내려갈 길밖에 없음을 후회한다는 뜻이다.
정상의 자리나 인기에 집착하는 것이 얼마나 무모한가.

살다 보면 누구나 자신이 속한 집단에서 가장 돋보이고 싶은 욕심이 생긴다.
하지만 우리가 진정으로 닮아야 할 사람은 정상에 오른 스타가 아니라,
인기에 연연치 않으면서 묵묵히 자기 길을 가는 사람이 아닐까?

아무리 스타라 할지라도 정상의 인기에 집착하는 순간
그의 삶은 더 이상 행복하지 않다.
그저 인기의 노예, 남들의 평판의 노예에 지나지 않는다.

너무 많이 가지면 괴롭다

 의과대학 학생들에게 강의를 할 때, 마지막 10분을 할애해서 두 가지 퀴즈를 낸다. 첫 번째 퀴즈는, 세상을 살면서 가장 하고 싶은 말을 세 글자로 하면? 답은 '내 자랑'이다. 두 번째 퀴즈는, 세상을 살면서 가장 듣기 싫은 말을 세 글자로 하면? 답은 '남 자랑'이다.

 이런 말을 하면 학생들은 내가 어떤 이야기를 하려는지 대충 감을 잡는다. 평생 살면서 '자랑질' 하지 말라는 것이다. 재산 자랑, 업적 자랑, 자식 자랑…, 자랑은 끝이 없다. 하지만 내 자랑이 남에게는 비수가 될 수 있다. 내 자식이 좋은 대학 들어갔다고, 사위 잘 봤다고 신나게 자랑할 때 시원치 않은 자식을 둔 친구는 엄청 고통스럽다. 그래서 가장 듣기 싫은 말이 '남 자랑'이다.

 어쩌면 지금부터 할 얘기가, 내 의도와는 다르게 내 자랑으로 비춰지지 않을까 약간 걱정이 앞선다.

 1980년에 의과대학을 졸업하고 인턴 과정을 마치면서 전공을 정해야 했다. 당시의 전공 분류는 요즘과 크게 다르지 않았다. 내과 계열(내과,

소아과, 피부과 등), 외과 계열(일반외과, 정형외과, 신경외과, 흉부외과, 성형외과, 산부인과, 안과, 이비인후과 등), 지원 계열(방사선과, 마취과, 병리과 등)의 수많은 전공과목 가운데 한 가지를 선택해야 했다.

단 한 번의 선택이 평생을 결정하는 것인 만큼 다들 여간 신중한 게 아니었다. 물론 자기가 물론 가고 싶은 곳을 선택한다고 마음대로 갈 수 있는 것은 아니다. 인기가 좋은 과는 경쟁이 치열해서 의과대학 4년 동안의 성적, 인턴 과정에서의 평판과 성적, 전공의 시험성적과 면접 등을 통하여 최종적으로 결정되었다. 요즘은 안과, 피부과, 성형외과가 꾸준히 인기가 좋고, '정재영(정신과, 재활의학과, 영상의학과의 약자다)'이 새로운 인기과로 부상했다. 하지만 내가 전공을 선택할 때는, 이런 전공과들은 주류가 아닌 마이너minor 취급을 받았고 내과, 외과가 가장 인기가 높았다.

나는 의과대학을 졸업하면서 가장 폼 나고 멋진 과를 선택하기로 마음먹었다. 어떤 전공과목의 의사가 가장 멋질까? 요즘 학생들의 선택기준은 '어떻게 하면 몸 편하고 돈 잘 벌까?' 하는 것인데, 당시에 나는 조금 낭만적이었던 것 같다. 선배의사들, 졸업동기들과 이런저런 이야기를 하면서 그냥 막연히 신경외과가 가장 폼 나는 과로 보였다. 뇌수술 전문가라니! 말만 들어도 멋지지 않은가? 주변 사람들이 나를 무지 멋진 사람으로 봐줄 것 같았다.

하지만 막상 인턴을 하면서 의식 없이 중환자실에 누워 있는 수많은 신경외과 환자들을 접하고 나니 오만 정이 다 떨어졌다. 결혼 전에 결혼생활의 장단점을 미리 다 알고 나면 결혼하기가 싫어지는 것처럼, 인턴 과정을 통해 신경외과는 일찌감치 나의 선택 리스트에서 지워졌다.

인턴 생활 내내 리스트를 놓고 각 전공과목의 장단점을 따져가면서 저울질을 했지만 쉽게 결정을 내리지 못했다. 어떤 전공과목도 내 마음을 사로잡지 못했기 때문이다. 몸이 편할 것 같은 전공과목(예를 들어 안과, 피부과)은 폼이 나지 않는 것 같고, 폼이 나 보이는 전공과목(예를 들어 흉부외과, 신경외과)은 몸이 힘들 것 같고….

고민은 끝이 없었다. 3월에 인턴을 시작하여 대충 10월까지는 전공과목을 결정해야 12월 중에 확정되는데 도무지 마음을 잡을 수 없었다. 어떤 친구들은 마치 태어날 때부터 자신의 미래가 결정되어 있었던 것처럼 아무런 망설임 없이 자신의 장래 전공과목을 결정했다. 이런 친구들이 한없이 부러웠다.

물론 의과대학 졸업성적이 좋지 않은 친구들은 선택의 여지가 별로 없었다. 2~3개의 전공과를 놓고 저울질하다가 그중 하나로 확정되면 그것만으로도 감지덕지였고, 행복 그 자체였다. 나는 심지어 이 친구들도 부러웠다. 자랑 같지만, 나는 졸업할 때 동창회장상을 받을 정도로 학과 성적이 좋았는데, 이게 문제였다. 마음만 먹으면 어떤 과도 선택할 수 있다는 게 오히려 행복으로 가는 길을 가로막고 있었던 것이다. 게다가 사돈어른(즉, 형의 장인)이 당시 서울대학병원장이었다. 뛰어난 성적과

막강한 백그라운드를 갖춘 내가 무슨 과를 선택할지는 다른 동기들뿐 아니라 일부 교수들에게도 관심거리였다.

이렇게 남들이 보기에는 누구라도 부러워할 만한 최상의 조건을 갖추었지만, 당사자인 나는 전혀 행복하지 않았다. 결혼상대자는 많은데 다들 장단점이 있어 딱 1명을 선택하지 못하는 것과 다름없었다. 하지만 시간이 흐르면서 중요한 사실을 깨닫게 되었다. 내가 선택을 못하는 근본적인 이유는 나 자신에게 있다는 것을 말이다. 장단점을 너무 따지고, 너무 재고, 남들이 어떻게 볼까 의식하고…, 그동안 공부는 열심히 했는데 삶의 가치관은 제대로 확립되지 않았던 것이다.

우유부단한 나 자신에게 실망하는 한편 '시험에 들지 말게 하옵시며…'라는 주기도문의 문구가 떠오르며 '이게 바로 시험이로구나' 하는 깨달음도 얻었다. 인생을 살면서 중요한 순간순간마다 여러 가지 선택의 여지가 주어진다는 것이 불행의 시작일 수 있고, 선택의 여지가 전혀 없는 것이 오히려 행복일 수도 있다고 깨닫게 되었다.

우여곡절 끝에 나는 정형외과를 선택하게 되었다. 인턴을 하던 그 해 9월에 집사람과 첫 선을 보고 정혼을 했는데, 정형외과 의사였던 장인어른이 은근히 정형외과를 권유했고 정형외과 레지던트였던 1년 위의 친형도 정형외과를 권했다. 결국 '내 운명이 정형외과인가 보다' 생각하고 정형외과를 선택했다. 하지만 진짜 마음고생은 이때부터 본격적으로 시작되었다.

전공을 정형외과로 확정한 이후부터 후회가 파도처럼 밀려왔다. 정형외과의 단점이 두드러져 보이기 시작한 것이다. 정형외과는 무식하게도 힘이 많이 필요한 과인데, 나처럼 호리호리한 몸매로 감당할 수 있을까 자신감이 없어지기 시작했다. 게다가 정형외과 의사들은 허구한 날 철근 막대기를 들고 다니면서 골절을 치료하는 프레임을 환자 침대에 지어야 했다. 이건 의사가 아니라 목수였다. 그 당시는 대부분의 골절을 침대에 설치한 철근 프레임을 이용하여 치료하던 시절이었다.

또한 듣자하니 정형외과 교수들이 얼마나 터프한지, 소문만 들어보면 거의 조폭 수준이었다. 그 많은 전공과를 다 놔두고 하필이면 나와 가장 맞지 않는 거친 목수과를 선택했는지 도저히 이해가 되지 않았다. 장고 끝에 악수惡手를 둔 꼴이었다. 운명의 장난 같았다.

하루하루 시간이 지날수록 후회는 점점 더 커지고 도저히 정형외과를 감당할 수 없을 것 같았다. 또 감당하고 싶지도 않았다. 언제 정형외과를 때려치우고 군대에 가겠다는 폭탄선언을 할지, 머릿속으로는 늘 그 생각만 했다. 눈치를 챈 가족들은 '애써 쌓아올린 공든 탑을 아무 이유도 없이 왜 바닥부터 무너뜨리려 하느냐'고 걱정이 태산 같았다. 좌절 끝에 극단적인 선택을 하는 연예인들의 심정이 이해가 될 정도로, 당시의 나는 점점 더 패닉 상태에 빠졌다. 괴로움을 이겨내기 위하여 발륨valium이라는 신경안정제도 종종 복용했다.

그 해 연말, 아직 정형외과에 들어가기 전 어느 날 동국대학 옆 앰배서더 호텔에서 열린 정형외과 동문 망년회에 참석을 하라는 통보를 받았다. 이제 곧 그만두겠다고 선언할 텐데 망년회에까지 가서 신입 레지던트라고 인사를 하기는 정말 죽기보다 싫었다. 사실 폭탄선언을 하루하루 미루었던 가장 큰 이유는 동료들에게 비겁하다고 손가락질을 받지 않을까 하는 우려 때문이었다. '남자가 칼을 뽑으면 연필이라도 깎아야지 비겁하게 그만두다니' 하는 손가락질은 절대 받고 싶지 않아 사표를 던지지 못했었다.

어쨌거나 그렇게 마음을 정하지 못하고 있는 와중에 망년회 통보를 받았던 것이다. 나는 이왕 이렇게 된 거, '그래, 망년회까지만 참석해야지' 하고 앰배서더 호텔 지하 1층의 연회장으로 갔다. 그런데 연회장 입구에서 안내를 하던 수석(4년차) 레지던트 2명이 나를 보더니 다짜고짜 "야, 인마! 여기가 어디라고 네가 와!" 하고 소리를 지르는 게 아닌가? 분명히 오라고 통보를 받았는데 입구에서는 아직 정형외과 의사도 아닌데 네가 왜 왔느냐고 야단을 치는 것이었다. 무언가 소통에 문제가 있었던 모양이다.

평소 같으면 억울하게 욕을 먹어 무지 기분이 나빴을 텐데 전혀 그렇지 않았다. 죄송하다는 인사를 하고 돌아서서 앰배서더 호텔 정문을 나서는데 기분이 너무 좋았다. 마치 정형외과라는 올가미에서 벗어난 느낌이었다. 그리고 갑자기 내 몸이 하늘로 붕 날아오르는 것을 느꼈다. 난생 처음 겪어보는, 그리고 그 이후에도 경험해보지 못했던 '하이high'

현상이었다. 달리기에 빠진 사람들이 가장 느껴보고 싶은 것이 '러너스 하이runner's high'라고 한다. 또 마약을 하는 사람들이 마약에서 빠져나오지 못하는 이유가 바로 이 '하이' 때문이라고 한다. 당시 최악의 궁지에 몰려 패닉 상태였던 내가 일시적으로나마 정형외과 스트레스에서 해방되면서 '하이'를 경험했던 것이다. 그즈음에 내 마음이 얼마나 힘들었는지 보여주는 일화이다.

그럼에도 불구하고 나는 나의 선택을 뒤집지 못했다. 정형외과를 잘못 선택했다는 후회와 이에 따른 스트레스에서 하루 빨리 벗어나고 싶은 절박함, 정형외과를 포기하게 되면 동료들로부터 손가락질을 받을 것이라는 쪽팔림의 우려, 이런 갈림길에서 계속 고민하다가 시간이 흘려 다음해 3월이 되었고 어쩔 수 없이 정형외과를 시작하게 되었다. 영혼의 자유로움도 중요하지만 나는 그 쪽팔림을 도무지 감당할 수 없었던 것이다.

살면서 누구나 내가 겪었던 것과 비슷한 어려움을 겪을 것이다. 잘못된 선택을 했다는 후회 때문에 괴로워하다가 고비를 넘기지 못하고 중도에 전공을 포기하거나 바꾸는 후배들을 많이 보았다. 하지만 잘못된 선택을 했다고 생각되더라도 때로는 '이게 내 운명이구나' 하고 받아들이는 것도 필요하다. 어쩌면 그게 더 어른스러운 태도일 수 있다.

내 경우 그렇게 후회했던 정형외과에 막상 들어가 겪어보니 밖에서 보던 것과는 많이 달랐다. 목수일이라는 선입견과는 달리 무식한 힘보다는 날카로운 판단력과 담력이 더 중요한 덕목이라는 사실을 알게 되었다. 정형외과에서도 내가 충분히 잘해낼 수 있겠다는 자신감을 얻는 데 6개월 정도가 걸렸다. 그렇게 30년 넘는 세월이 흘렀고, 현재는 정형외과 의사라는 데 자부심을 느끼며 산다.

당시에 정형외과에서 나와 함께 레지던트 생활을 시작하는 동료의사 중 S는 정형외과에 지원했다가 실패하고 군대까지 다녀온 후에 겨우 들어올 수 있었다. S에게는 정형외과 의사생활을 시작하게 된 것만으로도 행복 그 자체였다. 나는 정반대였다. 너무나도 많은 선택 가운데 최악의 선택을 했다고 수개월간 후회하고 방황하다 정형외과에 들어왔으니까 말이다. S를 행복하게, 그리고 나를 불행하게 만든 차이는 단 한 가지였다. 나는 가진 것이 너무 많았고 S는 가진 게 별로 없다는 사실이었다. 모든 과를 선택할 수 있었던 나는 불행했고, 반면 정형외과 외에는 선택의 여지가 없었던 S는 행복했던 것이다.

살면서 우리는 너무 많은 것을 가지려고 기를 쓴다. 돈, 명예, 지위…, 욕심은 끝이 없다. 하지만 많이 갖는 게 결코 행복을 보장하는 것은 아니다. 오히려 불행의 시작일 수 있다. 인턴 시절 전공과를 결정하는 과정에서 나는 이런 인생의 진리를 몸으로 겪으면서 비로소 진짜 어른이 되었다.

아름다운 것은 어렵다

 지난 30여 년 동안 국내외 여러 척추 대가들의 수술을 많이 봐왔다. 그 가운데 어떤 수술이 가장 멋진 수술이었을까? 수술기법을 포함한 모든 면에서 단연 도미타 선생의 수술이 가장 인상 깊었던 수술로 기억된다.
 일본 가나자와대학의 가츠로 도미타 교수가 고안한 '악성 척추종양 수술법'은 기존의 수술 개념을 뒤집는 파격적인 방법이었다. 등쪽을 통해 척추에 접근한 후 척추신경을 피하여 종양이 생긴 척추뼈를 완전히 제거하는 방법으로, 하반신이 마비될 수 있는 가능성이 너무 높아서 1990년 후반 당시 척추외과 의사의 상식으로는 도저히 받아들일 수 없는 방법이었다. 공격적인 면에서 타의 추종을 불허할 만큼 과감했던 나의 스승조차도 도미타 선생의 수술법을 보고 "crazy(미쳤다)!"라는 표현을 쓸 정도였다. 하지만 소개된 지 10여 년이 지나면서 이 수술법은 전 세계적으로 척추종양의 대표적인 수술법으로 자리 잡았다.
 이 수술법이 소개된 초창기에, 나는 도미타 선생으로부터 직접 수술을 배우기 위해서 1주일 예정으로 가나자와대학을 방문했다. 일본의 대학병원 주임교수는 지역 의사들에게 거의 황제나 다름없었기 때문에 나는 도미타 선생 역시 거만한 대가의 풍모일 것이라 상상하고 잔뜩 긴장한 채 찾아갔다. 하지만 도미타 선생은 겸손 그 자체였고 선비같이 얌전한 사람이었다. '정말 이런 사람이 그토록 과감한 수술법을 개발했단 말인가?' 하는 의심이 들 정도로 수술법과는 전혀 다른 외모와 분위기를 가진 사람이었다.

그런데 문제가 생겼다. 나는 선생의 수술을 옆에서 직접 보고 배우기 위해 찾아간 것이었는데, 며칠이 지나도 척추종양 수술을 볼 수가 없었다. 어찌된 영문이냐고 물었더니 도미타 선생 역시 나에게 보여줄 수술이 잡히지 않아 난감하다고 했다. 하는 수 없이 나는 그다음 날 우리나라로 돌아왔다. 대신 나중에 우리 병원에서 악성 척추종양 수술이 생겼을 때 도미타 선생이 오겠다는 약속을 받아냈다.

약속한 대로 1년 뒤, 폐암이 제9흉추에 전이된 환자를 수술하기 위하여 도미타 선생이 조교수 가와하라 선생을 데리고 우리 병원에 왔다. 도미타 선생의 수술을 보기 위해 우리나라 유수의 대학병원 교수 몇 명도 찾아왔다. 무모하다고 느껴질 만큼 과감한 이 수술을 도미타 선생이 어떻게 해나갈지 초미의 관심이 집중되었다.

수술이 시작되었고 한참이 지났지만, 수술실은 고요함 그 자체였다. 이렇게 규모가 큰 척추수술은 수술실도 으레 시끌벅적할 것이라고 생각했는데, 의외로 그렇지도 않았다. 수술실이 피바다가 될 것이라고 예상했지만 피도 많이 나지 않았다. 역동적인 수술실을 예상했던 것과는 달리 아주 조용하고 정적인 분위기였다. 덕분에 잔뜩 긴장했던 내 마음도 조금 편안해졌다.

수술 도중에 도미타 선생은 나에게 척추뼈에 나사못pedicle screw을 삽입하는 과정을 부탁했다. 나는 순식간에 나사못 10개를 박았다. 도미타 선생은 나사못을 이렇게 빨리 박는 것은 본 적이 없다고 칭찬을 했다. 하지만 수술을 마치고 한참 지난 뒤에서야 나는 그 말이 칭찬이 아닐 수도 있겠구나 하고 깨달았다.

한국에서도 미국에서도 '수술이란 서둘러야 하는 것'이라고 배웠던 나에게 느릿느릿 진행하는 도미타 선생의 수술은 답답하기까지 했다. '이러다 하루 종일 걸리겠구나' 하고 약간은 걱정도 되었다.

수술의 하이라이트는 척추뼈를 제거하는 과정이었다. 척추신경을 피하여 가슴 쪽으로 양손의 검지손가락을 집어넣어 악성종양이 생긴 척추뼈를 주변의 혈관으로부터 차근차근 박리한 후 통째로 제거하는 모습은, 가히 예술 그 자체였다. 도미타 선생은 절대로 서두르지 않고 당황하지도 않았다. 게다가 과정 하나하나를 상세히 설명하는 모습에서 진정한 대가의 모습을 볼 수 있었다.

수술의 나머지 과정도 성공적으로 진행되었다. 수술을 마치고 도미타 선생이 수술복을 벗을 때 벽시계를 보니 아직 이른 오후였다. 하루 종일 걸리겠거니 했던 내 예상과 달리 수술은 생각보다 훨씬 빨리 끝난 것이다.

나는 신경손상의 위험성을 감수하고 척추뼈를 통째로 제거한다는 도미타 선생의 발상에 놀랐고, 별다른 문제없이 침착하게 수술을 마치는 테크닉에도 놀랐다. 하지만 가장 인상적이었던 점은 느릿느릿 서두르지 않고 수술을 했는데도 전체 수술시간이 예상보다 훨씬 짧았다는 사실이었다. 정신없이 서둘러도 수술시간이 한없이 늘어지는 것을 많이 경험했던 나에게는 대단히 신선한 충격이었다.

수술은 항상 서둘러야 한다는 고정적인 관념과 역동적인 수술실 분위기에 익숙했던 나에게 도미타 선생의 수술은 고요함을 느끼게 해주었다. 소리 없이 천천히 걸어도 소란 떨면서 빨리 달린 사람보다 목적지에 더 먼저 도착하는 축지법 같은 고요함. '보이는 힘力은 보이지 않는 힘氣만 못하고, 보이지 않는 힘은 고요함靜만 못하다'는 바둑에서 배운 진리를 실감할 수 있었다.

도미타 선생의 수술을 보면서 '아름다운 것은 어렵다'는 경구가 떠올랐다. 소크라테스도 자주 인용했다는 이 경구는 고대 그리스의 일곱 현인 가운데 한 사람이었던 솔론으로부터 유래한 것으로 '훌륭하고 가치있는 일은 어렵다'는 의미로 해석된다. 하지만 나에게는 이 경구가 다른 의미로 느껴졌다. 고난도의 수술을 능숙하게 하는 도미타 선생의 경지는 아름다움 그 자체인데, 이런 아름다운 경지에 도달하는 것이 너무나도 어렵다는 의미가 아닐까? 어느 분야건 최고의 경지에 이르면 아름다움과 통한다. 스페인 축구 대표 팀의 경기나 타이거 우즈Tiger Woods, 로

저 페더러Roger Federer의 플레이 모두 아름다움의 극치다.

하지만 역설적으로, 정말 어렵게 아름다움의 경지에 오른 대가들의 경기나 연주는 아주 평범하고 쉬워 보인다. 바둑기사棋士 이창호의 한 수, 한 수는 평범함 그 자체이고, 야구선수 이치로가 힘을 빼고 치는 타법을 보면 야구가 쉬워 보인다. 아주 어려운 것도 끊임없는 노력을 통하여 아름다운 경지에 이르면 쉬워 보이는 것이다. 도미타 선생의 고난도 수술도 너무나 쉬워 보였다. 아름다움의 경지에 이른 것이다.

외과수술도 스포츠나 예술과 같이 궁극적으로 아름다움의 경지에 오를 수 있다. 그 경지를 일반인들에게 보여줄 수 없다는 게 아쉬울 따름이다. 2012년 5월 대전에서 열린 대한척추외과학회 학술대회에서 도미타 수술법에 관한 특강이 있었다. 과거 도미타 선생의 조수로 우리 병원에 왔던 가와하라 선생이 초청연사로 강의를 했다. 세월이 흐르면서 가와하라 선생은 주임교수가 되었고 도미타 선생은 정년퇴임하여 의료현장을 떠났다. 하지만 '아름다움'의 경지에 이른 그의 과감한 수술법과 술기는 영원히 잊히지 않을 것이다.

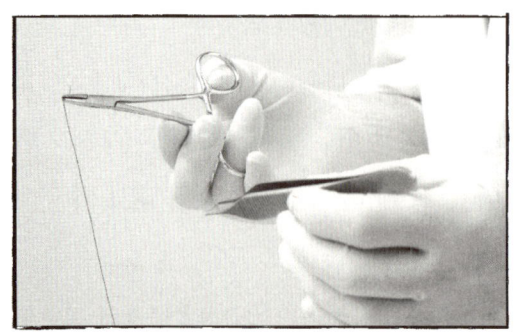

한국에서도 미국에서도
'수술이란 서둘러야 하는 것'이라고 배웠던 나에게
느릿느릿 진행하는 도미타 선생의 수술은 답답하기까지 했다.
'이러다 하루 종일 걸리겠구나' 하고 약간은 걱정도 되었다.

도미타 선생은 절대로 서두르지 않고 당황하지도 않았다.
게다가 과정 하나하나를 상세히 설명하는 모습에서
진정한 대가의 모습을 볼 수 있었다.

하지만 가장 인상적이었던 점은
느릿느릿 서두르지 않고 수술을 했는데도
전체 수술시간이 예상보다 훨씬 짧았다는 사실이었다.
정신없이 서둘러도 수술시간이 한없이 늘어지는 것을
많이 경험했던 나에게는 대단히 신선한 충격이었다.

보이는 힘力은 보이지 않는 힘氣만 못하고,
보이지 않는 힘은 고요함靜만 못하다.
어느 분야건 최고의 경지에 이르면 아름다움과 통한다.

애빌린
패러독스부터
루브 골드버그
장치까지

Part 2

● 우리의 의료 환경을 둘러싼 갈등과 문제점이 왜 이렇게 많은가? 불합리하고 비이성적이고 불필요한데도 목소리 큰 누군가의 주장 때문에 어쩔 수 없이 따라가는 '애빌린 패러독스'부터, 최악의 성과를 위해 최대한의 노력을 쏟아 붓는 '루브 골드버그 장치'까지, 우리 주위에는 알게 모르게 이상한 일들이 엄청나게 많이 벌어지고 있다. 그 외에도 의사들끼리만 알고 있기에는 아까운, 재미있는 의학과 의료계 주변의 이야기들, 의사들의 편견과 거짓말들을 속 시원하게 밝힌다.

애빌린 패러독스

세상을 살다 보면 남들이 다 하니까, 또 해야 한다니까 별 생각 없이 따라 하는 일들이 적지 않다. 당연히 해야 하는 일로 생각하고 무심코 따라 하지만, 나중에 곰곰이 따져보면 그 일을 왜 해야 했는지 이해가 되지 않는다. 이런 현상을 '애빌린 패러독스Abilene Paradox'라고 한다. 조지아대학 경영학과 제리 하비Jerry B. Harvey 교수가 자신의 개인적인 경험을 통하여 집어낸 현상이다.

기온이 40도까지 올라가는 더운 여름, 어느 일요일 오후에 하비 교수는 처가에서 선풍기를 틀어놓고 느긋하게 쉬고 있었다. 그런데 장인이 뜬금없이 "애빌린에 가서 외식이나 할까?" 하고 건의한다. 식구들 모두 이 더운 날 80킬로미터나 떨어진 애빌린까지 가는 것이 내키지 않았지만, 다들 별다른 반대 없이 따라갔다. 하지만 에어컨도 없는 차를 타고 실컷 고생하면서 다녀와 생각해보니, 밥 한 끼를 먹으려고 대체 왜 그렇게 먼 곳까지 가서 고생했는지 아무도 이해할 수 없었다.

목소리 큰 사람들의 주장에 밀려 별다른 저항 없이 무언가를 따라 한 적은 없는가? 직장에서든 가정에서든, 우리의 일상 속에서 애빌린 패러독스는 생각보다 많이 벌어지고 있다.

예컨대 주말에 부서 직원들과 함께 봄맞이 야유회를 겸해서 산행을 하기로 했다. 그런데 일기예보를 보니 그날 큰비가 온다는 게 아닌가? 산행은 갑작스레 취소되었다. 하지만 대부분의 직원들이 섭섭해하기보다는 내심 좋아한다. 산에 가서 고생하는 것보다는 집에서 쉬는 게 훨씬 좋기 때문이다. 그렇다면 이 '대부분의 직원들'은 왜 처음부터 주말에 산에 가지 말자고 주장하지 않았던 것일까? 다들 그렇게 싫어하는 산행이 왜 추진되었던 걸까? 자기주장이 강한 일부 직원들의 의견에 별 생각 없이 따랐기 때문이다. 우리 주변에 이런 일은 헤아릴 수 없이 많다.

일상생활뿐 아니다. 애빌린 패러독스는 우리 사회의 다양한 분야에서 찾아볼 수 있다. 의료 분야에서는 의약분업을 한 가지 사례로 들 수 있다. 정부 당국은, 대다수의 의사들이 반발하는데도 불구하고, 의료관리학을 전공하는 몇몇 교수들의 이야기를 듣고 의약분업을 도입했다. 하지만 여러 해가 지난 현재까지 달라진 것은 아무것도 없다. 병원 내에 있던 멀쩡한 약국을 다 없애버려 환자들이 병원에서 약을 받지 못하고 병원 밖에 있는 약국까지 찾아가야 하는 불편함만 남았을 뿐이다.

근래에 도입된 의학 전문대학원도 마찬가지다. 왜 의과대학의 교육이 2년이나 늘어나야 하는지 아무런 공감대도 형성되지 않은 상태에서 이

제도를 도입했지만, 그 누구도 이 제도의 장점을 설득력 있게 설명하지 못한다. 이공계 대학이 의학 전문대학원 입시 준비학원으로 전락하는 부작용만 남았을 뿐이다. 이 심각한 부작용에 대해서 당시 의학 전문대학원을 도입해야 된다고 목소리를 높인 몇몇 교수들이 지금 뭐라고 변명하는지 궁금해진다.

최근 인턴 제도를 없앤다고 한다. 폐지론자들은 그 필요성을 몇 가지 이야기하지만, 내 생각은 좀 다르다. 비록 1년이라는 짧은 시간이지만, 인턴을 하는 기간은 자기 전공과科에 매몰되기 전에 여러 타他 전공과를 경험할 수 있는 황금 같은 기회다. 인턴 제도를 없앤다는 것은 이런 좋은 기회를 저버리는 것과 다름없다. 또 다른 애빌린 패러독스가 아닌지 우려를 금할 수 없다.

로스쿨도 마찬가지다. 로스쿨이 생긴다고 해서 판검사, 변호사들의 수준이 높아지는 것도 아니고, 국민들이 법률적 수혜를 더 많이 받을 수 있는지도 잘 모르겠다. 그런데 시작하기도 전부터 정원배정 문제로 사회 전체가 시끄럽다. 의학 전문대학원과 마찬가지로 왜 로스쿨에 가야 하는지 납득할 만한 설명을 해주는 사람이 별로 없다.

일상적인 사례를 더 들자면 '평', '돈', '근'과 같은 계량단위의 사용을 금지하는 것도 마찬가지다. 아파트의 면적도 이제는 '평'으로 표시하면 과태료를 물린다고 한다. 친숙한 단위를 사용하지 못하게 강요함으로써 얻는 이득이 무엇인지 언뜻 이해가 되지 않는다.

이게 다 애빌린 패러독스다. 사회적으로 충격과 파장이 큰 일을 결정할 때는 '당연히 해야 할 일'이라고 속단하지 말고, 꼭 해야 하는 일인지, 해도 되는 일인지 꼼꼼히 평가하고 중지를 모아 신중하게 결정해야 할 것이다.

척추 분야에서는 해마다 여러 가지 신기술을 이용한 새로운 치료법들이 많이 소개되고 있다. 이런 치료법이 처음 도입될 때는 '남들도 다 하니까', 혹은 '신기술이니까' 하고 비판 없이 너도나도 사용한다. 하지만 세월이 흐른 후에 살아남는 신기술은 그리 많지 않다.

가령 1980년대 초반 디스크를 정복하는 혁신적인 치료법으로 소개되었던 '카이모파파인 효소주사' 요법부터 얼마 전의 '레이저 디스크수술'까지, 반짝하다가 사그라진 신기술이 너무도 많다. 이들 모두 소개될 당시에는 획기적인 치료법으로 매스컴의 각광을 받다가 시간이 지나면서 시들해졌다는 공통점이 있다.

세월이 흐른 후에 생각해보면, 당시에 왜 그런 치료법에 대다수의 척추외과 의사들이 동조했는지 이해할 수가 없다. 이것 역시 애빌린 패러독스인 것이다. 의학의 다른 분야에도 애빌린 패러독스의 사례가 많을 것이다. '목소리 큰 놈이 이긴다'는 말은 이제 그만 사라져도 좋지 않을까?

신라호텔 수술법을 아시나요?

'신라호텔 수술법'이라는 제목을 보고 놀랐을지도 모르겠다. 신라호텔을 뜯어고치거나 신라호텔 서비스를 개선하라는 이야기가 아니다. 진짜 수술법의 이름이 '신라(호텔) 수술법Shilla procedure'이다. 그것도 최근에 각광을 받는 척추수술법의 이름이다.

2010년 4월 일본 고치에서 열린 일본척추학회에서 이 수술법을 고안한 매카시Richard E. McCarthy 선생의 강의를 들을 기회가 있었다. 정말 기발하고 멋진 수술법이었다. 콜럼버스의 달걀처럼 '누구나 생각할 수 있는 방법인데 왜 미처 생각하지 못했을까?' 하는 아쉬움이 든다. 다들 무심코 지나치는 것에서 새로운 것을 발견하는 능력, 그리고 거기에 약간의 세렌디피티serendipity, 즉 뜻밖의 행운이 합쳐진 게 아닌가 하는 생각도 들었다.

이 수술법은 미국인 의사도, 일본인 의사도, 전 세계의 모든 정형외과 의사들이 '신라 수술법'이라고 부른다. '신라'의 발음이 어려우니까 '쉴라'라고 발음하는 사람도 많다. 과연 '신라'라는 단어가 어쩌다가 척추수술법의 이름이 되었는지 궁금하지 않은가?

측만증은 척추가 옆으로 휘는 질환으로, 45도 이상 심하게 휜 환자는 수술을 해야 한다. 측만증수술은 매우 어려운 수술로 알려져 있지만, 의학의 발달 덕분에 이제 웬만한 측만증수술은 큰 부담 없이 할 수 있게 되었다. 수술결과도 좋아 대부분의 환자는 휘어진 척추를 똑바로 펼 수 있고, 수술 후 4~5일이 지나면 혼자서 걸을 수도 있다.

그러나 아직 해결되지 않은 난제가 있으니, 바로 어린아이에게서 발생하는 '조기발현 측만증early onset scoliosis' 이다. 예를 들어, 서너 살짜리 소아에게서 70~80도 이상의 측만증이 생기면 참 난감하다. 수술로 척추를 펴줄 수는 있지만, 수술 후에 몸통이 자라지 않아 문제가 될 수 있고, 수술을 하지 않고 그냥 놔두자니 휘어진 각도가 점점 더 커져 문제다.

이러한 난제를 해결하기 위하여 여러 수술방법들이 개발되었다. 하지만 다 궁여지책 수준이었다. 현재 가장 많이 사용되고 있는 방법은 몸속에 금속기계를 넣어 척추를 교정한 후 6개월마다 기계장치를 늘려줌으로써 척추가 계속 자라게 해주는 방법이다. 하지만 10세까지 매년 2번씩 전신마취 상태에서 수술을 해야 하니 어린아이가 감당하기에는 너무나 가혹하다. 합병증도 많아 측만증을 전공하는 의사들 대부분이 선뜻 받아들이지 못하는 방법이다.

이처럼 뚜렷한 해결책이 없는 조기발현 측만증에 대해 유망한 대안으로 떠오른 수술법이 바로 신라호텔 수술법이다. 비교적 간단한 수술로 어린아이의 휘어진 척추를 교정해줌과 동시에, 성장에 맞게 척추가 계속 자라도록 해주는 방법이다. 무엇보다 기존의 방법들과 달리 6개월마다 수술을 받아야 할 필요가 없다. 이것은 정말 엄청난 장점이다. 이 방법을 고안해낸 매카시 선생은 신라호텔 수술법으로 세계적인 명성을 얻게 되었다.

매카시 선생은 2000년대 초반에 한국을 방문했다. 당시 측만증수술에서 막 유행하기 시작한 나사못수술을 배우기 위해서였다. 이 수술법은 우리나라 의사들이 주도적으로 개발한 방법인데, 처음에는 미국의 일류 의사들이 너무 위험하다며 냉소적인 시선을 보내곤 했다. 하지만 얼마 지나지 않아 그들은 이 수술법을 배우기 위해 우리나라에 직접 찾아왔다.

나사못수술을 배우기 위해 한국을 찾은 매카시 선생은 당시 신라호텔에서 숙박을 했는데, 밤에 잠을 청하다가 갑자기 조기발현 측만증에 대한 아이디어가 떠올랐다고 한다. 어린아이들의 심한 측만증에 나사못수술법을 적용하는 아이디어였다. 그는 한밤중에 벌떡 일어나 호텔 메모지에 아이디어를 옮겨 적었다. 그렇게 아이디어가 계속 떠올라 침대에 누웠다가 다시 일어나 적고, 또 적었다.

매카시 선생은 미국으로 돌아간 후 그 아이디어를 구현할 수 있는 수술기계를 개발하여 어린이 환자들에게 시술을 했고, 학회 발표를 통하여 그의 새로운 수술법은 널리 알려지게 되었다. 누군가가 새로운 수술법의 이름이 뭐냐고 물었을 때 매카시 선생은 망설임 없이 답했다고 한다.

"한밤중 일어나 아이디어를 적었던 호텔 메모지 상단에 수술법 이름이 적혀 있다. 신라호텔!"

그래서 이 수술법의 이름이 '신라 수술법'이 된 것이다. 신라호텔은 매카시 선생 덕분에 전 세계 척추외과 의사들 사이에서 명소가 되었다.

2012년 봄, 대전에서 열린 대한척추외과학회에 조기발현 측만증의 세계적 대가인 악바니아Behrooz A. Akbarnia 선생이 초청연사로 한국을 찾았다. 선생은 학회를 마치고 인천공항으로 가는 길에 꼭 신라호텔에 들러달라고 간청했다. 왜냐고 물으니, 신라호텔을 배경으로 자신이 서 있는 사진을 찍고 싶다는 것이었다. 앞으로 신라호텔 수술법에 대해 강의할 때 청중들에게 꼭 신라호텔을 보여주고 싶다는 이유였다.

이제 우리나라의 의료는 세계 최고 수준이다. 기초의학은 선진국에 뒤쳐져 있을지 몰라도 간이식수술, 심장이식수술 등 환자를 치료하는 임상의학 수준은 선진국을 능가한다. 척추수술 역시 세계 최고 수준이다. 의료 수준이 떨어지는 나라의 의사들뿐 아니라 선진국의 일류 의사들도 수술법을 배우러 우리나라에 온다. 매카시 선생도 미국의 정상급 척추외과 의사로, 척추분야에서 가장 권위 있는 학회인 측만증연구학회(Scoliosis Research Society)의 회장을 지낸 분이다.

그러니 병을 고치려고 외국을 찾아가는 시행착오는 더 이상 없어야겠다. 엄청난 돈을 쓰면서, 의사소통도 어렵고 의료 수준도 우리보다 떨어지니 이것이야말로 '사서 고생'이 아닐까? 이제는 거꾸로 높은 의료수가로 고생하는 선진국의 환자들, 특히 심각한 질병을 앓고 있는 외국인 환자들을 우리나라로 데려와야 할 때다.

미국 수술실에서 쫓겨나는 수모를 겪으며

1995년 5월, 당시 막 유행하기 시작한 흉강경 척추수술을 배우기 위하여 미국 텍사스에 있는 척추전문병원 '텍사스 백 인스티튜트Texas Back Institute'(이하 TBI)를 한 달 동안 방문했다. 기존의 등척추뼈 수술은 늑골을 자르고 가슴을 크게 열어야 하는데, 시간이 오래 걸릴 뿐 아니라 수술 후 환자의 고통도 이만저만한 게 아니었다. 이에 반해 흉강경수술은 내시경과 수술 기구를 늑골 사이로 집어넣어 수술하는 방법으로 수술 후 환자의 회복도 빠르고 훨씬 편안하다는 장점을 가지고 있었다.

TBI는 텍사스의 주도州都인 댈러스 근교 플라노에 위치한 유명 척추병원으로, 존 리건John Regan이라는 40대 중반의 의사가 흉강경 척추수술의 개척자로 막 이름을 날리고 있었다. 이탈리아 혈통이라는 것을 자랑스럽게 여기는 리건 선생은 나를 데리고 다니며 병원 구석구석을 안내해 주었다.

그리고 그는 내가 그곳에서 지내는 한 달 동안 자신의 모든 스케줄을 함께하는 게 어떻겠느냐고 제안했다. 의외의 제안에 나는 감격했다. 이

전에 외국의 유명 교수를 찾아갔다가 무관심 내지는 찬밥 대접을 받았던 아픈 기억이 몇 번 있었기 때문이다.

게다가 그날 오후 나에게 자기 비서를 보내 병원 가까이에 있는 좋은 호텔로 옮겨주고 숙박비까지 전부 내주겠다고 했다. 전혀 예상치 못한 환대였다. 이제 막 유명세를 타기 시작한 자신을 찾아와주어서 고마웠던 것인지, 아니면 멀리서 찾아온 내 덕분에 병원 내 다른 의사들에게 자신의 유명세를 과시할 수 있어 으쓱했던 것인지, 좌우간 그의 따뜻한 대접이 고마웠다.

다음 날부터 나는 리건 선생의 모든 수술, 회진, 외래환자 진료는 물론 수술 동영상 제작 등의 외부 일정도 함께 참여하고 간혹 리건 선생의 가족(부인과 두 살 된 아들)과 식사도 했다. 리건 선생은 수요일 오후가 되면 언제나 서둘러 일과를 마치고 골프장으로 가서 늦은 라운딩을 하는데 이 스케줄도 함께하게 되었다.

그러던 어느 날, 리건 선생이 주말을 이용하여 며칠 동안 한국에 다녀올 예정이라고 나에게 양해를 구했다. 오래전부터 잡혀 있던 일정으로 우리나라 모 대학병원에서 그를 초청한 것이었다. 리건 선생이 한국으로 떠나고 이틀 후에 나는 서울에 있는 집사람과 통화를 하다가 깜짝 놀랐다. 집사람이 나에게 "아니 리건 선생은 한국에 와 있는데 당신은 거기서 뭐 하는 거예요?"라고 묻는 게 아닌가? 리건 선생이 한국으로 갔다는 얘기는 해준 적도 없는데 말이다. 어떻게 알았느냐고 물으니, 리건 선생이 한국에서 소개한 수술법이 우리나라 TV 뉴스에 보도가 되었다는 것이다.

리건 선생과 함께한 일정 가운데 나에게 가장 생소한 것은 1주일에 이틀 인근에 있는 다른 병원에 가서 수술도 하고 병실 회진도 돌면서 환자를 보는 것이었다. 우리나라는 자신이 소속된 병원 이외의 의료기관에서 진료하는 것이 금지되어 있는데 반해서, 미국은 의사의 자유재량에 맡기는 것 같았다. 리건 선생은 TBI에 소속되어 있으면서 프리랜서처럼 시간을 내서 '플라노 감리교 병원'에서도 일을 했다. 하긴 의사가 능력만 있다면 여러 병원에서 환자를 보는 것이 무슨 문제가 될까 싶다. 우리나라는 무슨 규제가 그리도 많은지…. 능력 있는 의사가 수준이 좀 떨어지는 병원에 가서 수술도 해주고, 그 병원 의사들에게 필요한 것도 가르쳐 주면 어떨까? 괜찮을 것 같다.

어느 날, 리건 선생이 플라노 감리교 병원에 가서 수술을 하는 날이었다. 나는 이른 아침부터 리건 선생 옆에서 열심히 조수를 서고 있는데, 쾅 소리가 나면서 수술실 문이 열리더니 거구의 여자 간호사가 들이닥쳤다. 그러더니 다짜고짜 나에게 소리를 지르는데, 대충 "너는 의사가 아닌데 왜 수술실에 있느냐? 당장 나가라." 하는 내용이었다.

그런데 그녀는 나를 향해 소리를 지르면서도 눈은 리건 선생을 쳐다보고 있었다. 간호사 가운데서도 직급이 꽤 높은 사람 같았다. 수술실에 있던 모든 사람이 깜짝 놀라며 리건 선생을 쳐다보았다. 그 역시 꽤 당황한 눈치였다. 엄밀하게 보면 간호사의 이야기가 틀린 것은 아니다. 나는 미국 의사면허가 있는 의사는 아니므로, 수술 조수를 서는 게 문제가 될 수 있었다.

'아무리 그래도 그렇지. 저 여자가 정신이 나갔나? 내가 뭘 그렇게 잘못했다고?' 짧은 시간 동안 아무리 머리를 굴려도 도무지 이해가 되지 않았다. 몇 초간 정적이 흐르고 나서 리건 선생은 나에게 눈짓을 하면서 일단 수술실을 떠나라는 사인을 보냈다. 나는 모욕을 당한 당사자였지만, 그녀가 영어로 퍼부어서 그런지 별로 실감나게 와 닿지는 않았다. 황당한 사태에 좀 놀라긴 했지만 기분이 그리 상하지는 않았다. 오히려 왜 이런 일이 생겼는지, 사태가 어떻게 전개될지 호기심이 생겼다.

의사 휴게실로 나와서 잠시 정신을 차리는데, 곧 리건 선생이 쫓아 나왔다. 이 병원과의 계약을 더 이상 유지하지 않겠다고 했더니 병원 경영진이 분풀이 내지는 보복을 하려고 벼르고 있었다고. 그런데 마침 자신의 게스트인 내가 좋은 표적이 되었다는 것이다. 절대 기분 나빠하지 말라고 신신당부하면서, 그날 저녁에 같이 식사하면서 자세한 이야기를 해주겠다고 한다.

병원을 나온 나는 하루 종일 댈러스 시내를 돌아다니며 놀다가 저녁에 리건 선생을 만나 식사를 했다. 우리나라 같으면 간호사 멱살이라도 잡고 난리를 쳤을 텐데, 그는 감정을 억누르고 냉정하게 처리한 경과를 이야기했다. 싱겁게 마무리되는 게 좀 아쉽기도 했다.

어쨌거나 외과의사인 내가 미국까지 와서 수술실에서 쫓겨나는 수모를 겪게 될 줄은 몰랐다. 리건 선생은 그 일이 내내 마음에 걸렸는지, 얼마 후 메모리얼데이(매년 5월의 마지막 월요일로 우리의 현충일과 같은 휴일이다) 연휴를 사우스캐롤라이나의 리조트에 가서 자기 가족과 함께 보내자고 제안했다. 어차피 연휴 때 갈 곳도 없었던 처지라 나는 그의 제안을 받아들여 3박 4일 동안 잘 지내고 왔다.

수술실에서 쫓겨나는 등 고생은 했지만 나는 평온하게 1년을 잘 보냈던 UC샌디에이고 병원과는 다른 미국 병원의 모습을 많이 접했다. 미국의 의료시스템은 우리나라와 여러 모로 달랐다. 미국 의사들은 시내에 간단한 클리닉을 두고 환자를 진료한 후 수술은 인근 종합병원에 가서 하는 어텐딩attending 시스템이 보편화되어 있다. 우리나라에서는 개인병원 의사가 수술을 하려면 비싼 돈을 들여 수술실, 입원실을 마련해야 하고, 또 그렇게 투자를 해도 환자가 계속 온다는 보장이 없기 때문에 일단 개인병원 의사가 되면 수술은 거의 포기하는 실정이다. 그것이 대학병원으로 환자가 몰리는 이유 중의 하나다.

물론 우리나라에서도 개인병원 의사가 자신의 환자에게 수술이 필요한 경우 큰 병원을 이용할 수 있을 것이다. 하지만 환자로부터 또는 보험공단으로부터 받는 진료비를 어떻게 분배하느냐 하는 문제가 현실적으로 해결 불가능하다. 또한 의료사고가 발생할 경우 누가 책임을 져야 하느냐도 간단치 않은 문제다.

반면 미국에서는 보험회사에서 의사 진료비, 의사가 이용한 병원비용(환자가 수술받고 입원한 곳), 마취과 의사 비용이 각각 따로 지불되기 때문에 큰 어려움 없이 어텐딩 시스템을 효과적으로 활용하고 있다. 이 시스템을 통하여 개인병원 의사들이 수술실과 입원실을 따로 마련하지 않고도 활발하게 수술을 하는 게 가능하고, 대학병원으로 환자가 집중되는 부작용을 막을 수 있다.

하지만 미국과 우리나라 의료시스템의 근본적인 차이점은 따로 있다. 바로 병원을 운영하는 주체의 차이다. 우리나라에서는 의사만 병원을 소유하고 운영할 수 있다. 법인이나 자본가(혹은 투자자)가 병원을 개설하는 것은 불가능하고, 설령 허가를 받더라도 비영리 법인인 경우에만 가능하다. 의사가 아닌 자본가들이 병원을 소유하는 경우 병원이 이익 추구의 장場이 되기 십상이며 이는 매우 부도덕하다고 여겨 절대 용납하지 않는 것이다. 특히 시민단체들은 자본가가 병원을 소유하는 것에 대해 극구 반대하고 있다.

미국은 우리와 다르다. 의사뿐 아니라 자본가도 병원을 소유하고 운영할 수 있다. 병원의 소유주체가 중요한 게 아니라, 그 소유자의 의도가 더 중요하다고 보는 것이다. 의사가 부도덕하게 과도한 이익을 추구할 수도 있고, 자본가가 정상적으로 병원을 운영할 수도 있다는 관점이다. 나는 개인적으로 미국의 관점이 옳다고 본다. 돈 앞에는 장사(壯士)가 없다. 돈을 번다는 데 마다할 사람이 없다는 뜻이다. 의사든 자본가든 상관없이 과도하게 영리를 추구할 수 있고, 이는 심각한 문제가 될 수 있다. 따라서 의료기관의 소유주체를 제한하는 것보다 과잉 진료행위나 부도덕한 상업적 의료행위에 대한 감시체계를 철저하게 확립하는 것이 훨씬 더 중요하다.

의사의 영리 추구와 자본가들의 영리 추구,
과연 어느 편이 도덕적, 현실적으로 더 문제가 될까?
심도 있게 검토해야 할 문제다.
하지만 의료기관의 소유 주체가 누구여야 하느냐는 논쟁에 앞서
더 중요한 것은, 과잉 진료행위나 부도덕한 진료행위에 대한
감시체계의 확립이 아닐까 싶다.

수술하는 기계 vs. 책만 보는 서생

외과 K교수는 수술하는 기계다. 많은 수술을 하면서 풍부한 경험을 쌓았고 이를 통하여 자신만의 확고한 이론을 정립하였다. 수술기술도 뛰어나고 누구 앞에서도 자신만만하다. 반면 전공서적이나 논문이 실린 학술지는 별로 보지 않고, 자신의 경험을 논문으로 발표하는 것에도 별로 관심이 없다. 옛날 도자기 장인들처럼 자신을 찾아온 몇몇 제자들에게 수술기술을 가르쳐주지만 자신의 수술경험과 노하우를 논문을 통하여 널리 알릴 필요성을 느끼지 못하기 때문이다.

같은 과 P교수는 이와는 정반대다. 수술은 가물에 콩 나듯이 어쩌다 한 번씩 하면서 전공서적과 남들이 발표한 논문을 읽는 데 대부분의 시간을 보낸다. 또 학회에서 논문을 발표하거나 남들 앞에서 자신의 박식함을 자랑하는 데는 단연 발군이다.

K교수와 P교수는 드러내놓고 표시하지는 않지만 은근히 서로를 무시한다. K교수는 '의사에게 가장 훌륭한 교과서는 환자다. 책만 보는 의사는 자격미달이다'라고 하면서 P교수를 평가절하한다. 반면 P교수는

'공부도 하지 않으면서 허구한 날 노동자같이 수술만 하면 어떻게 새로운 지식을 배울 수 있겠느냐?'고 하면서 공부를 게을리하는 K교수를 비판한다. 자신의 직접 경험을 중시하는 K교수, 객관적인 지식 습득의 중요성을 강조하는 P교수, 누가 더 바람직한 외과의사의 모습일까?

《논어》의 〈위정〉 편에 '학이불사즉망學而不思則罔, 사이불학즉태思而不學則殆'라는 구절이 있다. 직역하면 '배우되 생각하지 않으면 어둡고, 생각하되 배우지 않으면 위태롭다'라고 해석된다. 무슨 뜻인지 선뜻 와 닿지 않는다. 신영복 교수는 《강의》라는 책에서 '학學'은 배우는 과정으로 해석해도 무방하지만, '사思'는 '생각한다'는 일반적인 뜻보다는 '실천한다'는 의미로 해석하는 것이 더 낫다고 설명하고 있다. '학'은 객관적인 것의 배움인 반면, '사'는 현장에서의 실천에 따른 주관적인 경험이라는 것이다. 이렇게 해석하면 이 구절이 무슨 뜻인지 쉽게 와 닿는다. '현장 경험 없이 이론만 공부하는 것은 실천의 현장에서 약점을 보이는 반면, 이론적 기반 없이 현장에서의 경험만을 고집하는 것 또한 위험하다'는 뜻이 된다.

이 구절은 의학에도 그대로 적용된다. '학'은 전공서적이나 학술지를 통하여 배우는 것을 말하며, '사'는 의료현장에서 환자를 보면서 경험을 쌓는 것을 의미한다. 따라서 '학이불사즉망'은 '전공서적이나 학술지를 공부하여 의학지식을 배우는 것도 중요하지만, 현장에서의 경험이 없으면 환자를 제대로 치료하지 못한다'고 해석될 수 있다. 공부도 중요하지만 의료현장에서의 경험을 쌓는 것 역시 중요하다는 뜻이다.

반면 '사이불학즉태'는 '매일 환자를 보면서 현장에서 경험을 쌓는 것도 중요하지만 전공서적 공부를 게을리하는 상태에서 경험에만 의존하는 것은 위태롭다'는 뜻으로 해석된다. 환자를 보는 것과는 별개로 새로운 의학지식을 끊임없이 공부하는 것이 중요하다는 뜻이다.

학이불사즉망은 의과대학을 졸업하고 이제 막 의사생활을 시작하는 젊은 의사들에게 해당되는 구절이다. 의과대학 과정을 통하여 이론만 배운 햇병아리 의사들에게는 졸업 후 전공의 과정부터 시작되는 실제 환자를 보는 경험이 중요하다. 학생 때 배운 의학지식으로 기반을 든든히 한 상태에서 경험까지 충분히 갖추게 된다면 의사로서의 앞날은 탄탄대로다. 이와 같은 학이불사즉망에 대해 이의를 제기할 사람은 별로 없을 것이다.

사이불학즉태는 경험이 풍부한 의사들에게 해당되는 구절이다. 전공의, 전임의의 수련과정을 마치고 10~20년 이상 해당 분야에서 환자를 경험하게 되면서 점차 자신감과 자신만의 노하우를 갖게 된다. 이것들은 책이나 논문을 통해서는 얻을 수 없는 값진 자산이다.

하지만 현장에서의 직접 경험을 통하여 실력을 쌓아가는 직종의 사람들은 일반적으로 세월이 흐를수록 완고해지는 경향이 있다고 한다. 장인匠人적인 자존심으로 자기 방식을 고집하면서 주관적인 경험을 보편적

진리인 것처럼 목청을 높인다는 것이다. 경험이 쌓일수록 이런 경향은 더 심해져 자칫 독선적인 사람이 되기도 한다. 의사도 마찬가지다.

자신의 가족이 수술을 받아야 한다면 어느 교수에게 맡기겠는가? 아무래도 P교수처럼 공부는 열심히 하지만 수술건수가 적은 의사는 아무래도 미덥지 못하다. K교수같이 수술경험이 풍부한 의사가 낫다. 실력 있는 외과의사가 되기 위해서는 많은 수술경험이 필요하기 때문이다. 하지만 K교수도 문제가 있다. 사이불학즉태, 즉 객관적인 지식 습득을 소홀히 하면서 자신의 경험만 앞세우는 것은 독단에 빠질 수 있어 위태롭다는 점이다.

근거중심의학에서 전문가(또는 대가)의 의견은 '근거evidence의 5단계' 가운데 가장 낮은 5단계로 낮게 평가받는다. 언뜻 생각하기에는 경험 많은 전문가의 의견이 가장 중요할 것 같지만 전문가는 자칫 독단과 교만에 빠지기 쉽기 때문에 그리 높이 평가받지 못하는 것이다. 의사가 독단에 빠지는 경우 그 부작용이 다른 어떤 분야보다 훨씬 심각하다.

전문가가 독단에 빠지지 않으려면 사이불학즉태를 명심해야 한다. 경험을 쌓는 한편 겸손한 태도로 끊임없이 공부해야 하는 것이다. 널리 인정되는 보편적인 지식을 겸허하게 받아들임으로써 주관적 경험의 좁은 울타리에 갇히는 것을 예방할 수 있다. 《논어》의 〈학이〉 편에서도 '학즉

불고學則不固'라고 가르치고 있다. '배우고 공부하면 완고하지 않게 된다'는 뜻이다.

현장경험도 별로 없고 공부도 하지 않는 의료인들이 자신의 보잘것없는 경험을 대단한 것인 양 떠벌리고 스스로를 부풀리는 것을 주변에서 흔히 본다. 그 저변에는 상업적인 의도가 있는데 이런 의료인들을 감별해내는 것이 쉽지 않다. 이런 의료인들일수록 더 친절하고 더 진지한 모습을 하고 있기 때문이다. 한마디로 양의 탈을 쓴 늑대다. 지금 논하고 있는 것은 이런 수준 이하의 의료인들이 아니다. 하지만 이런 의료인들이 현실적으로 우리 주변에 꽤 많다는 게 문제다.

지금까지 이야기한 것은 K교수, P교수처럼 수준급 의사들의 극단적인 두 가지 모습이다. 좋은 외과의사가 되기 위해서는 중용의 도를 취하는 것이 좋다. 환자를 접하면서 경험을 쌓는 것思과 동시에 항상 겸손하게 객관적인 의학지식을 받아들여學, 학과 사가 적절히 균형을 갖추어야 한다. 환자들도 자신을 치료할 의사를 선택할 때 그 의사가 과연 '학'과 '사'를 고루 갖춘 겸손한 의사인지 잘 알아보고 결정하는 것이 중요하다.

의사들의 플라세보 반응

진통제를 너무 오래 사용해온 환자라든가, 너무 많이 사용하는 환자, 그리고 중독 현상을 보이는 환자에게 진통제를 계속 처방하는 것은 의사에게도 부담스럽다. 간혹 이런 경우에 의사는 밀가루로 만든 가짜 약을 진통제라고 속이고 처방을 하기도 한다. 재미있는 것은 밀가루 약으로도 환자의 증상이 좋아지는 경우가 많다는 사실이다. 플라세보placebo, 즉 위약효과 때문이다. 가짜 약뿐만이 아니다. 가짜 치료도 플라세보 효과가 있다. 가령, 만성요통 환자에게 침치료를 하면 증상이 좋아지는 경우가 적지 않은데, 진짜 침 대신 이쑤시개를 사용해도 비슷한 정도로 증상이 호전된다.

그동안 플라세보 효과는 전적으로 환자들에게만 국한된 현상으로 간주되었다. 정신적으로 불안하고 육체적으로 쇠약해진 환자들이 보이는 이상異常 심리현상으로 생각되었던 것이다. 하지만 환자를 치료하는 의사 역시 플라세보 반응을 보일 수 있다는 주장이 제기되었다. 이것이 사실이라면 환자 입장에서는 의사에 대한 신뢰에 근본적인 의문을 제기할 수 있는 중대 사건이 아닐까?

1988년 프라이드슨Eliot Freidson은 시카고대학 출판부에서 발간한 《전문 분야로서의 의학Profession of Medicine》이라는 책에서 '환자를 치료하는 의사(임상의사)의 심리상태Clinical mentality of physician'를 분석하고 있다. 이 책에 따르면, 임상의사들은 자신이 하는 치료가 환자에게 절대 도움이 되며do good, 해가 될do harm 가능성은 별로 없다고 생각한다. 또한 자신의 치료가 실제 병의 경과에 별 다른 차이를 만들지 않았을 가능성을 지적하면 강하게 반발하면서 이런 사실을 인정하지 않으려는 경향이 있다고 한다. 자신의 치료는 효과가 있으며 환자 질병의 치유에 결정적이라고 생각하는 것이다.

이것은 처방받은 약이 무조건 효과가 있다고 생각하는 환자들의 사고방식과 크게 다르지 않다. 프라이드슨은 의사들의 이런 심리상태를 '의사의 플라세보 반응Doctor's placebo reaction'이라고 불렀다. 과학적인 사고방식을 가졌다고 자부하는 의사들로서는 당황할 수밖에 없는, 어쩌면 절대 인정하고 싶지 않은 '불편한 진실'이다.

'의사의 플라세보 반응'은 침습시술(invasive procedure, 째거나 바늘로 찌르는 등의 시술)이나 수술에서 더 두드러지게 나타난다. 특히 환자들의 증상이 현저하게 호전되는 경우 의사는 자신의 역할이 결정적이었다고 생각하는 경향이 더욱 강하다. 2009~2010년에 있었던 척추성형술vertebroplasty의 찬반논쟁을 살펴보면 의사의 플라세보 반응이 실제로 어떻게 나타나는지 알 수 있을 것이다.

척추성형술은 골다공증 때문에 발생한 노인 척추골절에 사용되는 시술법이다. 척추뼈가 골절로 주저앉으면 심한 통증 때문에 움직이기 힘들다. 그런데 노인들이 움직이지 못하고 누워 있으면 골다공증이 더 심해지면서 다른 뼈가 또 골절되는 악순환이 반복될 수 있다. 이런 악순환을 예방하기 위하여 가급적 환자를 빨리 움직이게 해야 하고, 이를 위해서 사용하는 시술이 바로 척추성형술이다.

액체상태의 '골 시멘트'를 가느다란 관을 통하여 골절된 척추뼈 내부로 주입하면 시멘트가 딱딱하게 굳으면서 주저앉은 척추뼈를 탄탄하게 지지해주어 통증이 감소된다. 아주 심한 통증 때문에 꼼짝도 못하던 환자가 시술한 바로 다음 날 늠름하게 걷는 극적인 증상의 호전을 보이기도 한다. 이 시술은 전 세계적으로 인정받고 있는 시술로 우리나라에서도 많이 시행되고 있다. 우리 아버지도 85세에 척추골절로 골 시멘트 성형술을 받으신 바 있다.

이처럼 전 세계적으로 시행되고 있고 누구나 인정하는 척추성형술에 대해 찬반논쟁이 시작된 것은 2009년 발표된 2편의 논문이 발단이었다. 척추성형술이 실제로는 별로 효과가 없다는 연구결과를 앞세운 논문들이 발표된 것이다. 생각 같아서는 이 논문들을 확 무시해버리고 싶지만, 그럴 수도 없는 것이, 두 논문 모두 의학 분야에서 가장 권위 있는 학술지인 〈뉴잉글랜드 저널 오브 매디신New England Journal of Medicine〉(이하 〈NEJM〉)에 발표되었기 때문이다. 〈NEJM〉은 우리가 잘 알고 있는 〈네이쳐Nature〉나 〈사이언스Science〉보다 더 권위 있는 학술지로, 이 학술지에 논문을 1편이라도 게재할 수 있다면 '가문의 영광'일 정도로 자타가 인정하는 최고의 학술지다. 그런 권위를 가진 〈NEJM〉에 수록된 이 논문들은, 가장 신뢰받는 연구방식인 RCT(randomized controlled trial) 연구를 통하여 척추성형술이 효과가 없다고 결론을 내렸다.

그동안 척추성형술을 많이 해오던 척추외과 의사들에게는 충격 그 자체였다. 두 논문이 발표된 후 척추외과 의사들의 반박 논문이 잇따라 나왔다. 당연한 반발이었다. 이들은 척추성형술로 자신들의 환자가 극적으로 좋아진 것을 생생하게 기억하고 있었다. 그러니 자신들의 직접 경험에 반하는 〈NEJM〉의 논문 결과를 절대 받아들일 수 없었던 것이다.

반박 논문의 대표적인 사례가 2010년 척추 분야 최고의 학술지 〈척추Spine〉에 발표된 오르R. Douglas Orr 등의 논문이다. 이 논문에서 오르 등은 "척추외과 의사 대다수는 침대에 누워 꼼짝도 못하는 환자가 척추성형술 후 몇 시간 내에 병원을 걸어서 나갈 정도로 극적으로 좋아지는 것을 많이 경험했다. 따라서 척추성형술의 효과에 대해서는 이견이 있을 수 없다."고 강하게 주장한다. 이들은 "RCT 연구방식 등 근거중심의학evidence-based medicine의 엄밀한 기준으로 척추성형술이 효과가 없다고 판단한다면 우리 척추외과 의사들이 직접 경험하였던 극적인 증상의 호전은 과연 무엇인가? 앞으로 우리들은 척추성형술을 포기해야 하는가?"하고 반발했다.

이와 같은 척추외과 의사들의 반발에 대하여 근거중심의학evidence based medicine을 주창하는 학자들은 '참 한심한 수준'이라고 개탄한다. 이들은 척추외과 의사들의 반발을 종말론을 믿는 사이비종교 신도들의 '인지부조화cognitive dissonance' 현상과 동일하다고 보았다. 그릇된 믿음(특정한 날짜에 지구가 멸망한다는 믿음과 의사들의 직접 경험에 바탕을 둔, 척추성형술이 효과가 있다는 믿음) 때문에 진실(종말론은 없다는 사실과 척추성형술은 효과가 없다는 사실)을 깨닫지 못하는 면에서 둘은 다를 바 없다는 것이다.

또한 '환자가 굉장히 아파했다'→'그래서 내가 치료했다'→'그랬더니 환자의 증상이 좋아졌다'라는 순서만으로 '나의 치료가 증상을 좋아지게 만들었다'고 주장하는 것은 논리적 오류라고 지적한다. 환자의 증상이 좋아진 데는 (1)의사의 치료, (2)치료와는 무관하게 병이 저절로 좋아졌을 가능성(자연치유), (3)의사가 투여한 약이나 시술은 효과가 없지만 위약효과 때문에 증상이 좋아졌을 가능성 등 세 가지를 모두 고려해야 하는데 (2)번과 (3)번의 가능성을 무시하고 (1)번만을 고집하는 것은 잘못이라는 것이다.

사실 환자를 직접 치료하는 의사들은 '자신의 치료'가 효험을 나타냈을 가능성만을 강조하는 경향이 있다. 하지만 '자신의 치료 후에 좋아졌으므로, 자신의 치료 때문에 좋아진 것이다'라고 생각하는 것은 라틴어로 'post hoc ergo propter hoc' 이라는 유명한 논리적 오류의 대표적인 사례라고 근거중심의학 학자들은 예리하게 지적한다. 영어로 바꾸면 after that, therefore because of that(그것 이후에, 그러므로 그것 때문에)으로, 이 말은 A라는 현상이 B사건 이후에 관찰되었을 경우, A는 B사건 때문에 발생한 것으로 결론짓는 것을 말한다. 전후관계와 인과관계를 혼동한 것으로, 이런 결론은 논리학적으로 볼 때 심각한 오류의 가능성을 내포하고 있다. 근거중심의학 학자들은 이러한 오류에 빠지지 않으려면 근거중심의학에 더욱 충실해야 하며 그 연구 방법론으로는 RCT가 최선이라고 충고한다.

내가 왜 전문가들 사이의 이런 논쟁을 독자 여러분에게 소개하는 것일까? 척추성형술이 과연 효과가 있는지 없는지는 별로 중요한 문제가 아니다. 이 논쟁으로부터 배워야 하는 가장 중요한 사실은 '그 어떤 치료법이라도 철저한 검증을 거쳐야 한다'는 교훈이다. 우리 주변에는 자신의 비법으로 또는 자신이 제조한 특효약으로 질병을 고쳤다고 주장하는 의사, 한의사, 사이비 의료인들이 너무 많다. 이들은 임상경험을 앞세워 자신들의 치료법이 효과가 있다고 주장하지만 근거중심의학의 기준으로 판단할 때 대부분 수준 이하이며 사실이 아니다. 그럼에도 불구하고 이들은 마치 사이비종교의 광신도들처럼 '내가 직접 경험했다'는 임상경험만을 앞세워 진실을 외면하고 자신들의 주장을 고집한다. 의사, 한의사, 사이비 의료인들이 보이는 플라세보 반응이며 인지부조화 현상이다.

앞에서 소개한 사회학자 프라이드슨은 의사들의 심리상태를 분석하여 그들의 마음 속 깊이 자리 잡고 있는 플라세보 반응을 간파하였다. 현대 의학의 최고 가치인 '근거중심의학'이 자리 잡기 이전에 근거중심의학에서 가장 경계하는 '의료인들(의사, 한의사, 기타 등등)의 교만한 심리상태' 혹은 '자기합리화'를 날카롭게 지적했던 것이다.

니콜라 테슬라와 MRI

어느 날 발명왕 에디슨은 말단 부하직원인 니콜라 테슬라Nikola Tesla 때문에 자신의 명성과 사업에 서서히 금이 가고 있다는 것을 직감적으로 느꼈다. 테슬라가 만든 회전자장을 이용한 교류모터는 그때까지 이론에만 머물러 있던 교류전기를 실생활에 도입하는 계기가 되었고, 이로 인해 새로운 시대가 시작되고 있었다(테슬라는 1856년에 태어나 1943년에 작고했다).

직류 시스템을 고집하던 에디슨은 이러한 열세를 만회하기 위해 교류전기의 위험성을 강조하고 다녔다. 사형을 집행하는 데 교류전기를 사용하도록 로비를 하였다는 이야기도 있고, 강아지나 고양이를 1마리당 25센트에 사들여 교류전기로 죽이는 실험을 공개적으로 여러 번 실시함으로써 뉴저지 에디슨 연구소 인근 주택가에는 애완동물들의 씨가 말랐다(?)는 에피소드도 있다.

하지만 에디슨이 고집하던 직류전기의 불편함은 상상 이상이었다. 뉴욕 전차의 절반이 고장으로 운행을 하지 못했고, 이로 인해 피해를 본

브루클린 사람들은 '전차를 기피하는 사람들'이라는 의미를 가진 '트롤리 다저스Trolley Dodgers'라는 모임을 결성할 정도였다. 여담이지만, 이를 계기로 '브루클린 다저스' 야구단이 생겨났고 이것이 훗날 'LA 다저스' 야구팀이 되었다.

이처럼 대세를 거스르다가 경영에 어려움을 겪게 된 '에디슨 전기회사'는 JP모간이라는 당시 가장 뛰어난 투자가에게 경영권을 빼앗겨 나중에 '제너럴 일렉트릭(GE)'으로 바뀐다.

세르비아 출신의 니콜라 테슬라는 교류전기를 이용하는 데 필요한 대부분의 장치들을 개발하였을 뿐만 아니라 무선통신, 레이더, 수직 이착륙 비행기(하늘을 나는 스토브), 순간이동 등 당시로서는 너무나 앞선 연구를 하던 천재였다. 스칼렛 요한슨Scarlett Johansson이 출연한 영화 '프레스티지'에서는 주인공 마술사가 테슬라를 찾아가 순간이동 기법을 배우는 장면이 나온다. 정보통신 혁명의 핵심인 무선통신 기술에 가장 기초적인 원리를 제공한 사람이 바로 니콜라 테슬라였다는 사실을 아는 사람은 별로 없다.

1915년 11월 6일 〈뉴욕타임스New York Times〉는 〈로이터 통신Reuters〉이 런던에서 전한 급보를 기사로 실었다. 에디슨과 테슬라가 노벨 물리학상의 공동수상자로 결정되었다는 내용이었다. 그러나 테슬라는 공식적으로 아무런 통보도 받지 못한 상태였고, 다음 날 인터뷰에서 만약 자신이 상을 수상한다면 그것은 무선으로 에너지를 전송하는 기술을 개발했기 때문일 거라고 말했다. 그는 미래에 전화 가입자들이 전 세계에 있는 모든 사람들과 통화를 할 수 있고, 유럽에서 찍은 사진을 5분 만에 뉴욕에서 전송받을 수도 있다고 덧붙였다. 물론 당시의 사람들은 허황된 이야기로 받아들였지만 말이다.

"무선통신은 앞으로 하나의 거대한 태풍과도 같이 우리에게 다가올 것입니다. 언젠가 미래에는 전 세계 모든 주민들을 목소리와 화면으로 연결시켜주는 거대한 무선통신 기지가 세워질 것입니다."

이처럼 무선통신에 관한 그의 예견은 대부분 옳았다. 하지만 그 해의 노벨상은 엑스레이를 이용해 광물의 결정구조를 분석한 영국의 윌리엄 브레그William Bragg 교수 부자父子에게 돌아갔다. 테슬라의 전기傳記 작가는 재정적으로 궁핍했던 테슬라에게 2만 달러의 상금이 가는 것을 막기 위하여 에디슨이 공동수상을 거부했다고 주장한다. 반면 테슬라가 에디슨과 함께 공동수상하는 것을 거부했다고 말하는 사람도 있다. 노벨상 재단은 어느 한쪽이 수상을 거부했다는 말은 사실이 아니라고 했으나, 그 둘이 공동수상자로 먼저 선정되었다는 것은 부인하지 않았다고 한다.

평생 연구에 몰두했던 테슬라 자신이 가장 중요한 발견이라고 여긴 것은 지구에 존재하는 공명파동이었다고 한다. 땅덩어리를 전도체로 사용해 전 지구를 연계하는 방송망을 구축하려고 했던 그의 시도는 재정 지원을 약속했던 JP모간이 지원을 중단하는 바람에 끝을 보지 못했다. 그는 공간 에너지의 응용과 관련된 어떤 실마리를 갖고 있었던 것으로 추정된다. 지금의 관점에서 봐도 최첨단을 달리는 그의 연구내용들을 보고 누군가는 '테슬라는 우주에서 길을 잃어 지구에 잘못 태어난 외계인'이라고 표현했다.

에디슨을 능가하는, 그러나 대중의 기억에서 사라진 천재 발명가 테슬라는 뒤늦게나마 MRI 검사를 통하여 우리의 실생활에서 되살아나고 있다. MRI 검사는 척추질환의 진단과 치료에 혁명적인 변화를 가져왔다. MRI 검사 없이 척추수술을 하는 것은 생각할 수도 없는 세상이 되었다. MRI를 찍는 기계의 성능은 자장磁場의 세기로 구분되는데, 이 세기는 니콜라 테슬라를 기리기 위하여 '테슬라(T)'라는 단위를 사용한다. 현재 사용되는 MRI 기계는 0.5, 1.0, 1.5, 3.0테슬라 급의 기계들로, MRI 검사를 제대로 받으려면 1.5테슬라 또는 그 이상이어야 선명한 영상을 얻을 수 있다.

〈AFP 통신〉은 니콜라 테슬라의 탄생 150주년이 되는 2006년, 크로아티아와 세르비아 양국이 테슬라를 놓고 벌이는 경쟁을 소개했다. 테슬라는 크로아티아에서 태어나 세르비아인으로 활동하다가 미국으로 이민을 갔다. 크로아티아 정부가 2006년을 '니콜라 테슬라의 해'로 선포하자 세르비아는 주저 없이 수도 베오그라드 국제공항의 이름을 '테슬라 공항'으로 바꾸었다.

테슬라는 발명에 몰두하느라 평생 독신으로 살다 1943년 87세를 일기로 뉴욕의 한 호텔에서 심장마비로 쓸쓸하게 숨졌다. 그나마 나이아가라 폭포의 미국 쪽 공원에 테슬라의 동상이 세워져 전자기 분야에서의 업적을 기리고 있다.

척추수술에 꼭 필요한 MRI 기계를 볼 때마다 나는 니콜라 테슬라의 위대한 업적에 대해 우리가 너무 모르고 있는 게 아닌가 하는 안타까운 마음이 든다.

수술 많이 하는 병원일수록 수술결과가 나쁘다?

    수년 전 어느 일간지에, 지난 1년 동안 어떤 수술을 어느 병원에서 많이 했는지를 분석한 자료가 보도되었다. '대한민국 수술지도'라는 다소 거창한 타이틀을 앞세운 이 기사는 30대 질환의 수술적 치료의 병원분포를 알려주고 있다.

    병원의 순위를 발표하는 이런 종류의 기사는 병원의 입장에서 보면 대단히 신경 쓰이는 기사다. 높은 순위에 오른 병원은 홍보에 적극적으로 활용하는 반면, 순위가 쳐지거나 아예 순위에 들지 못한 병원은 "수술 건수만 중요하냐? 난이도가 더 중요하지!"라고 항변하지만 심기가 상당히 불편할 것이다.

    우리나라뿐 아니라 미국의 신문들, 예를 들어 〈US 뉴스 & 월드 리포트US News & World Report〉 같은 신문도 환자들의 알 권리를 위하여 매년 질환별 병원순위를 발표한다. 그런 사실을 놓고 보면 "이런 통계 발표가 무슨 의미가 있느냐?"고 대놓고 반박하기도 힘들 것이다. 그렇다면 근본적인 문제로 되돌아가, 과연 수술을 많이 하는 병원이 좋은 병원일까?

근골격계 질환에서 가장 권위 있는 학술지인 미국의 〈저널 오브 본 앤 조인트 서저리Journal of Bone & Joint Surgery〉(이하 〈JBJS〉)는 2006년 9월호에 특집으로 실린 '허리디스크 강좌'에서 '디스크수술 빈도가 높은 병원에서 수술을 받은 환자들의 치료결과가 수술빈도가 낮은 병원보다 나쁘다'라는 사실을 기술하고 있다. 심장수술, 암수술 등은 수술건수와 정비례하여 의사의 기술, 병원의 전반적인 능력이 향상되므로 수술을 많이 할수록 수술결과가 좋아지는 데 반해서 디스크수술의 경우는 반대라는 것이다.

언뜻 이해가 되지 않는다. 왜 디스크수술을 많이 하는 병원의 수술결과가 더 나쁠까? 〈JBJS〉의 기사는 불필요한 수술을 그 원인으로 들고 있다. 꼭 수술을 받지 않아도 될 디스크 환자를 수술하기 때문에 수술건수는 엄청 많은데 반해서 수술결과는 만족스럽지 않게 나온다는 것이다.

환자의 입장에서 보면 의사가 불필요한 수술을 권한다는 것 자체를 이해할 수 없을 것이다. 하지만 이는 현실이다. 미국은 병원에 따라 디스크수술 빈도가 15배까지 차이가 난다고 한다. 우리나라도 마찬가지다. A병원은 디스크 환자 100명당 3~5명에게 수술을 권하는 반면, B병원은 거의 절반에 가까운 환자에게 수술을 권한다고 한다. 이처럼 단순히 수술건수의 많고 적음이 그 병원의 질質과 항상 정비례하는 것은 아니라는 사실을 명심해야 한다.

그렇다면 수술시간은 어떨까? 사실 한마디로 말하기 힘든 게 수술 소요 시간이다. 환자들에게 수술을 권할 경우, 환자들은 제일 먼저 수술시간이 얼마나 걸리는지 궁금해한다. 당연한 반응이다. 오래 걸리면 큰 수술, 금방 끝나면 작은 수술로 알고 있는 사람이 많고, 대부분 수술시간과 수술의 위험도가 정비례한다고 생각하기 때문이다. 하지만 의사의 입장에서는 수술시간을 이야기하는 것이 쉽지 않다. 환자나 보호자들과는 관점이 좀 다르기 때문이다.

환자가 수술실에 들어가면 여러 준비과정을 거친 후 마취를 한다. 그러고 나서 환자를 수술대에 옮기고 본격적인 수술준비를 하게 된다. 준비를 마치고 절개를 시작하면서 마취과의사들에게 수술의 시작을 알린다. 수술마다 다르지만 일반적으로 집도의가 처음부터 끝까지 수술을 다 하는 경우는 거의 없다. 집도의를 도와주는 조수 의사들이 먼저 절개를 하고 수술부위에 접근하는 게 일반적이다.

척추수술의 경우 이러한 접근시간이 꽤 오래 걸리기도 한다. 집도의는 대개 수술부위가 다 노출된 다음 수술에 합류하며 이때부터 본격적인 수술단계로 들어간다. 왜 맨 처음 절개부터 집도의가 하지 않느냐고 불만을 갖는 환자나 보호자도 있을 것이다. 하지만 핵심적인 부분에 집중한다는 점을 고려할 때 비교적 덜 중요한 수술부위 접근단계에서부터 집도의가 직접 하는 것은 그다지 바람직한 일이 아니다.

환자나 보호자들은 수술실 문을 열고 들어가는 시간부터 마취, 수술, 회복실을 거쳐 다시 수술실에서 나오는 시간까지를 수술시간으로 생각한다. 조수를 서는 의사는 절개를 시작한 시점부터 수술을 마치고 절개를 다 봉합한 시점까지를 수술시간으로 생각할 것이고, 마취과의사는 마취를 시작한 시간부터 마취를 깬 시점까지를 수술시간으로 생각할 것이다.

반면 수술에서 가장 중요한 집도의는 자신이 수술에 합류한 시간부터 핵심적인 과정을 마치고 수술대를 벗어나는 시간까지를 수술시간으로 생각하는 경향이 있다. 사실 집도의의 이런 기준이 그다지 무리한 것도 아니다. 나머지 시간들은 모두 수술의 핵심적인 부분을 위한 준비과정이기 때문이다.

척추수술 가운데 가장 많이 행해지는 수술인 '척추 한 마디 유합술'의 경우 환자 가족들은 6~7시간 걸린다고 느끼는 반면, 절개를 시작해 봉합을 마친 시점까지는 4시간 정도, 집도의가 수술에 집중하는 핵심 부분은 2시간 정도 걸린다. 가장 중요한 시간은 이 핵심부분으로, 수술의 성패가 결정되는 시간이다.

간혹 수술에 소요되는 시간 때문에 환자 가족과 의사 사이에 오해가 생기기도 한다. 수술시간에 대한 이와 같은 관점의 차이를 잘 이해하고 있다면, 불필요한 오해를 사전에 예방할 수 있지 않을까?

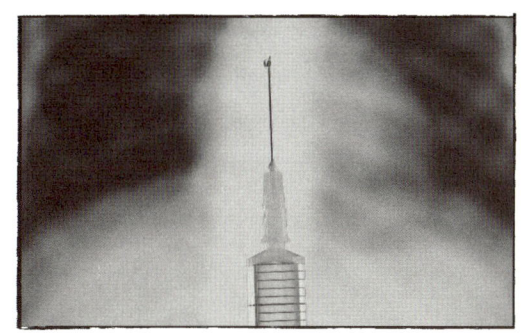

왜 디스크수술을 많이 하는 병원의 수술결과가 더 나쁠까?

꼭 수술을 받지 않아도 될 디스크 환자를 수술하기 때문에
수술건수는 엄청 많은데 반해서
수술결과는 만족스럽지 않게 나온다는 것이다.
환자의 입장에서 보면 의사가 불필요한 수술을
권한다는 것 자체를 이해할 수 없을 것이다.
하지만 이는 현실이다.

단순히 수술건수의 많고 적음이
그 병원의 질과 항상 정비례하는 것은 아니라는 사실을
명심해야 한다.

의사들의 거짓말, 경력위조와 학술사기

세상에는 세 가지 거짓말이 있다.
'그럴듯한 거짓말', '새빨간 거짓말', '통계'가 바로 그것이다.

일부 유명 인사들의 학력위조가 만천하에 공개되면서 한바탕 소동이 난 적이 있었다. 이런 현상이 사회 각 분야에 만연되어 있지 않은가 하는 걱정의 소리도 높았다. 의료계의 경우는 어떨까? 국가고시를 보고 의사면허증을 취득해야 하므로 학력위조는 힘들 것으로 생각된다. 대신 경력이나 업적을 교묘하게 과장하는 경우는 꽤 많을 것으로 추정된다.

가령 외국의 명문대학 병원에 가서 1주일 정도 어깨 너머로 슬쩍 들여다보고 와서는, 이력서에 '명문 OO대학병원 연수'라고 당당하게 써 넣는 경우도 있다. 또 특정 수술법을 알려주는 세미나에 참가비를 내고 고작 하루이틀 정도 참석하고 나서, 그 수술법의 연수과정을 '수료했다'고 경력에 반드시 집어넣기도 한다. 콕 짚어 잘못이라고 말할 수는 없지만 과장된 표현임은 분명하다.

특히 경력 과대포장의 가장 대표적인 사례는 외래교수, 교환교수, 초빙교수 등의 각종 '교수' 타이틀을 남발하는 현상이다. 현재 '외래교수'라는 직함은 본래의 취지에서 벗어나 해당 대학의 내과, 일반외과 등 각 교실 출신 의사들에게 개업에 도움을 주기 위하여 누구에게나 손쉽게 붙여주는 타이틀로 변질되었다. 대학교수보다 실력이 뛰어난 개원의도 많고, 훌륭한 논문을 쓰는 개원의들이 즐비함에도 불구하고, 굳이 교수라는 명함을 내세워야 하는지 이해가 되지 않는다.

한편 '교환교수'나 '초빙교수'도 좀 이상하다. 누가 누구와 '교환'을 하고, 누가 누구를 '초빙'했단 말인가? 자신이 원하여 외국 대학병원을 일정 기간 방문하거나 그곳에서 배우고 왔으면서, '교환교수' 타이틀을 거리낌 없이 쓰거나 '초빙교수'라는 낯간지러운 표현을 쓰는 것이다. 상대방 나라의 대학병원에서 알면 기가 찰 노릇이다. 내가 아는 한, 특정 분야의 대가가 아닌 이상 유수의 해외 대학병원에서 교환교수, 초빙교수 제도를 운용하는 곳은 거의 없다.

업적의 과장도 만만치 않다. 수술 성공률을 남들보다 월등히 높게 보고하는 경우도 그런 예다. 남들은 50% 미만의 성공률을 보고하는데, 유독 자신은 90% 이상의 성공률을 기록하였다는 것이다. 실상을 알고 보면 데이터를 조작하거나 성공률을 분석하는 통계상의 오류(약간은 고의적인 실수) 때문에 높은 성공률이 도출된 것임에도 불구하고, 전혀 개의치 않고 자랑스럽게 떠벌리는 것을 본다.

이처럼 경력이나 업적을 부풀려 떠벌리는 것은 엄밀한 의미에서 일종의 사기라고 할 수 있다. 학문의 세계에서 일어나는 사기현상을 맨 처음 체계적으로 다룬 영국의 수학자 찰스 배비지Charles Babbage는 '학술사기'를 위조하기, 요리하기, 다듬기의 세 가지 형태로 분류하였다.

첫 번째로 위조하기forging는 데이터를 임의로 만들거나 완전히 바꿔치기 하는 것이다. 자신의 업적을 서둘러 세상에 알리려는 조급함에서 비롯된다. 줄기세포 사태 때 어떠했는가? 존재하지도 않은 줄기세포를 있는 것처럼 조작했던 일을 온 국민이 경험한 바 있다. 위조하기는 학술사기 가운데 비교적 드문 편이다.

두 번째인 요리하기cooking는 자신의 가설에 들어맞지 않는 값들을 빼버리면서 데이터를 맛있게(?) 조작하는 것을 말한다. 학자라면 누구나 한 번쯤은 요리하기의 유혹에 빠진다고 한다. 많은 데이터 속에서 어떤 법칙성을 찾아내기 위해서 몇몇 측정값을 고의로 빼버리는 것이다. 그래서 '요리를 잘하는 것이야말로 뛰어난 과학자의 천재성'이라는 웃지 못할 지적도 있다. 멘델, 아인슈타인 등도 '요리하기'로부터 자유롭지 못했다고 한다.

세 번째 다듬기trimming는 '데이터 마사지'라고도 부르는데 실험에서 측정된 값을 자신이 원하는 기대치에 맞게 계속 조작하는 것을 말한다. 다듬기의 대가로는 아이작 뉴턴을 들 수 있다. 뉴턴은 측정값을 교정계수를 이용하여 계속 다듬었다고 한다.

뉴턴이나 아인슈타인 같은 천재 과학자들도 데이터를 조작했다고 하는데 수술 성공률을 조금 높이는 것이 무슨 잘못이냐고 항의할지도 모른다. 그러나 인체와 관련된 의료행위에서 데이터의 조작은 치명적일 수 있다. 그리고 우리가 조금 더 성숙한 사회로 발전하려면, 학력위조뿐만 아니라 경력이나 업적의 과대포장, 학술사기에 대해서도 철저한 검증과 이에 상응하는 조치가 있어야 할 것이다.

세상에는 세 가지 거짓말이 있다.
'그럴듯한 거짓말', '새빨간 거짓말', '통계'가 바로 그것이다.
뉴턴이나 아인슈타인 같은 천재 과학자들도
실험 데이터를 조작했다고 하는데
수술 성공률을 조금 높이는 것이
무슨 잘못이냐고 항의할지도 모른다.
그러나 인체와 관련된 의료행위에서
데이터의 조작은 치명적일 수 있다.
그리고 우리가 조금 더 성숙한 사회로 발전하려면,
학력위조뿐만 아니라 경력이나 업적의 과대포장,
학술사기에 대해서도 철저한 검증과
이에 상응하는 조치가 있어야 할 것이다.

시행착오는 고스란히 환자의 몫

 2007년 스코틀랜드의 에든버러에서 열린 측만증연구학회에 다녀왔다. 이 학회는 척추 분야에서 가장 권위 있는 학회로, 나흘간의 행사 가운데 가장 이목이 집중되는 프로그램은 '올해의 기념강연'이다. 이 강연은 1960년대 초반 척추수술용 기계를 처음 개발하여 사용함으로써 척추수술의 새로운 장을 연 미국의 해링턴Paul Harrington 선생을 기려 '해링턴 초청강연Harrington Guest Lecture'이라고도 불린다. 매년 세계적인 척추 대가 가운데 한 사람을 선정하여 초청강연을 듣는데, 연사로 선정되면 그 자체로 엄청난 영광이 아닐 수 없다. 선정된 의사는 자신의 성장과정이나 업적, 인생철학 등을 담담하게 들려줌으로써 전 세계에서 모인 척추외과 의사들에게 감동을 주곤 한다.
 그 해에는 영국의 딕슨R. A. Dickson 선생이 올해의 기념강연 연사로 선정되었고 강연제목은 '나켐슨 선생을 회상하며'였다. 딕슨 선생은 자신의 이야기를 들려주리라는 예상을 깨고, 1년 전에 타계한 자신의 친구이자 스웨덴의 척추 대가인 나켐슨Alf Nachemson 선생의 이야기를 했다.

나켐슨 선생은 '근거중심의학'을 고집스럽게 주장한 원칙주의자로 유명했다. 세상의 그 어떤 치료법도 과학적인 검증과정을 거치지 않았다면, 절대로 인정해서는 안 된다는 것이다. 엉성한 논리로 새로운 치료법을 주장하던 의사들은 영화배우 험프리 보가트를 닮은 나켐슨 선생의 날카로운 질타에 쩔쩔 매곤 했다. 딕슨 선생은 올해의 기념강연 자리에서 자신을 돋보이게 하는 강연을 하는 대신, 절친한 친구였던 나켐슨 선생을 회상함으로써 과학적인 검증과 근거중심의학의 중요성을 새삼 강조한 것이다.

딕슨 선생의 강연은 무척 재미있고 감동적이었다. 특히 그 강연의 클라이맥스는, 레이저로 하는 디스크수술의 높은 성공률을 접한 나켐슨 선생의 반응을 소개하는 부분이었다. 나켐슨 선생이 참석한 어느 학회에서, 자신의 바로 앞 연사가 레이저 디스크수술로 90% 이상의 성공률을 얻었다고 발표하자 흥분한 나켐슨 선생은 원래 예정되었던 자신의 강연을 취소하고 대신 레이저수술 성공률의 문제점을 지적하는 데 강연 시간을 전부 할애했다고 한다. 당시 나켐슨 선생은 청중을 향해 이렇게 일갈했다고 한다.

"남자들이 소변을 볼 때 소변기 밖으로 새지 않도록 하려면, 즉 소변기 안으로 소변을 보는 성공률을 높이려면 변기 한가운데 사담 후세인의 얼굴이나 파리를 그려 놓으면 된다. 사람들은 의도적으로 그 그림을 겨냥하여 소변을 보기 때문에 소변기 밖으로 소변이 샐 가능성은 줄어들고 따라서 성공률은 높아진다. 수술의 성공률도 마찬가지다. 누구나 성공률을 높이려는 의도를 가지면 얼마든지 높일 수 있다."

딕슨 선생이 고인故人이 된 나켐슨 선생의 이 에피소드를 들려주는 순간 올해의 기념강연장은 웃음바다가 되었다. 레이저를 이용한 디스크수술과 이 수술의 높은 성공률에 대해서 미국과 유럽의 주류 척추외과 의사들은 이처럼 냉소적인 시각을 갖고 있었던 것이다. 딕슨 선생이 강연을 마치고 나서 맨 앞자리에서 강연을 경청하던 나켐슨 선생의 미망인과 따뜻한 포옹을 나누는 장면 또한 인상적이었다.

척추 분야는 의학의 여러 분야 중에서도 특히 새로운 수술법이 가장 활발하게 개발되는 분야다. 하지만 새로운 방법들이 빈번하게 개발된다는 사실이 항상 바람직한 것은 아니다. 기존의 방법들에 문제가 많았다는 것을 의미하는 한편, 새로운 방법을 시도하는 과정에서 생길 수 있는 시행착오는 고스란히 환자의 몫이 되기 때문이다.

한때 우리나라에서 유독 기승을 부리며 환상적인 치료법으로 매스컴을 장식하던 레이저 디스크수술은 어느새 시들해진 것 같다. 대신 또 다른 새로운(?) 치료법인 '5~10분짜리 디스크수술'이 그 자리를 물려받는 코미디 같은 일이 벌어지고 있다. 과학적이고 철저한 검증과정을 거친 치료법만 사람의 몸에 사용되어야 한다는 것은 너무나도 당연한 상식이 아닌가? 그런 상식조차 무시되는 우리 의료현장의 단면을 보여주는 사례다.

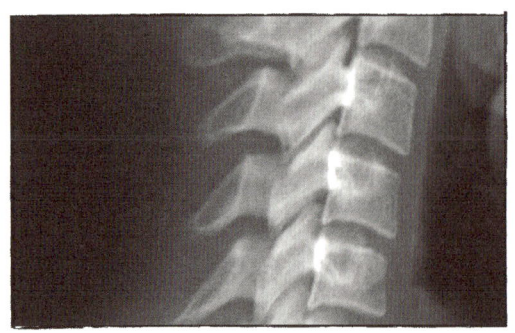

척추 분야는 의학의 여러 분야 중에서도
특히 새로운 수술법이 가장 활발하게 개발되는 분야다.
하지만 새로운 방법들이 빈번하게 개발된다는 사실이
항상 바람직한 것은 아니다.
기존의 방법들에 문제가 많았다는 것을 의미하는 한편,
새로운 방법을 시도하는 과정에서 생길 수 있는 시행착오는
고스란히 환자의 몫이 되기 때문이다.

과학적이고 철저한 검증과정을 거친 치료법만
사람의 몸에 사용되어야 한다는 것은
너무나도 당연한 상식이 아닌가?

루브 골드버그 장치,
최악의 성과를 위한 최대의 노력

 루브 골드버그Rube Goldberg는 온갖 기계장치에 짓눌려 사는 현대인의 일상을 풍자한 것으로 유명한 만화가다. 1883년 샌프란시스코에서 태어난 루브 골드버그는 아버지의 권유에 못 이겨 공학을 전공했다. 하지만 그림에 대한 열정을 주체하지 못했던 그는, 지역신문에 스포츠 만화를 그리면서 만화가의 길로 들어서게 된다.

 1910~1920년 당시는 전기, 전화, 자동차를 비롯한 다양한 기계들이 발명되어 사람들의 생활을 크게 바꿔놓았던 시절이다. 루브 골드버그는 이 기계들이 사람들의 일상에 어떤 영향을 미치는지 세심하게 관찰했다. 일반적인 통념으로는 기계들이 제공하는 엄청난 편리함에 매료되어 사람들이 새로운 기계들을 무척 좋아할 것이라 예상되지만, 실제로는 그렇지 않았다. 놀라울 정도로 많은 사람들이 기계에 대해 거부감을 가지고 있었던 것이다. 기계로 인해 이제까지 익숙했던 기존의 생활방식을 바꾸어야 했기 때문이다.

이를 간파한 골드버그는 상상력과 유머를 동원하여 다양한 기계를 풍자한 만화를 그리기 시작하였다. 그의 만화 속에서 기계는 '최소한의 성과를 내기 위해서 최대의 노력을 쏟는 인간의 어리석음을 상징하는 것'으로 묘사되었다. 그의 만화는 큰 인기를 끌었다. 우리가 잘 알고 있는 '톰과 제리' 같은 만화영화에도 루브 골드버그가 고안한 엉뚱한 기계들이 많이 등장한다.

그리하여 1930년대부터 루브 골드버그라는 이름은 '간단한 일을 매우 복잡한 방식으로 처리하는 것'을 비유하는 표현으로 사용되기 시작했으며, 현재 〈웹스터 사전〉에도 같은 뜻을 가진 형용사로 올라 있다. 사람의 이름이 형용사로 쓰이는 것은 흔치 않은 일이다.

그리고 미국 인디애나 주의 퍼듀대학에서는 매년 '루브 골드버그 콘테스트'가 열린다. 이 콘테스트에서는 창문을 닫는 일, 신발을 신는 일, 밥 먹을 때 입을 닦는 일, 연필을 깎는 일 등 우리가 일상에서 손쉽게 할 수 있는 동작들을 가장 어렵고 복잡한 방식으로 변화시켜 수행하는 첨단과학의 기계장치들이 경연을 벌인다. 쉬운 동작을 가장 어렵게 만든 것이 1등이다.

우리나라 사람들은 로봇수술, 레이저수술, 컴퓨터수술과 같이 첨단과학을 앞세우는 치료법에 대해서는 일단 한 수 접고 들어가는 경향이 있다. '뭔지 잘 모르지만 기존의 치료법보다 월등히 좋은 것인가 보다' 하고 쉽게 믿어버리는 것이다. 과연 그럴까? 척추 분야에서는 늘 여러 가지 첨단 수술법들이 도입되고 있다. 하지만 이 수술법들이 모두 유용한 것은 아니다.

내비게이션Navigation 수술법이 한 가지 사례다. 이 기계는 현재 척추수술에서 가장 많이 사용되는 기구인 나사못을 3차원 컴퓨터 시뮬레이션을 이용하여 척추뼈에 쉽게 삽입하기 위하여 개발되었다. 처음에 소개될 당시에는 나사못 삽입에 따르는 기존의 여러 문제점들을 완전히 해결해주는 혁신적인 기계 같았지만, 10년이 지난 지금도 지지부진한 상태를 면치 못하고 있다. 능숙한 척추외과 의사가 나사못 1개를 삽입하는 데 1분이 채 걸리지 않는 반면, 내비게이션 기계를 이용하여 삽입하는 경우는 나사못 1개당 15~20분이라는 긴 시간이 소요되어 전체 수술 시간이 엄청 길어지기 때문이다. 게다가 정확성이나 안전성에도 문제가 있어 현재는 거의 사용되지 않고 있다. 한마디로 루브 골드버그 장치인 것이다.

내시경을 이용한 일부 디스크수술도 루브 골드버그의 범주를 벗어나지 못한다. 30분이면 끝날 수술이 2~3시간씩 걸리고, 재발도 많고, 신경이 손상되는 빈도도 기존의 수술보다 훨씬 높다. 그런데도 단지 내시경을 사용한다는 이유로, 또 비非보험 시술이라는 이유로 많이 사용되고 있다.

로봇수술은 어떨까? 요즘 로봇수술이 유행이다. 병원마다 값비싼 로봇수술 장비를 도입하고 홍보에 열중하고 있다. 새롭게 개발된 로봇기계를 쓰지 말라는 얘기가 아니다. 로봇을 이용하여 수술하는 것을 탓하려는 것도 아니다. 다만 과장된 홍보와 고가의 수술비용은 우려할 만한 수준이다. 쉽게 말해 비용 – 효용성cost-benefit의 문제라 할 수 있다.

일반인들이 생각하는 로봇수술은 '수술 명령을 내리면 로봇이 알아서 척척 수술을 하는 것'이다. 하지만 현재 사용되고 있는 로봇은 수술과정의 가장 단순한 동작, 예를 들어 내시경을 지지하고 있다거나, 내시경의 높낮이를 조정하는 등 초보적인 일을 할 뿐이다. 과연 그런 단순한 기능을 로봇이 대신 해준다는 이유만으로 그렇게 비싼 수술비용을 내야 한다는 게 합리적인 일일까?

최근 부쩍 많이 사용하고 있는 '다빈치'라는 고가의 로봇기계도 마찬가지다. 의사가 손을 소독하고 수술 부위를 직접 만지지 않을 뿐이지, 수술실 안에서 의사가 직접 일일이 기계를 조작해야 하는 것은 기존의 내시경수술과 다를 바가 없다. 로봇수술이라는 용어 자체가 어색하다. 엄밀히 말하면 '원격수술'이라는 용어가 더 적절할 것이다.

의료계 어느 분야에서건 로봇이 인간을 대신하여 수술을 하는 것은 정말 요원한 일이다. 로봇이 아무리 뛰어나도 수술할 때 필요한 인간 두뇌의 종합적인 인지능력과 오감, 섬세한 손놀림을 대신할 수는 없기 때문이다. 그럼에도 불구하고 마치 로봇이 '알아서 척척' 수술을 해주는 것처럼 과장하는 기사나 광고를 흔히 접할 수 있다.

또한 로봇수술의 비용 - 효용성의 문제도 결코 간과할 수 없다. 앞서 말한 '다빈치'라는 기계가 일부 수술(전립선암 수술 등)에서 종래의 수술법으로는 보기 어려운 사각死角지대를 잘 보여주기 때문에 유용하다는 점은 인정해야 한다. 하지만 고작 그 정도의 장점 때문에 1,000만 원에 육박하는 비용을 지불하는 것이 과연 옳은 일일까? 의문이 생기지 않을 수 없다.

심지어 일부 병원들은 굳이 다빈치 기계를 쓰지 않아도 될 수술까지도 이 고가의 기계를 사용하고 있다. 예를 들어, 피부 바로 아래에 위치하고 있어 훤히 잘 들여다보이는 갑상선 수술에서조차 다빈치 기계를 사용한다는 믿지 못할 이야기도 종종 들린다.

새로운 기계를 개발하여 기존의 수술법을 간편하고 안전하게 발전시키는 것은 결코 탓할 일이 아니다. 하지만 첨단기술을 이용하여 개발된 새로운 기계가 쉬운 수술을 오히려 어렵게 만드는 루브 골드버그 장치인 경우라면 한번쯤 짚고 넘어가야 하지 않을까?

간단히 끝날 수 있는 수술을 매우 복잡한 방식으로 수술하는 기계는, 가장 하찮은 목표를 달성하기 위하여 가장 엄청난 노력을 기울여야 하는 루브 골드버그 기계다. 하지만 이런 기계를 광고, 홍보할 때는 겨우 달성한 쥐꼬리만 한 성과를 대단한 것인 양 과대 포장함으로써 새로 개발된 기계의 문제점을 덮어버리기도 한다.

첨단과학을 이용한 치료법이 항상 좋은 것은 아니다. 유독 '첨단과학', '첨단기술'을 앞세우는 병원이라면 의도적인 과장광고, 즉 얄팍한 상술일 가능성이 높다는 점을 항상 염두에 두어야 한다.

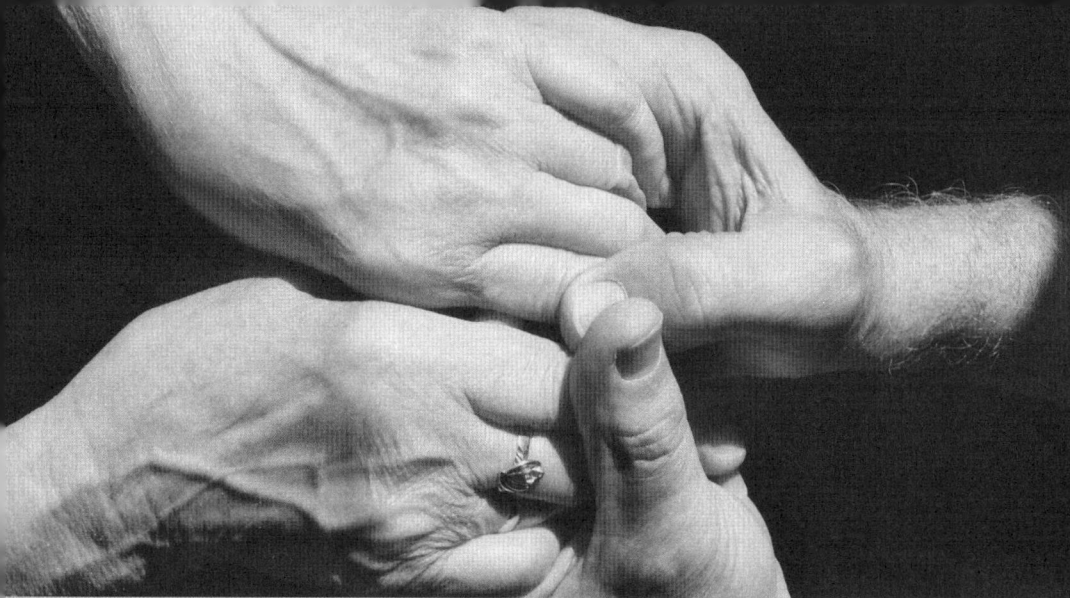

아프리카에는
디스크 환자가
없 다

Part 3

● 아프리카에 디스크 환자가 없다는 말이 무슨 뜻일까? 우리나라나 미국과 같은 의료선진국의 불필요한 치료, 과잉치료가 오히려 요통환자를 더 많이 만들어낸다는 역설적인 이야기다. 척추 분야는 의학의 여러 분야 중에서도 특히 새로운 수술법이 가장 활발하게 개발되는 분야다. 하지만 그 새로운 방법을 시도하는 과정에서 생길 수 있는 시행착오는 고스란히 환자의 몫이다. 과학적이고 철저한 검증과정을 거친 치료법만 사람의 몸에 사용되어야 한다는 것은 너무나도 당연한 상식이 아닌가? 여러 척추 관련 질환들에 대해 어떤 사이비 치료와 과잉 진료가 이루어지고 있는지 잘 알아둔다면 무분별한 치료의 희생양이 되지는 않을 것이다. 어떤 의료행위이든 장점(밝은 면)과 동시에 단점(어두운 면)을 가지고 있다는 사실을 유념하고, 그 의료행위의 장단점을 모두 알려 객관적인 판단을 할 수 있도록 해야겠다.

당장 수술하라고 하면 어떡하지?

「50대 중반의 대기업 중역인 L이사는 회사 지정병원에서 매년 건강검진을 받는다. 올해부터는 뇌 또는 허리 중 한 부위의 MRI 검사를 선택할 수 있다고 했다. 평소에 종종 요통을 느끼던 그는 좋은 기회라고 생각하고 허리 MRI 검사를 받았다.
검진이 다 끝난 후 검진결과를 설명하는 의사는 MRI 검사에서 허리디스크가 발견되었다면서 척추 전문의를 만나볼 것을 권했다. L이사는 충격을 받았다. 매스컴을 통해서 들어보긴 했지만 자신과는 별 상관없는 병이라고 생각했던 허리디스크라니…. 당장 수술을 하라고 하면 어떻게 해야 할까 은근히 걱정도 되었다. 」

'아는 게 병, 모르는 게 약'이라는 말을 흔히 쓰는데, L이사의 경우가 이에 해당된다. 공연히 허리 MRI 정밀검사를 해서 걱정거리만 생긴 셈이니 말이다. 50~60대 이상인 사람의 경우, MRI 검사를 하면 아무 증상이 없는 사람들에게서도 허리디스크 소견이 발견되는 경우가 대단히 많다. 특히 노령층의 척추 MRI 검사에서 나타나는 허리디스크 소견은 병이 아니라 일종의 노화현상이다. 나이가 들어 얼굴에 주름살이 생기는 것과 비슷한 현상이라는 말이다. 진짜 허리디스크 진단이 내려지기 위해서는 MRI 검사소견뿐만 아니라 엉덩이와 다리로 내려 뻗치는 방사통이 동반되어야 한다.

나이 드신 분들의 경우 건강검진으로 시행한 정밀검사에서 디스크 소견이 발견되어도 증상이 없는 경우가 대부분이다. 이런 경우는 아무런 문제가 되지 않는다. 따라서 허리디스크라는 진단을 붙여서는 안 된다. 별다른 증상이 없는데도 MRI 검사에서 디스크가 나왔다고 수술을 권하는 경우를 간혹 보는데 이것은 매우 잘못된 것이다.

L이사가 생활하면서 가끔씩 경험하는 요통은, 나이가 들면서 생기는 단순 요통일 가능성이 크다. 특별히 많이 아프지도 않은데 MRI 같은 정밀검사를 정기검진의 일환으로 하는 것은 별로 바람직하지 않다. 내 허리의 상태가 어떤지 알기 위해서? 아니면 지금 허리의 상태를 미리 알아두면 나중에 허리가 아파지게 될 것을 예방할 수 있지 않을까 해서? 그런 이유로 정밀검사를 한다고 해서 나중에 생길 요통을 미리 예방할 수 있을까? 그렇지 않다. 오히려 쓸데없는 고민거리만 생겨날 뿐이다. 스트레스를 많이 받거나 고민을 많이 하면 정말로 없던 요통이 생기거나 악화될 수 있다.

공연히 불필요한 검사를 해서 스트레스 받지 말고, 평소에 헬스클럽에 다니면서 허리근육 운동, 스트레칭, 유산소 운동, 요가 등을 열심히 해 허리를 튼튼하게 해주는 것이 요통을 예방하는 데 훨씬 더 도움이 될 것이다.

외래진료에서 척추질환으로 고생하는 환자들을 만날 때 가장 자주 느끼는 감정은 '안타까움'이다. 불필요한 수술을 받고 고통을 겪는 환자들이 적지 않기 때문이다. 꼭 필요한 상황에서 수술을 받고 결과가 좋지 않다면 어쩔 수 없다. 하지만 수술이 필요한 상황도 아닌데 수술을 받고 고통을 겪는다면 정말 안타까운 일이 아닐 수 없다. 이런 안타까운 일이 벌어지지 않도록, 척추수술을 받기 전에 미리 알아두어야 할 사항들을 정리해보겠다.

첫째, 의사가 수술을 권했을 때 성급하게 수술을 결정하지 말고 반드시 다른 전문가로부터 두 번째 의견, 필요하다면 세 번째 의견을 얻는 것이 좋다. 전문가들의 의견이 모두 수술을 하는 쪽으로 일치한다면, 수술을 받아도 좋다. 하지만 의견이 일치되지 않는다면 일단 수술을 하지 않는 쪽으로 결정하는 것이 좋다.

내가 이런 이야기를 하면 왜 불신을 조장하느냐고 비난하는 분들도 있다. 하지만 상업적인 의료행위가 범람하는 현실을 감안할 때, 첫 번째 의사 한 사람만 믿고 무조건 수술을 결정하는 것은 너무 위험하다. 실제로 어떤 의사들이 척추수술을 권하는 기준을 보면, 60세가 넘은 사람 전체의 1/3 정도가 수술을 해야 한다. 마구잡이로 수술을 권하는 것이다.

이런 상업적인 의료환경을 감안할 때 다른 의사에게서 두 번째 의견을 들어보는 것은 환자들의 당연한 권리다. 미국과 같은 의료선진국에서는 두 번째 의견을 얻는 것이 보편화되어 있고, 두 번째 의견을 얻지 않으면 보험의 혜택을 못 받는 경우도 있다.

둘째, 수술 전에 수술의 단점과 어두운 면을 미리 면밀하게 파악해두는 것이 좋다. 수술을 권하는 의사들은 종종 장점과 밝은 면만 설명하는 경향이 있다. 하지만 세상만사가 다 그렇듯이 장점이 있으면 반드시 단점이 있고, 밝은 면이 있으면 어두운 면이 있다. 장점만 듣고 수술을 받은 후, 예상치 못했던 단점에 당황하는 환자들을 자주 본다.

셋째, 척추수술은 맹장수술이나 담낭제거수술과는 다르다. 수술이 별문제 없이 잘 되었어도 수술로 잃는 것이 있다. 수술 후에 얻는 것과 잃는 것을 비교해서 결정해야 한다. 잃는 것보다 얻는 것이 훨씬 큰 경우에만 수술이 도움이 된다.

넷째, 의사가 권하는 수술방법이 오랜 기간 사용되면서 확실하게 검증된 방법인지, 널리 사용되는 방법인지, 동료 전문가들로부터 인정받는 방법인지를 알아보는 것이 좋다. 새로 개발된 방법이 최선의 방법이라고 믿고 수술을 받았다가 낭패를 보는 경우가 많다.

지난 30여 년간 디스크의 새로운 치료법으로 개발된 방법들 가운데 현재까지 살아남은 방법은 거의 없다고 해도 과언이 아니다. 카이모파파인 효소주사 요법, 뉴클레오톰 시술, 레이저 디스크수술, 디스크 성형술 등이 모두 소개될 당시에는 디스크를 정복할 수 있는 획기적인 방법이라고 소개되었다. 하지만 대부분 '길면 3년, 짧으면 1년'의 수명으로 이러한 방법들은 슬그머니 소멸되었다. 새로운 방법을 믿고 치료받은 환자들의 입장에서는 여간 당혹스런 일이 아닐 수 없다.

또한 이런 방법들의 공통점은 소개 당시에 의료보험이 적용되지 않았다는 점이다. 의료보험도 적용이 안 되는 데다, 신기술이라며 수술비도 엄청 비쌌다. 병원으로서는 기존의 방법보다 이득이 훨씬 컸던 것은 두말할 나위가 없다. 하지만 일단 의료보험이 적용되고 난 후에는 그 수술법의 사용이 현저하게 줄어들고 시들해졌다.

마지막으로 수술 전에 고려해야 할 사항은, 자신의 몸을 맡길 의사가 너무 상업적인 성향을 가진 사람이 아닌지 판단해야 한다는 것이다. 솔직히 이런 판단은 쉽지 않다. 어떻게 하면 환자로부터 더 많은 돈을 뜯어낼 수 있을까 골몰하는 장사꾼 같은 의사를 감별해내기가 어디 그리 쉽겠는가? 당연히 쉽지 않다. 환자 입장에서 도저히 그 실상을 알 수 없기 때문이다. 이런 악덕 의사들이 겉으로는 더 친절하고 사근사근하다. 마치 양의 탈을 쓴 늑대와 같이.

악덕 의사를 판별하는 몇 가지 요령이 있다. 광고를 많이 하는 의사, 자기 PR이 심한 의사, 운동선수나 유명인사를 치료했다고 떠벌이는 경우는 일단 의심해야 한다. 이건 의사에게만 해당되는 이야기가 아니다.

한의사도 마찬가지다. 간혹 현재 널리 사용되는 방법은 문제가 많으며 자신들이 새로 개발한 방법이 그런 문제점들을 극복할 수 있는 특효법이라고 주장하는 의사도 의심해야 한다.

지금까지 이야기한 '수술 전 반드시 고려해야 할 사항들'은 척추수술에만 국한된 이야기가 아니다. 의료의 어느 분야건 과잉치료, 불필요한 치료의 가능성이 있다. 나이 들어서 병에 걸리는 것도 억울한데, 불필요한 과잉치료의 희생자가 되어서야 되겠는가? 과잉치료는 어떻게든 피할 일이다.

여기까지 읽고 내가 의료인들을 너무 부정적인 시각으로 보는 것이 아닌가 하고 항의하는 분들도 있을 것이다. 일리 있는 이야기다. 대다수 의사(또는 한의사)는 양심적으로 진료를 하고 있다. 극소수의 미꾸라지 같은 의사들(또는 한의사들)이 물을 흐리고 있다.

내 이야기는 이런 소수의 나쁜 의사들에게 피해를 당하지 않는 요령이다. 소수이긴 해도 미꾸라지 같은 의사들에 의한 피해가 결코 적지 않다. 이들은 자신이 엉터리 의료행위, 사기 의료행위를 하고 있다는 점을 절대 인식하지 못하고 있다. 거짓말도 처음 몇 번은 양심에 가책을 느끼지만 자꾸 반복하게 되면 스스로 진짜라고 믿게 된다. 어느 순간 자기합리화를 하는 것이다. 인간은 '합리적인' 존재가 아니라 '합리화하는' 존재이기 때문이다. 이렇게 자기확신을 갖게 된 상태에서 홍보에 열을 올린다. 주변의 전문가들이 제재를 하려고 하면 '당신 해봤어? 해보지도 않고 뭔 말이 그렇게 많아?'라고 반격을 한다. 이럴 때면 버트런드 러셀Bertrand Russell의 말이 떠오른다.

"오늘날 세상에 문제가 많은 원인은 어리석은 자들은 확신에 차 있는 반면, 정상적인 사고를 하는 사람들은 의문으로 가득 차 있기 때문이다."

내가 이런 이야기를 하면
왜 불신을 조장하느냐고 비난하는 분들도 있다.
하지만 상업적인 의료행위가 범람하는 현실을 감안할 때,
첫 번째 의사 한 사람만 믿고 무조건 수술을 결정하는 것은 너무 위험하다.

다른 의사에게서 두 번째 의견을 들어보는 것은 환자들의 당연한 권리다.
미국과 같은 의료선진국에서는 두 번째 의견을 얻는 것이 보편화되어 있고,
두 번째 의견을 얻지 않으면 보험의 혜택을 못 받는 경우도 있다.

의사는 좋아졌다고 하는데

「"허리 수술을 받고 나면 하나도 안 아플 줄 알았어요. 친구들과 매일 등산도 다니고 운동장도 몇 바퀴씩 걸을 수 있을 거라고 기대했고요. 하지만 기대와는 달리 통증이 여전히 꽤 남아서 진통제를 먹어야 하고, 일상생활에서도 제한이 많습니다. 수술한 의사 선생님은 허리의 운동 각도도 정상이고 엑스레이 검사소견도 좋아서 수술결과가 만족스럽다고 말씀하시지만 저는 여전히 많이 아파요."」

수술을 받고 나서 6개월이 경과한 K씨의 이야기다. 주변에서 흔히 들어본 이야기가 아닌가? 환자 본인은 수술결과가 신통치 않다고 생각하는데 의사는 좋다고 한다. 그렇다고 의사가 아무 근거도 없이 거짓으로 좋다고 말하는 것은 아닌 것 같다. 실제로 보행능력은 수술 전보다 현저히 좋아졌고, 엑스레이 사진에서도 흠잡을 데 없기 때문이다.

K씨의 경우처럼 수술결과에 관해서 환자의 평가와 의사의 평가가 이렇게 서로 다를 수 있다. 의사 입장에서 수술결과를 평가하는 것을 '의

사 중심의 평가'라고 하고, 환자 입장에서 수술결과를 평가하는 것을 '환자 중심의 평가'라고 한다. 전자를 약자로 CBO(Clinician-based outcome) 평가라고 하고, 후자를 PBO(Patient-based outcome) 평가라고도 한다.

특정 치료행위를 한 후 그 결과를 평가하는 것은 수술뿐만이 아니다. 약제나 비수술적 치료 등 모든 치료행위가 해당된다. 과거에는 의사의 관점에서 치료결과를 평가하는 CBO 평가가 주로 사용되었다. 하지만 세상이 소비자 위주로 바뀌었듯이 치료결과 평가도 소비자 중심으로 바뀌었다. 의사가 아무리 좋다고 해도 환자가 만족하지 못하면 그 치료는 실패한 치료일 수밖에 없다. 따라서 최근에는 환자의 관점에서 치료결과를 평가하는 PBO 평가가 주로 사용된다.

의사 중심의 CBO 평가에서는 관절운동 각도, 엑스레이 검사 등이 주로 사용된다. 즉, 객관적으로 측정할 수 있는 수치들이 많이 사용된다. 반면에 환자 중심의 PBO 평가에서는 환자가 진술하는 이야기 위주로 판단한다. 객관적이라기보다는 주관적인 요소가 많이 들어가는 것이다. 그래서 일부 학자들은 의사 중심의 평가는 객관적이고 정확한 반면, 환자 중심의 평가는 주관적이며 정확도가 많이 떨어진다고 이야기한다.

하지만 사실은 정반대이다. "부처님 눈에는 모든 사물이 부처님으로 보이고, 돼지 눈에는 다 돼지로 보인다."는 경구가 있다. 사물을 보는 관점이 중요하다는 의미다. 의사는 자신의 치료결과를 가급적 좋게 보려는 마음을 가지고 있으므로 오히려 편견에 치우칠 수 있고 객관성이 떨어진다. 즉, 의사의 관점이 더 주관적이고 덜 정확하다는 것이다. 반면 환자의 이야기는 편견에 치우칠 가능성이 적어 더 객관적이고 정확하다. 이런 여러 가지 이유로 최근에는 치료결과를 평가할 때 거의 전적으로 환자 중심의 평가가 이루어지고 있다.

그런데 여기에 또 한 가지 문제가 있다. 환자 중심의 평가는 그 종류가 너무 많다는 것이다. 질환마다 평가양식이 다르고, 같은 질환에서도 여러 가지 평가 양식이 있다. 서로 다른 평가양식을 이용하는 경우 치료결과를 비교하기 힘들다. 따라서 요즘은 전 세계적으로 통용되는 평가양식이 사용되기도 한다. 그럼에도 불구하고 아직도 평가의 종류가 너무 많은 것이 현실이다.

환자 중심의 평가에서는 질문지를 사용한다. 병원에서 수술이나 치료를 받고 일정 시간이 경과한 후 질문지를 받아본 경험이 있는 분들이 많을 것이다. 허리디스크 수술을 받았다면 수술 후 통증이 얼마나 줄어들었는지(예를 들면, 가장 아픈 상태를 10점이라고 할 때 수술 후 몇 점으로 낮아졌는지), 일상생활에서 기능 장애는 없는지, 치료결과에 만족하는지, 전반적인 건강상태는 어떤지 등을 묻는 질문지를 받게 된다.

의사 중심의 평가와 환자 중심의 평가는 사실 이렇게 간단히 얘기하고 끝날 내용이 아니다. 결코 쉽지 않다. 다시 한 번 정리하자면, 과거에는 엑스레이 소견, 관절운동 각도 측정 등을 참고로 해서 의사가 평가를 내리는 의사 중심의 평가가 많이 사용되었지만, 최근에는 환자가 자신의 치료결과를 진술하는 환자 중심의 평가가 많이 사용되고 있다. 환자 중심의 평가에서는 질문지를 이용하여 (1)통증 호전 정도, (2)기능 향상 정도, (3)치료결과에 대한 만족도, (4)치료 후 전반적인 건강상태의 향상도 등 4가지 요소를 주로 평가한다는 사실을 기억하기 바란다.

인지부조화

「60대 여성 L씨는 척추관협착증으로 수술을 해야 한다는 진단을 받고 고민을 하고 있었다. 마침 옆 동네 P씨가 서울 모 병원 K박사에게 수술을 받은 후 그 의사를 강력 추천한다는 소문을 듣고, 자신도 그 병원을 찾아가서 수술을 받게 되었다.

큰 기대를 걸고 수술을 받았지만 L씨의 증상은 전혀 좋아지지 않았다. 용하다는 소문을 믿고 K박사에게 수술을 받았다가 낭패를 본 것이다. 그런데 얼마 후 L씨는 옆 동네 P씨도 실제로는 증상이 전혀 좋아지지 않았고, 수술 후 더 고생하고 있다는 사실을 알게 되었다.

그렇다면 P씨는 왜 K박사를 추천했을까? 의사를 잘못 만나서 혼자 고생하는 것이 억울해 거짓말까지 해가면서 다른 사람을 고생 대열에 동참하게 한 것일까?

평소 P씨의 평판에 따르면 그럴 사람은 아니라고 한다. 그렇다면 P씨는 왜 자신을 망친 K박사를 강추했을까?」

미니애폴리스의 가정주부인 매리언 키치Marian Keech는 발송인 이름이 '사난다Sananda'로 되어 있는 한 통의 편지를 받는다. 12월 21일 자정에 대홍수가 일어나 인류가 종말을 맞게 되는데 '사난다'라는 신을 믿는 사람들은 모두 구원을 받을 수 있다는 내용이었다.

그녀는 이 편지를 UFO 동호회에서 만난 외과의사 겸 의과대학 교수인 암스트롱 박사에게 보여주었다. 이들은 자신들과 똑같은 편지를 받은 사람들이 더 있다는 사실을 알게 되었고 그들과 모여 사난다 신을 믿는 종교를 급히 만들었다. 그리고 종말을 피하기 위한 준비에 들어갔다.

인류의 종말을 확신했던 암스트롱 박사는 환자들에게 사난다 신을 믿으라고 설교를 하다가 병원에서 해고당했다. 하지만 그는 개의치 않았다. 세속적인 영예나 직함 따위는 별로 중요하지 않았다.

12월 20일 밤, 매리언 키치의 집에 모인 사난다 교 신자들은 신의 계시를 기다리고 있었다. 이때 거실 양탄자 밑에서 이상하게 생긴 주석 조각이 발견되었다. 신자들은 이 주석 조각을 자신들을 구조할 우주선에 타려면 몸에 걸친 모든 금속 조각을 제거해야 한다는 경고로 해석하였다. 여자들은 급히 브래지어의 고리를 떼어냈고, 남자들은 바지의 금속 지퍼를 뜯었다. 드디어 밤 11시 50분, 대홍수 10분 전. 신자들의 긴장은 극에 달했다. 이들은 모두 구원받기 위하여 직장도 그만 두고 집도 팔고 온 사람들이었다.

째깍째깍…. 시간이 흘러 자정이 막 지났다. 그런데 이게 웬일? 아무

일도 일어나지 않았다. 일부 신자들은 충격을 받고 두 손으로 얼굴을 감쌌다. 바로 그때 커튼 사이로 강한 조명이 새어 들어왔다. 신자들은 혹시 자신들을 구원할 우주선이 왔나 하고 깜짝 놀라 커튼을 열었다. 그러나 그것은 취재하러 온 방송국 차량의 조명 불빛이었다.

그들은 다시 한 번 실망했다. 그리고 새벽이 되었다. 신자들은 방송국 기자들을 집 안으로 안내해 차를 대접했다. 기자들은 신자들 모두가 의기소침해 있으리라고 예측하였지만 상황은 정반대였다. 대부분의 신자들이 흥에 겨워 들떠 있었다. 방금 사난다 신으로부터 "신자들이 밤새 너무 열심히 기도를 하였기에 세상을 구원하기로 결심하고 홍수를 내리지 않았다."는 메시지가 왔기 때문이었다.

심리학자 레온 페스팅거Leon Festinger는 이 사이비 종교집단의 헤프닝을 시종일관 면밀히 관찰한 후, 1957년 '인지부조화' 이론을 발표했다. 이 이론에 따르면 어떤 사람들은 자신의 믿음이 틀린 것으로 판명되었을 때, 잘못된 믿음을 인정하기보다는 현실을 자신에게 유리하게끔 왜곡한다. 자신의 믿음이 틀렸다는 사실을 인정하는 데 따르는 심리적인 고통이 너무 크기 때문에, 오히려 현실을 왜곡하여 자신은 잘못한 것이 없다고 합리화한다는 것이다. 이 이론은 그동안 이해할 수 없었던 인간의 여러 행동을 속 시원히 설명해 심리학계에 큰 충격을 주었다.

앞에서 소개한 사이비 종교집단의 사례는 인지부조화 현상의 극단적인 경우라고 할 수 있지만, 사실 이러한 현상은 우리의 일상생활에서도 흔히 찾아볼 수 있다. 비싼 돈을 주고 최고급 승용차를 샀는데 소비자보호원에서 이 차에 결함이 있다고 발표했을 경우, 대부분의 사람들은 '괜히 비싼 차를 샀다'고 후회하며 자동차 회사를 비난한다.

하지만 일부 사람들은 정반대의 반응을 보인다. 자신이 구매한 차의 좋은 점과 긍정적인 정보만 수집한 후 "왜 좋은 차를 가지고 결함이 있는 차라고 하느냐?"고 오히려 소비자보호원에 시비를 건다. '내가 산 차는 최고급 차'라는 믿음에는 아무런 잘못이 없었다고 합리화, 정당화하는 것이다. 거꾸로 주변 사람들에게 자신이 구매한 차가 좋은 차라고 홍보하기도 한다.

이와 비슷한 현상을 환자들에게서도 찾아볼 수 있다. 잘못된 치료를 받은 후 고통받는 환자에게 전에 치료받았던 병원에 문제가 있는지 질문하면, 그 병원 이야기를 피하려고 한다. 병원을 잘못 선택한 자신의 과오를 인정하는 것이 괴롭기 때문이다. 오히려 그 병원이 좋다고 떠벌리기도 한다. 비싼 돈을 내고 치료받은 경우 이런 현상은 더 심하다.

사람마다 정도의 차이는 있지만 누구나 인지부조화의 심리를 가지고 있다. 자신의 믿음이 잘못이었다고 인정하는 대신 현실을 왜곡하는 것이다. 이 과정에서 터무니없는 말을 꾸며대기도 하고, 때로는 자기가 원하는 정보만 선택적으로 받아들이기도 한다. '뭐 눈에는 뭐만 보인다'라거나, '인간은 누구나 보고 싶은 것만 본다'는 말이 괜히 나온 말이 아니다.

　이러한 인지부조화의 심리상태는 주식 시장에서도 쉽게 관찰할 수 있다. 주식이 떨어지는 시점에 어떤 투자자들은 "곧 바닥을 치고 반등할 거야." 같은 자신에게 유리한 정보, 듣고 싶은 정보만 선택적으로 받아들이고, 불리한 정보는 의식적으로 외면하는 경향을 보인다. 이런 현상은 CEO나 리더들에게서도 볼 수 있다. 자신이 제안하고 집행한 정책에 오류가 나타나는 경우 잘못을 인정하기보다는 자신의 결정을 합리화하는 쪽으로 몰아간다.

　인지부조화 이론은 줄기세포 사태 때 H교수 지지자들의 행동을 이해하는 데 도움을 주었고, 광우병 사태에서 이해할 수 없는 상대방의 행동에 대해 양측은 '인지부조화에 따른 자기합리화'라고 서로 비난하기도 했다.

　또한 이 이론은 마케팅에 이용되기도 한다. 호되게 비싼 상품을 구입한 사람들은 어지간해서 그 상품을 비난하지 않는다. 고가高價 전략이 먹혀 들어가는 이유가 바로 그것이다. 병원 마케팅에도 이용된다. 보험 수가를 내고도 충분히 치료받을 수 있는 환자가 터무니없이 비싼 비非보험 수가를 내고 치료를 받은 경우에 오히려 만족도가 높다는 역설이 성립하기 때문이다.

　인지부조화 이론은 한국 전쟁 당시 중공군들이 미군 포로를 공산주의로 전향시키는 데 사용되기도 하였다. 포로들에게 공산주의를 찬양하는 글을 쓰게 한 후 포상으로 쌀을 조금 주거나 사탕 몇 개, 담배 몇 개비를 주었다. 포로들은 고작 이렇게 사소한 상품을 받기 위하여 자신의 믿음(공산주의를 미워함)과 상반된 행동(공산주의를 찬양함)을 했다는 사실 자체를 괴로워했다.

중공군 정보 책임자들은 미군 포로들이 이런 심리적인 괴로움에서 벗어나기 위하여 아예 자신의 믿음을 바꾸어버릴 것이라고 예상했고, 그 예상은 적중했다. 글을 쓰고 유치한 포상(사탕 몇 개와 담배 몇 개비)을 받은 미군들 중 상당수가 나중에 공산주의자로 전향을 했다고 한다. 자신은 사탕 몇 개에 넘어간 것이 아니라 정말로 공산주의를 좋아해서 전향한 것이라고 자기 행동을 합리화한 것이다. 한 사람의 생각을 바꿔놓는 데 가혹한 고문이나 엄청난 뇌물은 전혀 필요가 없었다. 어쩌면 중공군 정보 책임자들은 사탕 몇 개로 다 큰 어른의 마음을 열고 들어가 주물럭거린 심리학의 대가들이었는지도 모르겠다. 인지부조화라는 용어는 몰랐겠지만 그 개념은 완벽하게 이해하고 있었으니까 말이다.

인간은 쉽게 자기정당화의 덫에 걸린다. 이를 위하여 현실을 왜곡하고 자신의 기억마저 왜곡한다. 레온 페스팅거는 오랜 세월 동안 인지부조화 현상을 연구한 후 '인간은 합리적인 존재가 아니라 (자신을) 합리화하는 존재'라는 결론을 내렸다. 인간은 본질적으로 이성적인 존재가 아니라 자신의 위선과 잘못, 어리석음을 정당화하기 위해 놀라운 정신활동을 하는 존재라는 것이다.

맨 앞에 나온 사례에서 옆 동네 P씨는 의사를 잘못 선택했다는 자신의 과오를 인정하는 것이 괴롭기 때문에 자신을 합리화하는 인지부조화의 기전을 발휘하게 된다. K박사를 비난하는 대신 주변 사람들에게 K박사가 용한 의사라고 떠벌리고 다닌 것이다. 이건 거짓말을 하는 것이 아니다. 'K박사는 용한 의사'라는 자신의 믿음이 잘못된 것이라고 인정하는 데 따르는 심리적인 고통이 너무 크기 때문에 현실을 왜곡하는 것이다. 결국 P씨의 말을 믿고 K박사에게 수술을 받았다가 낭패를 본 L씨는 인지부조화 현상의 피해자라고 할 수 있다.

  정도의 차이는 있지만 사람은 누구나 인지부조화 심리를 가지고 있다는 점을 감안할 때, 소문이나 주변 사람들의 말만 믿고 병원이나 의사를 결정하는 것은 그다지 현명한 일이 아니다. 특히 인터넷에 떠다니는 정보는 더더욱 신뢰성이 떨어진다. 수술과 같은 중요한 결정을 할 때는 직접 발품을 팔아 그 분야의 여러 전문가와 의사들을 만나 두 번째 의견, 세 번째 의견을 듣고 신중하게 결정하는 것이 좋다.

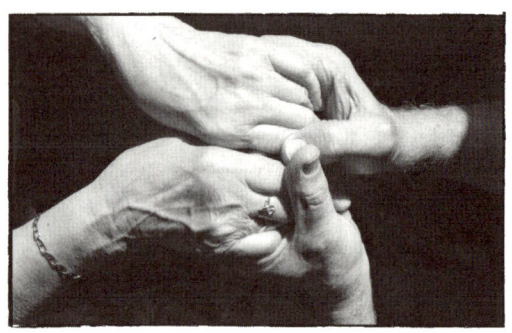

어떤 사람들은 자신의 믿음이 틀린 것으로 판명되었을 때,
잘못을 인정하기보다는 현실을 자신에게 유리하게끔 왜곡한다.
자신의 믿음이 틀렸다는 사실을 인정하는 데 따르는
심리적인 고통이 너무 크기 때문에,
오히려 현실을 왜곡하여 자신은 잘못한 것이 없다고
합리화한다는 것이다.

세상만사가 일체유심조

A양은 예비 신부였다. 결혼을 앞두고 예비 신랑이 운전하는 승용차를 타고 예단을 맞추러 가는 길에 교통사고가 나서 허리와 목에 척추골절이 발생했다. 부상은 골절에 그치지 않고 신경까지 다쳐 사지가 완전 마비되었다. 예비 신부에게 일어난 사고 치고는 너무 가혹한 사고였다.

'척추마비'는 전신을 움직이지 못하고, 감각을 느끼지 못하고, 대소변을 조절하지 못하고, 성性 기능도 없어지는 상태다. 움직일 수가 없으니 욕창이 생기고, 방광염이나 요도염 등 비뇨기계 감염이 잘 생기며, 폐렴도 발생한다. 이런 합병증을 예방하려면 서둘러 부러진 척추를 고정하는 수술을 한 후 빠른 시간 안에 침상에서 벗어나서 휠체어를 타고 움직이게 하는 것이 중요하다. A양 역시 부러진 목과 허리 부위를 고정하는 수술을 하고 서둘러 재활치료를 시작했다.

치료과정을 지켜보며 내가 놀란 것은, A양과 그녀의 가족들이 놀라우리만치 차분했다는 사실이다. A양의 병실에 들어가면 체념과는 분명 다른 안정감을 느낄 수 있었다. 처음에는 혹시 A양이 이 엄청난 상황을 잘 모르고 있는 것이 아닌가 하고 의아할 정도였다. 하지만 그렇지 않았다. A양은 자신의 상태를 잘 알고 있었으며, 오히려 "어쩔 수 없는 문제인데 현실로 받아들여야죠."라며 세상을 달관한 듯한 인상을 의료진들에게 주었다. 형언할 수 없는 어려운 상황에서 현실을 그토록 담담하게 받아들이는 모습이 정말 인상적이었다.

A양을 치료하면서 가장 궁금했던 점은 예비 신랑의 상태였다. A양이 이렇게 다쳤는데, 그는 어떨까? 알아보니 무릎뼈에 금이 간 정도의 가벼운 부상 외에는 다친 곳이 없다고 한다. 그런데 A양의 병실에서 예비 신랑을 본 기억이 없었다. 다른 의료진들도 A양의 신랑에 대해서 여러 가지 억측을 했지만, '결국 A양의 곁을 떠날 수밖에 없지 않겠느냐'는 현실론이 대세였다. 그렇게 A양은 재활치료를 마친 후 다른 병동으로 옮겼고, 내 기억 속에서 점점 사라져갔다.

그렇게 몇 년이 지난 후, 한 조간신문에서 전신이 마비된 신부가 결혼하여 아기를 낳았다는 기사를 보았다. 그 순간 나는 큰 충격을 받았다. 그 기사의 주인공이 바로 A양과 그 예비 신랑이었기 때문이다. 신문기사에 따르면, 이 두 사람은 주변의 온갖 반대를 무릅쓰고 중소도시의 한 성당에서 결혼식을 올렸다는 것이다. 결혼에 반대한 양가의 가족들은 아무도 참석하지 않았고, 성당 신도들만 참석했는데, 결혼식이 온통 울음바다였단다. 그렇게 결혼식을 올렸고, 며칠 전 A양이 아기를 낳았다고 했다.

　나는 출근길에 A양의 병실을 찾아가 축하 인사를 건넸고, 그 자리에서 A양의 남편을 처음 만났다. 키가 훤칠하게 큰 호남형의 청년이었다. 그리고 얼마 후에 A양이 남편과 함께 재활치료를 받기 위해서 우리 병원에 오는 것을 우연히 볼 기회가 있었다. 남편이 먼저 차에서 내려 휠체어를 내린 후 A양을 번쩍 안아 올려 휠체어에 옮기고 병원으로 들어섰다. 남편이 무척 힘들겠다는 생각이 들었다.

　한번은 A양의 발목이 퉁퉁 부어 외래진료를 받으러 왔다. 엑스레이를 찍어보니 발목뼈에 금이 간 골절이 발견되었다. 평소에 전신의 관절이 굳지 말라고 남편이 매일 관절을 풀어주는 운동을 해주는데 그날은 힘을 많이 주어서 발목뼈가 골절된 것이었다. A양의 뼈는 전신마비로 인해 많이 약해져 있었고, 뼈에 금이 가도 통증을 전혀 느끼지 못하기 때문에 쉽게 골절되었던 것이다. 나는 남편에게 관절 운동을 해줄 때 갓난아기를 다루듯이 조심하라고 주의를 주었다. 진료를 마치고 문을 나서던 A양이 수줍은 듯 질문을 하였다.

　"선생님, 저 아기 하나 더 가져도 되나요?"

　나 역시 반문하지 않을 수 없었다.

　"첫째 아이는 누가 봐주나요? 실례지만 남편 분은 무슨 일을 하세요?"

　그녀의 남편은 평범한 회사원이었다. 그리고 몇 년 후 A양은 두 아이의 엄마가 되었다.

B양의 어머니가 대나무 분재를 들고 상담을 하러 왔다. B양은 측만증 환자로 서울의 어느 유명대학에 다니는 예쁜 여대생이었다. B양의 척추는 수술을 해야 할 정도로 심하게 휘지는 않았지만, 자세히 보면 한쪽 등이 약간 튀어나와 보이기는 했다. 어머니로서는 걱정이 이만저만한 게 아니었다. 휘어진 딸의 척추를 대나무와 같이 똑바로 만들고 싶은 절박한 심정에 대나무 분재를 가지고 왔다고 말했다. 나는 B양의 측만증이 그다지 심한 편이 아니기 때문에 살면서 큰 문제가 되지는 않을 것이고, 현실로 인정하고 살 수밖에 없다는 점을 어렵사리 이해시켰다.

하지만 B양의 어머니가 가장 우려하는 점은 결혼 문제였다.

"딸이 곧 결혼할 텐데, 나중에 신랑이 척추가 휜 것을 알게 되면 어떻게 하죠? 그렇다고 결혼 전에 이실직고하면 결혼 자체가 깨지지 않겠어요?"라며 한숨을 내쉬었다. 나는 B양의 어머니에게 앞에서 소개한 A양과 예비 신랑 이야기를 해주었다. 아울러 "결혼 후에 척추가 휜 것을 문제 삼을 남자라면 처음부터 상대도 하지 마세요."라고 충고도 해주었다. A양의 이야기를 다 들은 B양의 어머니는 눈물을 흘리면서 다시는 딸의 결혼 문제로 고민하지 않을 것이라며 방문을 나섰다.

중년의 여성 C씨는 골프장에서 남편과 함께 골프 카트를 타고 이동하던 중 사고가 나 척추골절상을 입었다. 마침 내린 비 때문에 내리막길에서 카트가 미끄러진 사고였다. 남편은 순발력을 발휘하여 카트에서 뛰어내려 무사했지만, C씨는 그러질 못했다. C씨의 척추골절은 불안정골절이라서 응급수술을 받아야 했다. 다행히 척추신경은 다치지 않았고, 의사로부터 후유증은 별로 없을 테니 1년 정도 지나면 골프도 다시 칠 수 있을 것이라는 이야기를 들었다.

수술을 받고 병상에 누워 있다 보니 C씨는 남편이 괘씸하다는 생각을 떨칠 수가 없었다.

'아니, 어떻게 자기만 살겠다고 혼자 카트에서 뛰어내릴 수가 있지?'

하도 화가 나서 남편에게 마구 따지니, C씨의 남편은 카트의 무게를 조금이라도 줄이기 위해서 뛰어내렸다는 둥 궁색한 변명만 늘어놓았다. C씨는 자꾸만 심사가 뒤틀려 분노를 억제할 수 없었다.

여러 환자를 만나면서 인생에 대해, 사람에 대해 많은 것을 배우고 깨닫는다. 평범한 회사원인 A양의 남편은 나에게 인생과 삶, 행복과 불행 등에 대해 다시금 생각하게 해주었다. 집안의 반대를 무릅쓰고 전신마비 반려자의 평생을 책임지는 남자. 순애보나 헌신 같은 단어로 표현하기에는 부족한 느낌이 든다. 세상의 그 어떤 아름다운 단어로도 모자란다.

측만증 환자들 가운데 B양과 같이 척추가 휘어져 있다는 사실, 체형이 정상이 아니라는 사실에 대해 고민하는 학생들이 많다. 휘어진 각도가 커서 수술을 받게 된다면 수술 직후 '고민 끝'이겠지만, 수술해야 할 정도까지 휘어지지는 않은 애매한 측만증 환자들은 평생 짐으로 안고 살아가야 한다.

측만증 환자들은 대부분 사춘기의 10대 여학생들이다. 한창 감수성이 예민한 시기에 체형의 이상을 아무렇지도 않게 받아들이는 것이 말처럼 쉽겠는가? 당연히 쉽지 않다. 자아 정체성에 대해 의문을 품기도 하고, 인생에 대해서 심각하게 고민하기도 한다. 나는 간혹 이런 고민으로 심각해진 학생들에게 '바울의 가시' 이야기를 해준다.

사도 바울 선생이 자신의 질병에 대해서 깊이 고민하다가 자기발전의 동력으로 승화시켜 위대한 사람이 되었다는 역설적인 이야기다. 바울 선생의 질병, 즉 육체적 가시가 어떤 병인가에 대해서는 간질 혹은 안질이라는 설이 있는데, 간질이 좀 더 유력한 것 같다. 사실 나폴레옹이나 도스토예프스키도 간질 환자였다.

어쨌거나 육체적 가시가 오히려 은사恩賜가 되어 역경을 이겨낸 이런 위대한 분들의 이야기를 해주면 긍정적으로 받아들이는 학생들이 있지만 그렇지 않은 학생들도 있다. "그게 그렇게 쉽나요? 선생님이 제 고민을 알기나 하세요?"라고 쏘아붙이며 훌쩍이는 학생들도 본다. 그럴 땐 나도 마음이 참 아프다.

중년의 여성 C씨는 다행히 척추신경이 다치지 않아 다시 골프도 칠 수 있을 정도가 되었다. 후유증도 남지 않았고, 남편이 다치지도 않았다. 그러니 A양과 비교하면 정말 천만다행이고 감사할 일만 있을 것 같은데,

실상은 그렇지가 않다. 부지불식간에 카트에서 뛰어내린 남편을 탓하면서 모든 게 못마땅하다.

  날로 각박해져 가는 세상에서 사람들은 어려운 일이 생기면 남을 탓하고 주변 환경을 탓한다. 또 행복을 외적인 것에서만 찾고, 자신의 밖에서만 찾는다. A양의 남편과 C씨를 비교해보면 행복과 불행, 감사와 미움은 외부 환경이나 조건의 문제라기보다는 어떤 상황을 바라보는 우리 마음의 문제, 관점의 문제라는 사실을 실감한다. 세상만사가 다 우리 마음의 조화라는 경구인 '일체유심조一切唯心造'를 새삼 느끼게 된다.

무식해서 용감했던 시절을 거쳐

1970년대 말 또는 1980년대 초반까지는 디스크에 걸리면 고생을 엄청 많이 했다. 우선 진단 자체가 어려웠다. 요즘은 MRI 검사로 쉽게 진단할 수 있지만(커다란 통 속에 들어가는 것이 좀 답답하긴 하다) 30년 전에는 '조영술myelography'이라는 검사를 해야 했다.

조영술은 척추신경이 들어 있는 '척수강'이라는 공간 내부로 바늘을 찔러 넣고 조영제 약물을 넣은 후 엑스레이 사진을 찍어 신경의 윤곽을 보는 검사다. 이게 보통 고통스러운 게 아니었다. 검사를 하는 과정도 괴롭지만, 검사를 마치고 나서도 두통이 굉장히 심해서 하루 종일 꼼짝 없이 누워 있어야만 했다. 그뿐 아니라 검사의 정확도도 요즘과는 비교할 수도 없이 떨어져서 그림자를 보고 진단하는 것과 다름없었다.

치료에도 문제가 많았다. 조영술 검사에서 디스크 돌출이 의심되면 디스크라는 진단을 붙이고 대부분 수술을 받았다. 80% 이상의 디스크 환자가 비수술적 치료로 완치되는 요즘의 관점에서 보면 그야말로 '무식해서 용감했던 시절'이라고 할 수 있다.

1980년대 초반 '컴퓨터 단층촬영 검사(computed tomography, CT)'가 사용되면서 디스크라는 병에 관해서 약간 눈을 뜨게 되었다. 하지만 디스크를 제대로 이해하게 된 것은 1980년대 말 MRI 검사가 널리 사용된 이후에 가능하게 되었다.

디스크라는 병에서 통증의 원인은 무엇일까? 과거에는 돌출된 디스크가 주변의 신경을 누르는 것이 통증의 주된 원인이라고 생각했다. 즉, 디스크로 인하여 신경이 압박되는 것이 통증의 가장 중요한 원인이라고 생각한 것이다.

그러나 증상이 나타난 지 한두 달이 지난 시점에(튀어나온 디스크의 크기가 줄어들지 않았는데도 불구하고) 통증이 현저하게 줄어드는 현상이 발견되었다. 이것에 대한 연구를 거듭한 학자들은 중요한 사실을 알게 되었다. 단순히 신경이 눌리는 것 자체로는 통증이 발생하지 않을 수도 있으며, 실제로 동물실험에서 신경을 실로 꽉 묶어도 통증을 느끼지 않는 경우가 종종 있다는 사실이었다.

또한 통증을 느끼려면 신경이 눌리는 것과 동시에, 눌린 신경에 염증이 동반되어야 한다는 사실도 알게 되었다. 그렇다면 디스크에서 통증의 주된 원인인 '신경의 염증'은 왜 생기는 것일까? 신경의 염증은 디스크가 돌출될 때 디스크 내부로부터 염증을 일으키는 물질들이 나오기 때문이다. 이 염증 유발물질들이 주변에 있는 신경에 염증을 일으켜 통증이 발생하는 것이다. 근래 이러한 염증 유발물질들에 대한 연구가 활발히 이루어지고 있다.

다행스럽게도 우리 몸에 염증이 생기면 체내에서 염증을 가라앉히는 소염 물질들이 만들어진다. 손등에 상처가 나 곪으면서 염증이 생겨도 어느 정도 시간이 지나면 염증이 저절로 나아지는 것과 같은 이치다. 돌출된 디스크가 신경을 계속 누름에도 불구하고, 허리디스크 환자의 통증 증상이 저절로 좋아지는 것은 체내에서 만들어진 소염 물질들이 신경의 염증을 가라앉히기 때문이다. 자연치유가 되는 원리다.

무식해서 용감했던 시절의 시행착오를 거쳐 디스크의 자연치유 과정을 이해하게 되면서 디스크수술은 매우 신중해졌다. 하지만 아직도 30년 전의 무식함과 용감함을 그대로 답습하는 경우를 주변에서 종종 본다. 디스크에 대한 불필요한 치료, 과잉치료, 검증되지 않은 치료법들이 바로 그것들이다.

어떤 질병을 치료하지 않았을 때 그 병이 밟는 경과를 그 질병의 '자연경과natural history'라고 한다. 모든 질병은 특유의 자연경과를 가지고 있다. 맹장염의 경우 치료하지 않고 방치한다면 수일 내에 충수돌기가 터져 복막염을 일으켜 생명이 위태롭게 되며, 위암을 방치하면 1년 내에 암이 온몸에 퍼져 생명을 잃게 될 것이다.

이에 반해 감기는 '약 먹으면 1주일, 약 안 먹으면 7일'이라는 농담이 있듯이 별다른 치료를 하지 않아도 대개 잘 낫는다. 그렇다면 허리디스크의 자연경과는 어떨까? 특별한 치료를 하지 않아도 전체 환자의 약 80%가 한두 달 정도 안정적으로 치료하면 증상이 현저하게 호전되고, 시간이 좀 걸려도 결국 자연치유가 된다는 것이 과학적으로 입증되어 있다. 가만히 놔둬도 저절로 좋아질 환자가 80%라는 이야기이다.

돌출된 디스크의 크기가 엄청 크거나, 디스크를 감싸는 막이 터진 '파열 디스크'의 경우는 어떨까? 놀랍게도 그런 경우에도 자연치유가 잘 된다. 만약 어떤 디스크 환자가 서둘러 수술을 받았다면 수술 덕분에 좋아졌다고 감사할 것이고, 침을 맞거나 한방 탕제를 먹어서 좋아졌다면 침이나 탕제 때문에 좋아졌다고 고맙게 생각할 것이다.

하지만 자연경과를 생각해보면 한두 달 안에 저절로 좋아질 환자가 공연히 불필요한 수술을 받았거나 불필요한 탕제를 복용했을 가능성이 80%나 된다. 엄청 크게 튀어나왔던 디스크가 수년 뒤에 완전히 사라진 경우도 있다. 희귀한 현상이 아니다. 종종 관찰되는 경우다.

어떤 치료방법이 널리 사용되려면 최소한 자연경과 80%보다 좋은 치료효과를 보여야 한다. 그러나 현재 사용되는 디스크 치료법 가운데 자연경과보다 치료효과가 우수하다고 입증되지 못한 치료방법도 적지 않다. 디스크를 잘 모르던 시절에는 디스크로 진단되면 무조건 수술을 해야 하는 것으로 생각했다. 하지만 전체 환자의 80%가 자연치유 된다는 사실을 알게 되면서 수술을 하는 비율은 20% 이내(의사에 따라서는 10% 이내)로 줄어들게 되었다. 무식해서 용감했던 시행착오의 시절을 거쳐 격물치지(格物致知, 실제 사물의 이치를 연구하여 지식을 완전하게 알게 됨)의 신중함의 단계에 이른 것이다.

수술 없이 디스크를 치료하는 엄청난 비법?

허리디스크를 수술하지 않고 치료한다는 병의원, 한의원들의 광고나 선전문구를 종종 본다. 일반인들이 이 문구를 보면 '다른 병원들은 디스크를 수술로 치료하는데 이 병원은 수술하지 않고 치료하는 엄청난 비법이 있나 보다' 하고 오해하기 십상이다. 하지만 이는 사실이 아니다.

앞에서도 여러 번 강조했지만, 허리디스크라는 병의 경과를 보면 '전체 환자의 80% 정도는 수술을 하지 않아도 1~2개월이 지나면서 저절로 좋아지는 반면, 나머지 20%의 환자는 수술을 요한다'는 사실이 밝혀져 있다. 도대체 무슨 차이가 있기에, 어떤 환자는 저절로 좋아지고 어떤 환자는 수술을 받아야 할까? 저절로 좋아지는 환자는 대부분 척추관의 넓이가 정상인 환자이다. 이런 환자는 큰 디스크가 튀어나와도 잘 낫는다. 반면 척추관이 좁은 환자, 즉 척추관협착증이 있는 환자는 작은 디스크가 튀어나와도 증상이 심하고 잘 낫지 않아 수술을 받게 된다.

수술을 받아야 하는 환자는 발가락이나 발목이 마비되었거나, 통증이 극심해 일상생활에 지장이 심한 환자다. 척추관협착증이 같이 있어 신경이 심하게 눌리기 때문이다. 이런 환자들이 수술을 하지 않고 좋아지는 경우는 거의 없다. 결국 수술받아야 할 환자는 수술을 받게 된다. 따라서 디스크를 수술하지 않고 치료한다는 것은 '치료를 하지 않아도 저절로 좋아질 80%의 환자들을 치료하는 셈'이다. 한마디로 땅 짚고 헤엄치는 것과 같다고나 할까?

물론 보존적인 치료로 통증의 강도를 줄여주거나 통증이 지속되는 기간을 줄여 환자들을 편하게 해줄 수 있다. 하지만 근본적으로 수술을 해야 하는 환자를 수술하지 않고 치료하는 비법은 없다. 수술 결정에 신중한 의사들은 전체 디스크 환자의 5~10%에서만 수술을 한다. 그리고 나머지 환자들은 어떻게든 수술을 하지 않고 완치시키려고 애쓴다. 단지 호들갑스럽게 선전하거나 광고하지 않을 뿐이다.

디스크 초기에 통증이 심할 때 수술하면 환자도 편하고 의사도 명의라고 소문날 것이다. 하지만 당장은 명의 대접을 받을지 몰라도 길게 보면 별로 좋은 의사가 아니다. 몇 년 후에 디스크가 재발할 경우 유합술 등 더 큰 수술을 해야 하기 때문이다. 반면 시간이 좀 걸리더라도 비수술적인 치료로 좋아진 환자는 별다른 후유증이 남지 않아 디스크 재발의 공포에 시달리지도 않는다.

따라서 당장은 답답하더라도 허리디스크는 어떻게든 수술을 하지 않고 완치시키려고 노력해야 한다. 다시 말하지만, 대부분의 병원들이 이와 같은 치료원칙을 지키고 있다. 단지 떠벌리지 않을 뿐이다. 디스크를 수술하지 않고 비수술적으로 치료한다는 너무나 당연한 사실을 생색내며 광고하는 것은 낯간지러운 일이다. 어떻게 보면 이런 광고를 한다는 자체가 '의료의 상업화'라는 우리 의료계의 씁쓸한 현실을 보여주는 단면이라고 할 수 있다. 이런 광고를 하는 병원이나 한의원은 가급적 피하는 것이 좋다.

허리디스크 치료법은 너무 많아서 정신을 차릴 수 없을 정도다. 의료의 어느 분야도 디스크처럼 많은 치료방법이 난무하지는 않을 것이다. 하루가 다르게 새로운 방법들이 소개되고 있고, 그 방법을 주장하는 의사들마다 자신의 방법이 가장 좋다고 목소리를 높이니 척추를 전공하는 의사들조차 감感을 잡기 힘들 정도다.

비슷한 방법도 서로 다른 이름으로 광고를 하니 환자들은 더욱 헷갈린다. 예를 들어, 척추를 잡아당겨주는 견인치료가 무중력 감압치료, IDD 치료 등 여러 가지 다른 이름으로 소개된다. 또 아직 검증되지 않은 치료법을 가지고 '세계가 주목하는 치료법'과 같은 과장된 표현으로 혼란을 부추긴다.

이런 광고들은 멀쩡하게 잘 사용되고 있는 기존의 치료법이 문제가 있다고 비판하면서 자신들의 치료법의 장점만을 강조하는 경향이 있다. 한마디로 작금의 디스크 치료 분야는 너무나도 많은 길이 있어서 어떤 길이 옳은 길인지 결정할 수 없는 다기망양多岐亡羊의 상태다.

결국 이런 난세에서는 환자 스스로가 올바른 길을 찾는 것이 중요하다. 그 비결은 의외로 간단하다. '원칙에 충실하면서 정도正道를 잘 따르는 것'이다. 원칙이란 '전체 환자의 80% 이상이 특별한 치료를 하지 않아도 한두 달 안에 증상이 호전된다'는 자연경과(자연치유)의 원칙을 말하며, 정도란 '검증된 치료방법만을 선택하는 것'을 의미한다.

좀 더 구체적으로 말하면, 디스크로 심한 통증이 발생할 경우 당황하지 말고 80% 정도인 자연치유의 가능성을 믿고 침착하게 대처하도록 한다. 만약 증상이 좋아지지 않아 치료를 받아야 할 경우에는 특정인이나 특정 병원이 주장하는 치료법보다는 대다수의 의사들이 사용하는 치료법, 과학적으로 치료효과가 검증된 치료법을 선택하는 것이 중요하다.

공자님은 '말을 잘하고(교언巧言), 얼굴빛을 좋게 하며(영색令色), 달콤한 말을 하는 재주'를 가장 싫어하셨다고 한다. 디스크 치료에 대해 교언영색과 혹세무민을 일삼는 의료광고의 홍수 속에서 환자 스스로가 정신을 바짝 차리고 바른 길을 찾는 것이 중요하다.

아프리카에는 디스크 환자가 없다

　허리디스크는 불필요한 수술 또는 과잉치료의 가능성이 의학의 다른 어느 분야보다 높다. 미국의 동부 지역(뉴욕)과 서부 지역(캘리포니아)에 대해 인구당 허리디스크의 수술빈도를 비교해보았더니 서부가 동부의 2배였다고 한다. 왜 서부 지역에서 척추수술이 많이 이루어질까? 조사를 해보니 다른 변수들(스포츠 활동량, 식생활 습관, 섹스 횟수)은 별로 관계가 없었고, 단지 서부 지역의 척추외과 의사가 동부 지역보다 2배 정도 많다는 사실만 중요 요인으로 밝혀졌다.

　허리디스크라는 병의 경과를 고려할 때, 일생 동안 허리디스크수술을 받는 사람의 비율은 전체 인구의 0.5% 이내여야 한다. 하지만 미국의 경우 전체 인구의 3~4%가 디스크수술을 받아 그 빈도가 스코틀랜드나 영국의 5~10배라고 한다. 그렇다면 우리나라는 어떨까?

　많은 사람들이 우리나라의 인구당 척추수술 빈도가 미국의 몇 배가 될 것이라고 우려했다. 하지만 심사평가원의 통계에 따르면 우리나라의 척추수술 건수는 미국과 비슷한 수준으로 판단된다. 그런데 한 가지 독특한 점이 있다. 의료기관별로 수술 건수의 차이가 엄청 크게 벌어진다는 것이다. 쉽게 말해 몇몇 의료기관의 디스크수술 건수가 타의 추종을 불허할 정도로 많다는 뜻이다.

이런 통계를 인용하면서 수술의 오남용에 대해서 목소리를 높이는 한 의원, 병의원들도 있다. 하지만 수술을 권하는 외과의사만 비난받을 일은 아니다. 과잉치료에 대한 우려는 수술에만 국한된 것은 아니기 때문이다. 우리 주변에는 교정치료, 한방치료, 보조기치료, 통증치료 등 디스크를 치료하는 사람들이 너무나 많다. 이런 치료들이 환자들에게 반드시 도움이 되는 것은 아니다.

1987년 척추 분야의 권위 있는 상賞인 볼보상Volvo Award을 수상한 와델G. Waddell이라는 의사는 "요통을 치료하는 사람들이 거의 없는 아프리카에는 요통으로 고생하는 사람이 별로 없다."고 이야기한다. 우리나라나 미국 등의 의료선진국에 요통을 치료하는 사람들(의료인, 비의료인 포함)이 지나치게 많은 것이, 오히려 요통환자를 더 많이 만들어낸다는 역설적인 이야기이다. 불필요한 치료, 과잉치료가 오히려 허리병을 만들어낸다는 사실, 두고두고 음미해야겠다. 실제 사례를 하나 소개한다.

『20대 후반의 학교 선생님인 여성 환자 A씨의 이야기다.
　(1)학교 체육대회에서 평소에 하지 않던 배구를 하고 난 후 허리에 통증이 생겼다. 다음 날 병원을 찾았더니 허리가 틀어졌다고 하면서

MRI 검사를 권하였다. 촬영 결과 허리디스크라고 하면서 '무중력감압술'을 권했다. 하지만 A씨는 그냥 물리치료만 1회 받았다.

(2) 2~3일 후 증상이 호전되었으나 디스크라는 진단이 불안하여 대학병원을 찾아 척추전문의사를 만났다. 이 의사는 MRI 사진을 보고 '오래 버텨봐야 1~2년이다. 심하면 마비가 올 수도 있으므로 수술을 해야 한다'고 했다.

(3) 1주일 후 증상은 현저히 좋아졌지만, A씨는 '마비가 올 수도 있다'는 의사 이야기에 내내 마음 졸이다 용하다는 어느 한방병원을 찾았다. 그곳에서 2주일 동안 입원하여 추나요법, 봉침요법을 받고 한약을 먹으면서 6주간 외래치료를 받았다.

(4) 얼마 지나지 않아 A씨는 학교에서 춤 연습을 하다가 허리가 끊어지는 듯한 통증을 느꼈고, 허리가 틀어져 잘 걷지도 못하게 되었다. 다시 한방병원을 찾아가 침을 맞고 한약 진통제를 복용했으나 호전되지 않았다.

(5) 결국 다시 다른 대학병원의 통증클리닉을 방문했다. '경막외 스테로이드 주사치료'를 1주일 간격으로 2번 했으나 증상이 나아지지 않아서 '고주파 신경차단술'을 받았다. 그런데 시술 이후 오른쪽 다리가 당기기 시작했다.

(6) 한 달이 지난 뒤에도 오른쪽 다리가 당기는 증상이 계속되자 '좀 더 센 것으로 해보자'면서 '경막외 유착제거술'을 시술받았다.

(7)이번에도 효과가 없어 수면마취 후 '핌스FIMS'라는 치료를 받았다. 여전히 증상은 호전되지 않았다. 통증클리닉 교수는 근본적으로 허리가 틀어진 것을 고쳐야 한다며 측만증 전문병원을 소개했다.

(8)측만증 전문병원의 의사는 '골반이 틀어져 있으면 디스크가 악화될 수 있으므로 바로 잡아야 한다'면서 신발 깔창치료, 견인치료를 시행했다. 하지만 증상은 전혀 호전되지 않았다.

이 젊은 여선생님 A씨의 사연은 너무 안타까워서 답답할 정도다. A씨가 받았던 치료들을 나열해보자. 물리치료, 한방치료, 경막외 스테로이드 주사, 고주파 신경차단술, 경막외 유착제거술, 핌스, 신발 깔창치료, 견인치료까지…, 이게 다 뭔가? 척추를 전공하는 나도 혼란스럽다.

A씨는 그렇게 예민한 환자도 아니었고 유별난 환자도 아니었다. 그저 남의 말을 잘 믿는 것, 지나치게 순진하다는 것이 문제였다. A씨의 아버지는 "마비가 올 수 있다는 말에 지레 겁을 먹고 이 모든 치료를 다 받게 된 것 같다. 이것도 어떻게 보면 의료사고다."라고 하소연을 했다. 나의 판단으로는 허리를 강하고 부드럽게 만드는 허리 운동치료만 했으면 아무 문제없이 지낼 수 있었을 것이다. 그런 젊은 여성이 달콤하게 포장된 여러 치료를 받으면서, 결과적으로 아무 치료를 하지 않은 것보다 못한 결과를 얻게 되었다. '아프리카에는 디스크 환자가 없다'는 말을 실감할 수 있는 사례다.

MISS와 레이저, 맹신하지 마라

 앞에서 말했듯이 허리디스크 환자의 80% 정도는 수술을 받지 않고도 증상이 좋아진다. 그 말은 곧 나머지 20%의 환자에서는 수술을 해야 한다는 뜻이다. 수술을 해야 하는 경우 환자들은 대부분 몸에 칼을 안 대는 수술방법을 원한다. 칼을 안 대는 디스크수술법에는 레이저수술, 내시경수술, 수핵성형술 등 여러 종류가 있는데, 이를 통칭하여 '최소침습 척추수술(Minimally Invasive Spinal Surgery, MISS)'이라고 부른다.

 일반인들 사이에서 MISS는 모든 디스크를 간단하게 해결해줄 수 있는 환상적인 수술법으로 잘못 인식되어 있다. 그동안 신문, 방송 등을 통하여 '째는 수술을 받아야 할 환자의 2/3가 간단하게 칼 안 대고 수술', '피가 나지 않는 수술로 환자 고통 최소화', '레이저, 내시경 동시 사용으로 치료 성공률 95%, 디스크 정복' 같은 얘기만 들어왔기 때문이다. MISS의 밝은 면만 일방적으로 홍보되었으니 환자들은 당연히 그렇게 생각할 수밖에 없을 것이다.

하지만 이는 잘못된 것이다. '최소침습'이라고 해서 결코 간단한 게 아니다. 여러 MISS 방법들 가운데 최근까지 살아남아 있는 방법인 내시경 디스크수술의 예를 들면, 7~8밀리미터 정도의 굵은 관을 국소마취 상태에서 피부를 통하여 척추뼈 사이의 디스크 근처까지 집어넣어야 한다. 그 고통이 어느 정도일지는 두말할 필요가 없을 것이다. 내시경 디스크 수술을 하는 수술실에서 새어나오는 환자의 비명소리를 들어보면 '옛날 중앙정보부 고문이 저랬을까?' 싶은 생각이 절로 든다.

그렇게 아픈데 왜 전신마취를 하지 않을까? 전신마취를 하면 고통을 느끼지 않겠지만 그럴 수가 없다. 내시경수술 도중 신경손상의 위험성을 무시할 수 없어 전체 수술과정이 국소마취 상태에서 이루어질 수밖에 없는 것이다. 내시경수술 기구가 주변 신경에 손상을 주는 경우 국소마취 상태에서는 미리 알 수 있기 때문이다.

요는 MISS가 결코 간단한 방법이 아니며, 신경손상의 위험성을 무시할 수 없는 수술법이라는 것이다. 또한 꼭 수술을 해야 할 환자 가운데 MISS로 좋아지지 않는 환자도 많다. MISS의 대상이 제한적이라는 것이다. 예를 들어, 척추관협착증이 동반된 디스크 환자는 내시경수술의 대상이 될 수 없다. 이런 환자의 경우 용감하게 내시경수술을 했다가는 신경손상이 생기기 십상이다. 게다가 MISS는 의료보험의 혜택도 받지 못해 비용이 비싸다. 이런 문제점들을 다 알게 된다면 MISS를 원하는 환자는 그리 많지 않을 것이다.

세상만사가 다 그렇듯이 어떤 의료행위이든 장점(밝은 면)과 동시에 단점(어두운 면)을 가지고 있다는 사실을 유념해야 하겠다. 그리고 그 의료행위를 일반인들에게 소개할 때 좋은 점만을 강조하면서 단점이나 문제점에 대해서 언급하지 않는 것은 바람직한 일이 아니다. 객관적인 판단을 할 수 없으니까 말이다. 장단점을 균형 있게 소개하는 것이 중요하다.

"레이저로 안 되나요?"

이런 질문을 하는 환자들이 무척 많다. 척추에서 레이저수술의 대상은 허리디스크 한 가지뿐이다. 그것도 아주 일부의 디스크 환자에게만 적용된다. 하지만 척추골절, 척추결핵, 측만증 등 대부분의 척추질환에서 "레이저로 안 되나요?"라는 질문을 하는 환자들을 자주 본다. 레이저가 모든 척추질환을 째지 않고 간단히 치료할 수 있는 마법 같은 치료법으로 인식되어 있기 때문이다. 이런 기현상에 대해서 안타까워하는 척추외과 의사들이 많다.

왜 이런 현상이 생겼을까? 심각하게 생각해보아야 할 문제다. 레이저 디스크수술의 원리는 아주 단순하다. 디스크가 돌출된 환자에게 레이저 열로 아주 소량의 디스크를 제거하면 신경을 누르는 디스크의 압력이 약해져 통증이 줄어든다는 것이다. 하지만 앞에서 이야기했듯이 아무런 치료를 하지 않아도 한두 달 안에 증상이 저절로 좋아지는 환자가 전체의 80%인 점을 고려할 때 통증이 호전되는 이유가 레이저 시술 때문인지는 생각해볼 문제다.

레이저 디스크수술은 1980년대 중반에 처음으로 사용되었다. 이후 엄청 나게 많은 디스크 환자들을 대상으로 시술이 이루어졌음에도 불구하고 가장 효과가 큰 레이저의 파장이 무엇인지, 레이저를 가하는 시간, 에너지의 양 등 사용방법에 관한 정리가 아직도 되어 있지 않다.

또한 안전성에 대해서도 논란이 많다. 시술 시 발생하는 고열로 인해 주변의 뼈나 신경이 화상을 입을 수 있으며, 이로 인한 심한 통증도 문제다. 하지만 가장 큰 문제점은 레이저 디스크수술이 '과연 치료효과가 있는가, 사용할 만한 방법인가?' 하는 효용성의 문제다.

근거중심의학에서 말하는 '근거의 단계 Level of Evidence'를 살펴보겠다. 생소한 단어들이 많이 나오더라도 한번쯤 알아두면 좋을 것 같다.

1단계는 무작위 대조군 연구 Randomized controlled trial
2단계는 전향적 코호트 연구 Prospective cohort study
3단계는 후향적 코호트 연구 Retrospective cohort study
4단계는 사례 보고 Case series
5단계는 전문가 의견 Expert opinion

1단계가 가장 가치가 있다고 인정을 받고, 그다음이 2, 3, 4단계의 순서다. 전문가 의견인 5단계는 가치를 별로 인정받지 못한다. 아무리 전문가라 할지라도 확실한 근거 없이 자기의 의견을 주장하는 것은 현대의학에서는 인정받지 못한다는 의미다.

어떤 치료방법이 널리 인정받기 위해서는 1단계의 무작위 대조군 연구 또는 2단계의 전향적 코호트 연구가 이루어져야 한다. 이것은 현대의학의 기본이다. 그런데 사용한 지 30년이 다 되어가는 지금까지도 레이저 디스크수술의 효용성을 입증하는 1, 2단계의 수준급 논문이 아직 발표되지 않았다.

레이저 치료가 효과가 있다는 논문들이 그동안 많이 발표되었지만, 대부분 레이저수술로 유형, 무형의 이득profit을 보는 입장에 있는 의사들의 발표일 뿐이지, 정작 신뢰할 만한 연구결과가 없는 것이 문제다. 오히려 시간이 흐르면서 이 시술에 대한 부정적인 연구결과들이 더 많이 발표되고 있다는 느낌을 받는다.

실제로 레이저 디스크수술의 빈도도 많이 줄어 분위기도 시들해졌고, 더 이상 의사들의 관심의 대상도 아니다. 레이저는 피부과 질환과 안과 질환, 그리고 일부 외과 질환에서 뛰어난 성과를 보이고 있다. 하지만 디스크수술에서의 레이저수술은 사정이 좀 다른 것 같다. 그럼에도 불구하고 레이저를 이용한 척추수술이 모든 것을 해결해주는 환상적인 방법인 것처럼 일반인들에게 알려져 있는 것은 큰 문제다. 이는 우리나라에서만 볼 수 있는 독특한 현상이다.

레이저 디스크수술이 시들해지면서 그 자리를 물려받아 수년간 각광을 받다가 사라진 치료법이 수핵성형술Nucleoplasty이다. 기존의 레이저 디스크수술에서는 섭씨 400도 정도의 고열이 발생하는데 반하여, 수핵성형술은 고주파radiofrequency를 이용하기 때문에 시술온도가 60~70도 정도로 낮다는 장점을 가지고 있었다. 이 방법을 주장하는 사람들은 고주파로 플라즈마plasma라는 이온화된 기체가 형성되면서 디스크를 제거한다고 홍보했다. 하지만 이는 입증된 바 없다.

더 큰 문제는 수핵성형술의 대상對象이었다. 이 방법의 대상은 튀어나온 디스크의 크기가 6밀리미터 이내의, 파열되지 않은 작은 디스크 환자였다. 하지만 이런 환자들은 굳이 고가의 수핵성형술을 하지 않아도 한두 달 정도만 지나면 저절로 좋아지며, 예외적으로 좋아지지 않는 환자는 간단한 스테로이드 주사요법으로 대부분 증상이 호전된다. 게다가 정작 수술을 요하는 환자는 수핵성형술로는 좋아지지 않는다. 이런 점들을 고려할 때 수핵성형술의 대상환자는 지극히 제한적이었다.

수핵성형술에서 가장 심각한 문제는 과대광고였다. 5~10분 만에 디스크를 감쪽같이 치료할 수 있다는 광고카피는 디스크로 고생하고 있던 환자들에게 엄청난 충격이었다. 광고에서는 크게 튀어나온 디스크가 감쪽같이 사라진 MRI 사진도 보여주는데, 문제는 수핵성형술로는 절대 이런 효과를 얻을 수 없다는 것이었다.

이런 광고를 보면 엄이도령掩耳盜鈴이라는 사자성어가 떠오른다. '어떤 사람이 종鐘을 훔칠 때 종소리가 나면 들키니까 자신의 귀를 솜으로 막고 종을 훔친다'는 어리석은 행동을 의미한다. 자신의 귀를 막아서 종소리가 들리지 않는다고 다른 사람들도 모를까? 일반인들은 이 광고의 문제점을 잘 모르고 그냥 넘어가겠지만, 전문가들은 두 눈을 부릅뜨고 지켜보고 있다.

환자는 말할 것도 없거니와 묵묵히 일하고 있는 대다수 선량한 의사들도 이런 과대광고의 피해자다. 바로 '외부外部효과'에 의한 피해다. 어떤 사람이 특정 행동을 했을 때 그 행동과 무관한 다른 사람들이 그 행동 때문에 발생하는 피해를 감당해야 하는 것을 말한다. 비료공장에서 나오는 암모니아 악취, 옆집 파티 소음, 간접흡연…, 모두 외부 효과 때문에 주변 사람들이 피해를 보는 것이다. 몇몇 의사들의 의도적인 과대광고로 인해 의사 집단 전체가 신뢰를 잃는 것, 이 또한 무시할 수 없는 외부효과에 의한 피해라고 하겠다.

길면 3년, 짧으면 1년

「안녕하며 돌아서는 그대 두 눈에

슬픈 이별 맺히는 걸 나는 보았네.

가시면 아니 오고

모른 체 잊는 것은 아니지마는

길면 3년 짧으면 1년

잠깐만 당신 곁을 떠나 있는 것이라오.

외로워도 참고 살아요. 그리워도 참고 살아요.

아~ 돌아갈 그 날까지. 」

가수 주현미가 초창기 때 부른 '길면 3년, 짧으면 1년'이라는 노래다. 운전을 하고 가다가 우연히 라디오에서 이 노래를 들었을 때 절로 감탄사가 터져 나왔다. 노래 제목이 척추질환에서 새로 개발되는 치료법들의 운명과 어찌 그리 잘 들어맞는지. 환상적인 방법이라고 소개되었다가 길면 3년, 짧으면 1년 이내에 사그라지는 치료법들이 너무나도 많다.

허리디스크와 요통의 치료방법들 가운데 짧은 기간에 사그라진 대표적인 것들을 알아본다.

허리디스크라는 병은 척추뼈 사이에서 쿠션 역할을 하는 디스크(추간판)가 튀어나와 신경을 누르는 병이다. 1980년대 초반부터 칼을 대지 않고 디스크를 치료하는 수술-시술법들이 개발되기 시작했다. 첫 번째로 나온 것이 카이모파파인 효소주사 요법이다. 열대과일인 파파야로부터 추출한 효소를 디스크 내부의 수핵에 주사하여 용해시킴으로써 돌출된 디스크가 신경을 누르는 압력이 줄어들기를 기대하는 방법이다. 한때 디스크를 정복하는 방법으로 과대홍보되었지만 여러 가지 합병증으로 현재는 거의 사용되지 않는다. 최초로 시행된 '칼 안 대는 수술방법'이라는 역사적인 의미만 가지고 있다.

다음으로 나온 치료법이 뉴클레오톰시술이다. 디스크 내부의 수핵을 잘게 썰어 직경 3~4밀리미터의 관으로 흡입해내는 방법이다. 1980년대 후반에 많이 사용되었으나, 1990년대 초반 치료효과에 의문이 제기되면서 현재는 사용되지 않고 있다.

레이저 디스크수술은 레이저로 수핵을 녹여 디스크 내의 압력을 감소시키는 방법이다. 1990년대 초반 유독 우리나라 개원병원에서 많이 사용되었다. 사용된 지 20년이 지나도 치료효과가 입증되지 않았으며 현재 거의 사용되지 않고 있다.

관절경이나 내시경을 이용한 디스크수술도 한때 인기를 끌면서 널리 사용되었다. 그러나 현재는 신경손상의 가능성, 방사선 노출, 수술중 환자의 고통, 치료효과 등 여러 가지 문제점 때문에 사용이 현저히 줄어든 상태다.

앞에서도 언급한 수핵성형술은 '5~10분짜리 디스크수술'이라고 알려져 있다. 개발자들은 디스크 내부에 고주파를 가하면 플라즈마가 형성되면서 디스크를 제거한다고 홍보했다. 하지만 과연 플라즈마가 생성되는지, 그 대상이 누구인지 그리고 과연 효과가 있는지 등에 대해 의문이 제기되면서 현재 거의 사용되지 않는 상태다.

물의 높은 압력으로 물칼water knife을 만들어 디스크를 제거하는 물칼 디스크수술, 초음파를 이용하는 초음파 디스크제거술 등 상상을 초월하는 다양한 치료법들이 일시적으로 사용되다가 다 없어졌다.

그렇다면 요통 치료는 어떨까? 요통의 치료에 사용되다가 시들해진 수술법들을 알아보자.

한때 IDET라는 치료방법이 요통의 치료에서 많이 사용되었다. IDET는 '추간판 내 전기열 치료술Intra Discal Electro-Thermal therapy' 의 첫 글자를 딴 것이다. 이 방법의 이론적 근거는 '디스크를 둘러싸고 있는 섬유륜의 파열 때문에 요통이 발생하는데, 금속코일을 디스크 내부에 넣고 열을 가하여 섬유륜의 파열을 봉합한다' 는 것이다. 초창기에 발표되었던 긍정적인 치료결과에 의문이 제기되면서 현재 거의 사용되지 않고 있다.

근래 갑자기 시들해진 방법 가운데 '극돌기 간間 고정기구Interspinous device 수술법'이 있다. 몇 년 전만 해도 이 방법은 의사들의 관심 밖이었다. 하지만 일부 의사들이 '신발 속의 돌멩이 가설Stone in the shoe hypothesis'을 주장하면서 갑자기 각광을 받게 되었다. 이 가설에 따르면 '허리가 아픈 것은 마치 신발 속에 돌멩이 하나가 있어, 걸을 때 신발 속을 이리저리 옮겨 다니면서 발바닥을 자극하여 아픈 것과 같다. 발바닥과 신발 사이를 벌려 공간을 확보함으로써 발바닥이 돌멩이와 접촉하지 않도록 하면 통증을 줄일 수 있는 것처럼 척추뼈의 극돌기 사이를 벌림으로써 요통을 치료할 수 있다'는 것이다. 그럴싸한 이야기 같지만 마치 장님이 코끼리 다리를 만지고 느낌을 이야기하는 것과 다를 바 없는 지극히 비과학적인 가설이다. 이 수술법 역시 몇 년간 반짝 사용되다가 시들해졌다.

이처럼 새로운 수술방법이 충분한 검토도 없이 홍보되고, 일시적으로 유행하다가 문제점이 발견되면 사용이 줄어드는 현상은 큰 문제가 아닐 수 없다. 우리나라는 세계 어느 나라보다 이런 문제가 심각하다. 지금까지의 사례로 보아 앞으로도 이런 일이 계속 반복될 것 같다. 주현미 노래에서는 길면 3년, 짧으면 1년이 지나면 '당신 곁으로 다시 돌아오겠다'고 했지만 한 번 시들해진 치료법은 절대 다시 돌아오지 않는다. 애꿎은 환자들만 피해를 본 셈이다.

새로운 수술법을 사용하려면 인체를 대상으로 하는 것인 만큼 아주 신중해야 한다. 관계 당국에서는 다음과 같은 사항들을 고려하여 새로운 수술법을 허가하는 조건을 강화해야겠다.

첫째, 새로운 수술법들이 처음 홍보될 때와는 달리 몇 년이 지나면서 시들해지는 것은 장기간의 결과가 아닌 단기간의 결과를 홍보했기 때문이다. 새로운 수술법을 허가하기 이전에 최소한 2년 이상의 치료결과를 지켜보고 허가 여부를 결정해야 한다.

둘째, 새로운 수술법은 정부의 보험재정을 고려하여 전액 환자 부담의 비보험 수가로 허가하고 있다. 환자의 입장에서는 새로 나온 수술법으로 치료한다니까 울며 겨자 먹기로 비싼 수술비를 감당할 수밖에 없겠지만, 의사 입장에서는 심사평가원의 심사 없이, 그리고 진료비를 삭감 당할 위험 없이 환자로부터 치료비 전액을 받을 수 있으니 구미가 당기지 않을 수 없다. 그래서 새 수술법에 문제가 있다고 느껴도 그 유혹을 벗어나기가 쉽지 않다. 의사들로서는 인정하고 싶지 않겠지만 부인할 수 없는 불편한 진실이다. 비보험 수가를 받던 특정 치료법을 보험 수가로 바꾸면 그 시행 횟수가 현저히 줄어드는 현상이 바로 이 불편한 진실의 증거라고 하겠다.

셋째, 새로운 치료방법을 검증 없이 도입하여 과대홍보하고, 몇 년 지나 시들해지고, 다른 방법으로 옮겨 가고…, 이런 행태는 일부 의사들의 상투적인 상술이다. 대다수 의사들은 이런 행태에 대해서 분개하고 우려를 표한다. 문제의 의사들은 다음 수술법으로 옮겨 갈 때 시들해진 이전 수술로 치료받은 환자들에게 아무런 해명도 없다. 윤리적, 도덕적으로 심각한 문제가 아닐 수 없다. 이런 행태에 따른 폐해가 너무 크다는 점을 환자나 보호자, 관계 당국 모두 인식해야겠다.

환자나 보호자 가운데도 유독 새로운 치료법을 선호하는 분들이 있다. 그러나 오랜 기간 검증과정을 거치고 다수의 전문가들이 사용하고 있는 수술법이 최선이라는 사실을 명심해야겠다.

견강부회, **신경성형술**

「C씨는 허리부터 오른쪽 엉덩이, 종아리까지 갑자기 저리고 아픈 증상으로 병원을 찾았다. 의사는 MRI 정밀검사를 하더니 허리디스크가 의심된다면서 수술을 권했다. 주변에서 허리 수술은 잘해봐야 본전이라고 하면서 다들 말렸다.

수술을 피하려고 이 병원, 저 병원을 찾아다녔는데 몇 곳에서 신경성형술을 권했다. 성형수술? 신경을 성형한다? 조금 겁이 났지만 성형수술을 하는 것은 아니고 신경 주변에 주사를 놓는 것이라고 한다. 허리디스크에 사용하는 여러 주사치료법 가운데 최첨단의 치료법이라고 한다. C씨는 무슨 말인지 이해는 잘 되지 않았지만 한 병원도 아니고 여러 병원에서 권하니 일단 이 치료를 받아보기로 했다. 문제는 비용이 만만치 않다는 점이었다. 의료보험도 적용되지 않는다고 했다. 결국 어렵사리 비용을 마련하여 신경성형술을 받았다. 저리고 아픈 증상이 꽤 좋아져서, 돈은 좀 들었지만 잘한 선택이라는 생각이 들었다.」

요즘 '신경성형술' 또는 '경막외 유착제거술'이라는 고가高價의 치료법이 많은 병의원에서 사용되고 있다. 일반인들이 이 치료법의 이름을 들으면 신경을 성형하는 수술로 오해할지 모르겠다. 하지만 성형수술은 절대 아니다. 치료법의 이름부터 문제가 있는 것이다. 신경성형술은 '척추신경의 유착'이 통증의 원인이라고 하면서 그 유착을 풀어주는 시술을 하는 것이다. 하지만 이 치료법은 여러 가지 문제점을 가지고 있는데, 다음의 4가지로 요약할 수 있다.

첫째, 신경성형술은 과거 척추수술을 받았던 환자에서 신경유착이 통증의 원인이라고 생각해 유착을 풀어주는 수술이다. 신경의 유착을 푸는 데 값비싼 기구(가느다란 카테터를 포함한)를 사용하기 때문에 비용이 많이 들 수밖에 없다.

하지만 과연 신경유착이 통증의 원인인가 하는 근본적인 의문을 제기하지 않을 수 없다. 척추수술에서는 수술과정에서 신경을 노출하고 다루게 되므로 어떤 환자든지 광범위한 신경의 유착이 발생하게 된다. 따라서 신경유착이 통증의 원인이라는 데 이견을 제기하는 전문가들이 아주 많다. 수술받은 환자라면 누구나 신경유착이 생기는데, 어떻게 유착이 통증의 원인이라고 할 수 있느냐고 반박하는 것이다. 물론 수술받은 환자 가운데 극히 일부 환자에서 신경유착이 통증의 원인일 수도 있겠으나 이는 하나의 가설에 불과하다.

둘째, C씨와 같이 과거 척추수술을 받은 적이 없는 사람은 신경의 유착이 없다. 따라서 이런 환자에게 신경성형술을 권하는 것은 근본적으로 잘못된 것이다. 하지만 현재 신경성형술을 받는 환자의 대부분은 과거 척추수술을 받은 적이 없는 환자들이다. 이는 전문가의 입장에서 도저히 이해할 수 없다. C씨와 같이 과거에 척추수술을 받은 적이 없는 분들에게 고가의 신경성형술을 시술하는 의사들은 이 점에 대해서 분명히 답을 해야 할 것이다.

셋째, 백번 양보하여 과거 척추수술을 받은 환자에서 신경의 유착이 통증의 원인이라고 하더라도, 과연 가느다란 카테터를 사용하여 유착을 얼마나 풀어줄 수 있는지, 풀어준다고 해도 유착의 재발을 방지할 수 있는지 의문을 제기하지 않을 수 없다. 수술을 받은 환자의 광범위한 신경 유착을 가느다란 카테터로 풀어주기는 어렵기 때문이다.

넷째, 설령 유착을 풀어준다고 해도 과연 통증이 호전되는가 하는 점이다. 유착이 광범위한 상태에서, 어느 부위의 유착이 통증의 원인인지도 확실치 않은 상황에서 그 유착을 풀어준다고 통증이 좋아질 가능성은 거의 없기 때문이다.

그런데 C씨는 돈을 많이 썼지만 신경성형술을 한 후 증상이 좋아졌다고 만족하고 있다. 신경성형술이 위와 같이 심각한 문제점을 가지고 있는데 어떻게 증상이 좋아질 수 있을까? 신경성형술을 한 후 증상이 호전되는 것은 신경성형술을 할 때 같이 주사하는 스테로이드 때문일 가능성이 훨씬 더 크다는 것이 대다수 전문가들의 의견이다. 이런 증상의 호전은 약 10만 원 내외의 경막외 스테로이드 주사요법으로도 똑같은 결과를 얻을 수 있기 때문에 200만 원 가까이하는 신경성형술(경막외 유착제거술)을 하는 것은 어불성설이다. 또한 증상이 좋아진 것은 시술 전후에 처방한 진통소염제의 효과일 수도 있고, 전체 허리디스크 환자의 80% 이상에서 일어나는 자연치유의 효과일 수도 있다.

이것저것 다 떠나서, 절대적으로 분명한 사실이 하나 있다. 이 시술을 지지하는 가설, 즉 '유착을 풀어주면 증상이 호전된다'는 가설이 검증되지 않았다는 점이다.

이처럼 여러 가지 문제점이 있음에도 불구하고 현재 신경성형술이 마구잡이로 시행되고 있으며 고가의 시술비용을 환자들에게 비보험으로 받고 있다. 가장 심각한 문제는 앞서 이야기한 바와 같이 과거 척추수술을 받은 적이 없는 환자들도 신경성형술을 받는 것인데 이는 정말 말도 안 되는 일이다. 수술받지 않은 환자도 유착이 있을 수 있다고 혹자가 주장한다면 이것이야말로 견강부회(牽强附會, 이치에 맞지 않는 말을 억지로 끌어와 자기가 옳다고 주장함)의 극치가 아닐 수 없다.

최근 일부 병의원에서 신경성형술이 너무나도 많이 시행되고 있는 현상은, 마치 20년 전의 레이저 디스크수술의 망령을 되살리게 한다. 현재 거의 사용되지 않고 있는 레이저 디스크수술 역시 20년 전에는 광풍을 일으키며 전 세계 여러 나라 가운데 우리나라에서 가장 많이 시행되었다. 그나마 레이저 디스크수술은 당시 외국 전문가들도 일부 시술했지만 신경성형술은 거의 전적으로 우리나라에서만 시술되고 있다. 최근 몇 년간 우리나라를 방문했던 외국의 척추 대가들에게 신경성형술에 대해서 물어보았을 때 다들 금시초문이라는 반응을 보였다.

레이저 디스크수술이 유행할 당시, 그 문제점을 지적하면 레이저수술을 많이 하는 의사들은 '왜 해보지도 않은 사람들이 말이 많으냐?'는 반응을 보였다. '해보지 않은 사람은 말을 하지 말라'는 반응은 검증되지 않은 치료법의 문제점을 지적할 때마다 들을 수 있는 상투적인 반응이다. 신경성형술의 경우에도 마찬가지 반응을 접하게 된다.

세상을 살면서 어떤 행위가 옳은지, 그른지 판단하기 위하여 반드시 직접 경험을 해야 하는 것은 아니다. 그것이 우리가 어려서부터 교육을 받는 이유이다. 교육을 통하여 배운 지식과 세상을 살면서 체득한 상식으로 옳고 그름을 판단할 수 있다. 의학에서도 마찬가지다. 꼭 직접 해보지 않아도 어떤 특정 치료법의 문제점을 알아낼 수 있는 것이 전문가다. 전문가가 되기 위하여 그렇게 오랜 기간 교육과 경험을 거쳐야 하는 것은 바로 이런 감별능력을 배양하기 위함이다.

앞에서 소개한 C씨의 사례를 다시 한 번 정리해보자. 무엇보다도 먼저 C씨는 절대 신경성형술의 대상이 아니다. 또 증상이 좋아진 것은 스테로이드 효과일 가능성이 높다. 여러 병원에서 신경성형술을 권했다는 사실은 현재 이 시술이 무분별하게 남용되고 있다는 증거일 뿐이다.

작금의 의료현장에서는 신경성형술의 장점만 일방적으로 의료소비자들, 즉 환자들에게 주입되고 있다. 문제점이 있어도 전문가들이 입을 다물고 있으면 환자들은 도저히 그 문제점을 알 방도가 없다. 2011년 9월 대한척추외과학회는 신경성형술의 문제점을 의료기자 간담회를 통하여 지적한 바 있다. 하지만 기자들이 사안의 심각성을 간과해서 찻잔 속의 태풍에 그친 감이 없지 않다.

신경성형술이 널리 행해지고 있고 환자들에게 엄청난 경제적인 부담을 준다는 판단 하에, 최근에는 심사평가원에서 보험을 적용하는 것을 검토하고 있다. 그런데 도무지 이해가 되지 않는 점은 이 시술을 많이 시행하는 의사들 대다수가 보험적용에 반대하는 입장이라는 것이다. 왜 보험적용에 반대할까? 그렇게 좋은 시술이라면 환자들이 비용 부담 없이 그 혜택을 받게끔 보험적용을 해야 하는 것 아닌가?

비보험에서 보험으로 수가체제가 전환되면서 시술이 현저히 줄어들었던 다른 치료법들의 전례를 감안할 때, 아마도 보험이 적용된다면 신경성형술의 시술빈도는 급격히 줄어들 것이라고 예측할 수 있다. '길면 3년, 짧으면 1년'에서 지적했듯이 또 다른 일시적인 유행이 될 가능성이 높은 것이다. 물론 신경성형술을 지지하는 전문가들도 있다. 가급적 조속한 시일 내에 이 문제에 관한 전문가들의 공개토론회가 열렸으면 한다.

문제는 잘못된 자세가 아니다

과거 수십 년 동안 구미 학자들은 척추가 옆으로 휘는 측만증의 원인을 밝혀내기 위하여 생화학·분자생물학·유전학적 연구 등 다양한 연구를 해왔다. 하지만 아직까지 그 원인이 명쾌하게 밝혀지지 않았다. 그동안 유전적인 요인, 평형감각의 이상, 태아 때의 자세 이상 등 여러 가지 가설이 제기된 바 있다. 가령, 유전적인 요인이라는 것은 가족력이 있는 집안에서 측만증 환자가 20배 많이 생긴다거나, 쌍둥이 중 1명이 측만증이면 다른 1명도 측만증이 잘 생긴다는 가설이다.

최근에는 멜라토닌Melatonin이라는 물질에 관한 연구도 진행되고 있다. 이 물질은 장시간의 비행기 여행 후에 생기는 시차jet lag를 극복하기 위한 약제로 사용된다. 멜라토닌은 송과선pineal gland이라는 뇌 속의 작은 부위에서 만들어지는데, 조류의 뇌에서 송과선을 제거해 멜라토닌을 생산하지 못하게 했더니 척추가 휘었다고 한다. 여기에 착안하여 '혹시 측만증과 멜라토닌이 관계가 있지 않을까?' 하는 연구를 시작한 것이다. 하지만 멜라토닌 역시 측만증의 부분적인 원인으로 귀결될 가능성이 높다.

이렇게 원인이 밝혀지지 않는 질병에 대해 특발성idiopathic이라는 단어를 사용한다. 측만증 환자의 90%는 원인이 밝혀지지 않은 특발성 측만증이다. 이 단어는 구미 의학자들의 솔직함과 겸손함을 잘 보여주는 단어이다.

학생들의 책가방이 무거워서, 그리고 책걸상이 나빠서 척추가 휜다는 이야기를 하는 분들을 종종 본다. 언뜻 들으면 맞는 이야기 같다. "하루라도 빨리 학생들의 책가방을 가볍게 해주고 책걸상을 좋은 것으로 바꿔주어야 한다."는 조급한 마음이 들 것이다. 하지만 이는 사실이 아니다. 무거운 책가방, 조잡한 책걸상은 학생들의 요통의 원인이 될 수는 있지만 척추가 휘는 측만증의 원인은 아니다. 의학자들이 수십 년간 연구해도 밝혀내지 못한 측만증의 원인을 아무런 연구도 하지 않고 그냥 지레짐작으로 책가방과 책걸상의 탓으로 돌리는 것은 어불성설이다.

자녀가 측만증 진단을 받게 되면 부모님들은 평소 생활습관이나 공부하는 자세를 바르게 잡아주지 않은 것을 뒤늦게 후회한다. 진료실에서 보면 부모님들은 거의 예외 없이 "자세를 똑바로 하라!"고 자녀들에게 잔소리를 하고, 아이는 "또 그 소리야." 하면서 지겨워하는 것을 본다. 하지만 부모님 앞에서는 잔소리 듣기 싫어서 일시적으로 자세를 바꿀지 몰라도 자기 방에서 혼자 있을 때는 원래의 자세로 돌아간다.

일부 신문에서는 자세를 똑바로 하지 않으면 척추변형이 생기는 것처럼 호들갑을 떨며 바른 자세 캠페인을 벌인다. 자세를 똑바로 하면 숨어 있는 키를 찾을 수도 있다고 이야기한다. 모두 비전문가인 기자들이 정론正論과는 거리가 먼 어설픈 전문가들을 취재하면서 생긴 해프닝이라는 생각이 든다.

한 아이가 취하는 자세는 현재 그 아이가 가지고 있는 '근육의 힘(근력)'과 '골격'이 조화를 이루어 나타난 결과다. 누구나 자신의 근력과 골격 상태에서 가장 효과적인 자세를 취하게 된다. 아이가 취하는 자세가 그 아이로서는 가장 경제적인 자세라는 것이다. 아이가 성장하면서 근력이 커지고 골격이 발달하게 되면 자세는 바뀌게 된다(즉, 좋아지게 된다). 따라서 자녀들에게 자세를 똑바로 하라고 잔소리를 하면서 스트레스를 줄 필요가 없다.

자세와 관련된 몇 가지 오해, 또는 잘못된 생각이 있다. 부모님들이 불안해하는 것은 다 이런 오해 때문이다.

첫째, 자세를 잘못 취하면 척추가 휜다는 오해다. 하지만 측만증의 발생과 자세는 전혀 관계가 없다. 앞에서 말했듯이 측만증의 원인은 아직 밝혀지지 않았다.

둘째, 잘못된 자세 때문에 디스크 같은 척추질환이 생긴다는 오해다. 디스크의 원인 역시 아직 밝혀지지 않았다.

셋째, 자세와 척추변형을 혼동하는 잘못된 생각이다. 자세는 일시적으로 취하는 몸의 형태를 말하는 것이고, 변형은 영구적인 몸의 형태를 말하는 것이다. 신문이나 TV 등의 측만증 관련 보도를 보면 일시적인 자세와 영구적인 척추변형을 혼동한다. 한마디로 뒤죽박죽이다.

실제로 문제가 되는 것은 잘못된 자세라기보다는 같은 자세를 오랜 시간 취하는 것이다. 아무리 좋은 자세라도 그 자세를 오랜 시간 지속할 때 몸에 부담을 주게 된다. 그 예로 중년, 노년 여성의 허리가 굽는 병인 '요부변성후만증'을 들 수 있다. 이것은 중년 여성이 쪼그리고 앉아서 일하는 자세를 하루에 몇 시간씩, 수십 년 동안 취하면서 허리가 굽는 병이다.

자녀가 지금 취하는 자세가 그 아이로서는 가장 경제적인 자세라는 사실을 유념해야 한다. 잘못된 자세로 인하여 병이 생길 가능성은 극히 적은데도 불구하고 "자세를 똑바로 하라."는 잔소리를 반복함으로써 정신적인 스트레스를 주는 것이 더 큰 문제가 될 수 있다. 좋은 자세를 만드는 데는 어릴 적부터 근력운동, 스트레칭 등을 하는 것이 훨씬 더 도움이 된다.

어떤 치료법이든 밝은 면과 어두운 면이 있다

「40세의 주부 K씨는 우연히 신문에서 '측만증 보조기의 효과에 대해서 일부 전문가들이 의문을 제기했다'는 기사를 보게 되었다. 어쩌면 다른 사람들은 눈길도 주지 않았을 이 기사를 보는 순간 K씨는 눈앞이 캄캄해지고 분노가 치밀어 올랐다.

꽃다운 중고등학교 시절 하루 종일 갑옷 같은 보조기를 입고 살았고, 목까지 올라오는 보조기를 감추기 위하여 한 여름에도 목을 가리는 답답한 옷을 입었던 기억이 되살아났다. 밤에 잘 때도 보조기를 입어야 했고, 샤워하고 옷을 갈아입는 한두 시간만 겨우 보조기에서 해방될 수 있었다. 보조기를 차라고 재촉하는 엄마와의 갈등도 생생하게 떠올랐다. 정말로 보조기치료가 별 효과가 없다면 쓸데없는 치료로 날린 자신의 사춘기는 누가 보상해줄지 너무나도 억울했다.」

서 있는 사람을 앞에서 보았을 때 척추는 일자—字로 반듯한 모양이어야 한다. 만약 척추가 일자가 아니라 옆으로 휘어 있다면 비정상이며,

이런 상태를 척추측만증 또는 간단히 측만증이라고 한다.

측만증의 치료원칙은 단순하다. 척추가 휜 각도가 20도 전후로 작을 때는 정기적으로 관찰하고, 25~40도 각도를 보이는 환자는 보조기를 착용하게 하며, 45도 이상으로 각도가 큰 환자는 수술을 한다. 관찰, 보조기, 수술이라는 세 가지 이외의 어떤 치료법도 치료효과가 과학적으로 입증되지 않았다. 교정치료를 많이 하지만 효과가 없다. 넓적한 얼굴을 가진 사람에게 얼굴을 옆에서 눌러주는 교정치료를 한다고 해서 갸름한 얼굴이 되겠는가? 같은 이치다.

측만증 보조기는 척추가 휜 각도가 더 커지는 것을 막기 위하여 1940년대 중반 미국 밀워키 지역의 유명한 척추외과 의사인 브라운트Walter P. Blount가 처음 개발했다. 이 의사의 이름을 따서 '브라운트 보조기'라고도 부르지만, 출신 지역의 이름을 따서 '밀워키 보조기Milwaukee brace'라는 이름으로 더 많이 부른다.

일단 보조기를 착용하게 되면 하루에 22~23시간 동안 착용해야 한다(이것을 풀타임full-time 착용방법이라고 한다). 나머지 1~2시간은 몸을 닦고 척추의 유연성을 기르는 체조를 한다. 측만증 환자는 대부분이 사춘기 여학생인데, 감수성이 가장 예민한 시기에 갑옷과 같은 밀워키 보조기를 하루에 22~23시간씩 착용하는 것은 거의 고문에 가까운 일이다.

그렇다고 하루이틀 착용하고 끝나는 것도 아니다. 보조기의 전체 착용기간은 꽤 길다. 만약 만 12세의 초등학교 6학년 학생이 처음 보조기를 착용했다면, 성장이 끝날 때까지 최소한 2년 이상은 보조기를 착용해야 한다. 밀워키 보조기를 착용하는 많은 학생들이 수치심과 스트레스 때문에 학교생활에도 잘 적응하지 못한다. 때문에 밀워키 보조기는 그 사용빈도가 점차 줄어들어 최근에는 거의 사용되지 않는다.

대안으로 겨드랑이 밑으로 내려가는 보조기를 제한된 시간만(주로 밤에 잘 때) 착용하는 파트타임Part-time 착용방법이 많이 사용된다. 이 방법을 선호하는 의사들은 하루에 8시간만 착용해도 풀타임 방법과 비슷한 효과를 낼 수 있다고 주장한다.

보조기치료는 보조기를 착용하기 싫어하는 사춘기 10대 환자와 보조기를 강요하는 의사, 옆에서 불안해하고 안타까워하는 부모님들의 투쟁이다. 미국의 한 의사가 기술한 다음의 에피소드는 사춘기의 학생들이 보조기 착용을 얼마나 싫어하는지를 보여준다.

「사춘기의 환자 S는 6개월 전부터 측만증 보조기를 착용하는 중이다. 하루에 23시간씩 보조기를 열심히 차고 있다. 하지만 척추변형은 좋아지지도, 나빠지지도 않고 그대로다. 나는 S에게 지금과 같이 보조기를 열심히 착용하고 4개월 뒤에 병원에 와서 다시 엑스레이 검사를 하자고 했다.

그런데 우연히 창문을 내다보니 S가 진료를 마치고 병원 주차장으로 가는 것이 보였다. 그는 차 앞에서 보조기를 풀더니 자동차 뒷좌석에 던져놓았다. 아마도 4개월 뒤에 다시 병원에 올 때 보조기를 주차장에서 착용할 것이다. 보조기는 넉 달 동안 차 뒷좌석에 그대로 있을 게 뻔하다.

부모님과 의사가 강요하니까 마지못해서 보조기를 착용하지만 기회만 되면 갑옷과 같이 답답한 보조기를 풀어버리려고 하는 학생들의 속마음을 보여준다. 이 에피소드에서 중요한 사실을 한 가지 더 발견할 수 있다. 보조기를 제대로 착용하지 않았는데도 측만증이 그다지 나빠지지 않았다는 사실이다.

그렇다면 '보조기를 제대로 착용하지 않는데도 만곡이 커지지 않는다면 보조기를 왜 사용해야 하는가?'라는 의문이 당연히 생겨날 것이다. 보조기를 잘 착용하지 않았음에도 불구하고 정기검진에서 의사로부터 만곡이 더 커지지 않고 잘 유지되고 있다는 이야기를 듣는다면, 보조기치료와 의사에 대한 불신은 점점 더 커질 것이다. S에게 보조기치료는 전혀 필요가 없는 치료가 되어버렸다.

"보조기치료가 과연 필요한가, 그리고 효과가 있는가?"라는 의구심은 사실 대단히 중요한 이야기이다. 왜냐하면 이 에피소드에 등장하는 S뿐 아니라 측만증을 전공하는 의사들 가운데 적지 않은 수가 보조기치료의 효과에 의문을 가지고 있기 때문이다.

보조기치료의 효과가 있느냐 없느냐에 관한 논쟁은 아직까지도 첨예

하게 대립하고 있다. 1940년대 중반 밀워키 보조기가 처음 사용된 이래, 1960~1970년대에 보조기치료는 전성기를 맞았다. 하지만 1980년대 들어서 "보조기치료가 과연 효과가 있는가?"라는 회의적, 부정적인 연구 결과들이 발표되기 시작했다. 보조기치료는 측만증의 진행을 막지 못할 뿐만 아니라, 장기적으로 볼 때 보조기치료를 하지 않은 것과 크게 다르지 않다는 것이다.

보조기치료가 효과가 있다는 기존의 주장을 대표하는 의사들로는 미국의 윈터R. B. Winter, 론스틴J.E. Lonstein 등이 있다. 이들은 1980~1990년대 측만증수술의 메카로 유명했던 미국 미네소타의 트윈시티를 대표하는 의사들로, "보조기치료를 하지 않았다면 수술을 해야 할 정도로 각도가 커질 환자들이 보조기치료를 통해서 각도가 커지지 않았다."고 주장한다. 보조기치료가 효과 없다는 일각의 주장에 대해서 '측만증 치료를 위해서 노력해온 의사들에 대한 모욕'이라는 감정적인 대응까지 할 정도로 보조기치료의 효과를 강력히 주장하면서 보조기 무용론자들을 비난한다.

반면 보조기치료에 반대하는 대표적인 의사들로는 미국 아이오와대학의 와인스타인S. L. Weinstein, 영국의 딕슨 등이 있다. 이들은 보조기 긍정론자들의 주장을 과학적인 근거가 없다고 반박한다. 보조기치료로 당장은 측만증의 각도가 줄어들지만 성장이 끝나서 보조기를 풀고 나면 다시 보조기치료 전의 각도로 돌아가며, 종국에는 보조기치료 여부와 관계없이 원래 그 환자의 측만증이 커지기로 예정되어 있는 각도까지 커진다고 주장한다.

찬성, 반대로 대립하는 위의 네 사람의 의사들 모두 세계적인 명성을 가진 의사들이다. 윈터, 론스틴 등은 한양대학병원의 조재림 교수, 서울대학병원의 이춘기 교수가 미국 연수 중 배운 스승들이고, 와인스타인은 가톨릭대학병원 정형외과의 여러 교수들의 스승이다. 딕슨은 영국 척추학계를 대표하는 의사이다. 이 대가들이 측만증 보조기의 효과에 관해 한 치의 양보도 없이 서로 상대방을 비난하기도 한다.

대가들의 의견이 정반대로 갈리니 환자 입장에서는 갈피를 잡지 못할 것이다. 보조기를 착용하라니까 당연히 착용해야 하는 줄 알고 1년 사시사철 갑옷과 같이 불편한 보조기를 잠자는 시간을 포함해서 하루에 22~23시간씩, 그것도 수년 동안 착용해온 환자들의 입장에서 '보조기치료가 효과 없을 수도 있다'는 회의론은 매우 충격적이고 받아들이기 힘들 것이다. 또한 그동안의 고생을 생각하면 너무 허탈할 것이다.

내가 여기에서 이 논란을 소개하는 것은 보조기 회의론을 주장하기 위함이 아니다. 어떤 치료방법도 그 방법을 선호하는 의사들이 있는 반면에 반대하는 의사들도 있다는 점을 알려주기 위한 것이다. 또 어떤 치료방법도 장점과 단점, 밝은 면과 어두운 면이 함께 있다는 사실을 다시금 강조하기 위해서다. 보조기 효과에 관한 논란이 중요한 또 다른 이유는 '측만증 학교검진의 필요성' 논란과 직결되기 때문이다.

측만증 학교검진의 여러 가지 부작용

척추가 옆으로 휘는 병인 측만증의 유병율은 2% 내외다. 즉 1,000명의 학생이 있는 학교에 가서 검진을 하면 약 20명 정도가 측만증 환자라는 것이다. 이들을 조기에 발견하여 조기에 효과적으로 치료하자는 취지에서 우리나라를 비롯한 미국 대부분의 초중고교에서 학교검진을 하고 있다. 아마 이런 취지에 이의를 제기할 사람은 없을 것이다.

하지만 측만증의 학교검진에 반대하는 의견도 만만치 않다. 영국에서는 측만증의 학교검진이 자칫 여러 가지 부작용을 초래할 수 있다는 판단 하에 1983년부터 시행하지 않고 있다. 학교검진이 조기 발견, 조기 치료에 도움이 되는 것은 너무나도 당연한 것 같은데 도대체 무슨 부작용이 있다는 걸까? 언뜻 이해가 되지 않는다. 무슨 병이든 조기에 발견하는 것은 다 좋은 것 아닌가? 하지만 영국과 같은 의료선진국에서 측만증 검진을 하지 않는 것을 보면 무언가 이유가 있지 않을까? 학교검진의 문제점은 다음과 같이 4가지로 요약할 수 있다.

첫째, 소수의 환자를 발견하기 위하여 다수의 학생들이 피해를 본다는 점이다. 학교검진 과정에서 1명의 측만증 환자를 발견하기 위하여 평균 6명의 학생들이 측만증 의증疑症 진단을 받게 된다. 따라서 5명은 측만증 환자가 아님에도 불구하고 불필요한 엑스레이 검사를 받아야 하고, 측만증이 아니라는 최종판정이 날 때까지 마음고생이 이만저만한 게 아니다. 억울하게 의증 진단을 받은 멀쩡한 학생들 가운데 극심한 정신적 스트레스 때문에 검진 후에 요통을 호소하는 빈도가 늘어난다는 보고도 있다.

둘째, 측만증이라는 병이 '과연 학교검진을 할 만한 병인가?' 하는 점이다. 1977년 서울대학병원의 검진결과, 척추가 10도 이상 휜 학생의 비율은 2.28%, 20도 이상은 0.27%, 30도 이상 0.08%로 아주 소수의 학생들에서 측만증이 발견되었다(이것은 다시 조사할 필요가 없어서 우리나라에 이것 이후에 나온 더 신뢰할 만한 자료는 없다). 또한 학교검진을 통하여 발견되는 측만증은 대부분 10~20도 사이의 경미한 측만증이다. 건강에 위협이 될 정도로 각도가 큰 측만증(30도 이상)은 1,000명 중 1명도 되지 않을 뿐 아니라, 굳이 학교검진을 하지 않아도 조금만 관심을 가지면 가정에서도 쉽게 발견할 수 있다.

셋째, 측만증을 조기에 발견해서 조기에 치료하는 것이 과연 효과가 있느냐는 점이다. 측만증을 조기에 발견하면 보조기로 치료하게 되는데 그 효과에 대해서 전문가들 사이에 여전히 이견이 있다는 점을 앞에서 이야기한 바 있다. 만약 보조기치료의 효과가 없다면 학교검진을 통해 조기에 발견하는 것이 별 도움이 되지 않을 것이다.

넷째, 측만증의 학교검진은 윤리적인 문제ethical problem도 내포하고 있다. 일반적으로 학교검진을 하는 과정에서 해당 질병을 가지고 있는 당사자는 개인적인 신체 결함이 여러 사람들에게 공개되는 불이익을 당하게 된다. 이것만으로도 비윤리적이라는 지적을 받을 수 있다. 개인의 프라이버시가 만천하에 공개되어 당사자의 마음에 평생 지워지지 않는 상처를 남기기 때문이다.

그럼에도 불구하고 검진을 하는 이유는 '검진을 해서 병이 발견되면 잘 고칠 수 있다'는 약속이 전제되기 때문이다. 그러나 이 약속을 100% 확실하게 지킨다고 장담할 수 없다. 보조기치료의 효과에 대해서 전문가들 사이에 이견이 있기 때문이다. 조기치료(보조기치료)의 효과가 확실히 입증되지도 않은 상태에서 공연히 프라이버시만 노출되는 것이다. '측만증이 발견되면 고쳐주겠다'는 약속을 지킬 수 없는데도 불구하고, 어린 학생들의 신체적 비밀을 공개하는 학교검진은 부도덕하고 비윤리적이라는 것이다.

당연한 것으로 알았던 측만증 학교검진의 실상을 심도 있게 파헤쳐 그 문제점을 짚어내는 영국 의사들의 혜안에 경의를 표하지 않을 수 없다. 현재 캐나다는 영국의 입장을 따르고 있으며, 미국은 찬반양론이 팽팽한 상태다.

우리나라에서는 이런 문제점들은 외면한 채 학교검진을 꼭 해야만 한다는 신문이나 방송의 일방적인 기사들을 종종 본다. 측만증검진을 실시하지 않는 일부 학교가 대단히 잘못한 것처럼 비난하는 논조다. 하지만 앞에서 열거한 학교검진의 문제점들을 볼 때 우리나라에서도 여러 당국자들이 모여 학교검진을 계속할 것인지, 중단할 것인지에 대해서 진지하게 검토해야 할 때다. 측만증검진을 하지 않고 있는 학교의 교장선생님들은, 이제 더 이상 스트레스를 받지 않아도 될 것 같다.

의학과 관련된 많은 사안들은 1차원적으로 단순하게 판단하기보다는 여러 가지 관점에서 심도 있게 분석하는 것이 중요하다. 단순하게 생각하면 좋은 점만 있을 것 같아도 다른 관점에서 보면 문제점이 많이 발견되기 때문이다.

새로운 치료방법의 경우도 마찬가지다. 그것을 홍보하는 사람들의 의견만 듣고 밝은 면만 보는 것은 바람직하지 않다. 관점을 달리하면 여러 가지 문제점들이 발견되기 때문이다. 문제점을 찾는 노력을 게을리하면 수년간의 시행착오를 겪은 후에야 겨우 문제점이 발견되고, 그 사이에 억울한 피해를 보는 것은 바로 환자들이다.

무분별한 측만증치료, 악화가 양화를 구축한다

측만증수술은 휘어진 척추뼈 10개 정도를 펴서 하나의 통뼈로 만드는 수술이다. 수술 후에 평생 살아가는 데 지장이 없는지, 대다수의 환자들이 여학생인데 이다음에 시집가서 아이 낳고 부부생활 하는 데 지장이 없는지, 또 나중에 몸속에 집어넣은 금속기기를 빼내야 하는 것은 아닌지, 걱정이 한두 가지가 아니다.

요요마Yo-yo Ma는 대만계의 세계적인 첼리스트다. 1955년 파리에서 태어나 네 살 때 첼로를 배우기 시작하였으며, 미국으로 건너가 아홉 살의 어린 나이에 줄리아드에 입학했다. 1977년 하버드대학을 졸업했고, 이제까지 수많은 앨범을 발표하며 그래미상을 14회나 수상했다. 20세기의 위대한 첼리스트 10인으로 선정되기도 했다. 하지만 어린 시절에 측만증 때문에 첼리스트로서의 생명이 끝날 수도 있는 역경을 극복했다는 사실은 별로 알려지지 않았다.

앞에서 말했듯이 측만증은 사춘기 무렵에 주로 발견되는 병으로 척추가 10도 이상 휜 경우 측만증으로 진단한다. 자녀가 측만증 진단을 받게 되면 부모님들은 평소에 생활습관이나 공부하는 자세를 바르게 잡아주지 않은 것을 뒤늦게 후회하기도 한다. 요요마의 부모님도 비슷한 생각을 했을 것이다. 그러나 후회하거나 안타까워할 일이 아니다. 생활습관이나 공부하는 자세는 측만증의 발병과 관계가 없기 때문이다. 바이올린이나 첼로 같은 악기를 오랫동안 연주한다고 해서 생기는 것도 아니다. 측만증에는 여러 가지 종류가 있지만 대부분은 아직 원인이 밝혀지지 않은 특발성 측만증이다.

척추가 휘어진 각도가 45도 이상인 경우는 수술을 하는데, 첼리스트 요요마의 경우는 25세 때 척추를 똑바로 만드는 수술을 통하여 측만증을 극복했다. 현재 미국 LPGA에서 맹활약하고 있는 미국인 여자 프로골프선수 스테이시 루이스Stacy Lowis는 측만증수술 후 별다른 지장 없이 수준급의 선수로 활동하고 있다. 한국계 당구선수 자넷 리Jeanette Lee도 측만증수술을 받은 바 있다.

요요마와 함께 이들은 측만증수술 후 정상생활을 하는 데 아무런 지장이 없다는 사실을 잘 보여주고 있다. 아이도 낳고 프로선수로 활동할 수도 있으며, 특별한 합병증이 생기지 않는다면 추가적인 수술도 필요 없다. 철근 콘크리트로 건물을 지은 후 나중에 철근만 빼내는 경우가 없는 것과 마찬가지로 몸속의 금속기기를 제거해야 하는 경우도 거의 없다. 측만증수술을 받았다는 사실을 의식하지 말고 친구들과 똑같이 자신 있게 생활하는 것이 중요하다.

각도가 크지 않아 수술을 받지 않는 측만증 환자도 마찬가지다. 외견상 약간 문제가 있을 수 있지만 기능적으로는 정상적인 생활을 하는 데 대부분 문제가 되지 않는다. 인체의 중심이자 기둥인 척추가 똑바르지 않고 휘어 있다는 사실 때문에 일상생활에서 정신적으로 위축되고 자신감이 결여될 수 있다. 평소 측만증이라는 병을 잘 이해하고 긍정적인 생활태도를 갖도록 노력하는 것이 중요하다.

다만 일부 환자들은 휘어진 각도가 점점 더 커지면서 만곡이 심해질 수 있기 때문에 성장이 완료될 때까지 1년에 2~3회의 정기적인 검진을 받는 것이 좋다. 또 중년 이후에 요통이 생길 가능성이 정상인보다 2배 정도 높으므로 이를 예방하기 위하여 젊었을 때부터 허리를 강화시키는 운동을 꾸준히 해서 허리를 강하고 유연하게 유지하는 것이 중요하다.

그런데 요요마처럼 수술을 할 정도로 각도가 크지 않은 환자들의 경우 측만증 진단을 받게 되면 적지 않은 사람들이 교정치료에 매달린다. 또 "조기에 발견하여 교정치료로 고치자."는 주장도 한다. 교정치료가 과연 효과가 있을까?

측만증에 대해 검증된 치료법은 관찰, 보조기치료, 수술의 세 가지밖에 없다. 나머지는 모두 검증되지 않은 방법들이다. 척추가 휘어진 각도가 25도 미만이어서 보조기치료나 수술의 대상이 아닌 경우에는 일단 관찰을 하게 된다. 하지만 치료를 하지 않고 관찰만 하게 되면 부모님의 입장에서는 아무래도 불안할 수밖에 없다. 자식의 척추가 휘어진 상태라는데 왜 의사는 관찰만 하는가? 이런 점을 쉽게 납득하지 못한다. 실제로 '어떻게 가만히 놔두느냐? 의사가 왜 그렇게 무책임하냐?'고 하면서 항의하는 분들도 있다.

이와 같이 답답하고 불안한 심정에서 의존하게 되는 것이 바로 교정이라는 치료방법이다. 뾰족한 치료방법이 없는 현실에서 수술도 하지 않고 고칠 수 있다는 교정치료법은 상당히 매력적으로 들린다.

교정치료는 고대부터 많이 행해져 왔으며 현재까지도 시도되고 있다. 하지만 그 치료효과가 검증되지 않았다. 누구나 교정치료를 받으면 휘어진 척추가 쉽게 교정될 것이라고 생각한다. 하지만 측만증에서 교정치료의 효과를 기대하는 것은 얼굴을 매일 옆에서 눌러주는 교정치료로 동그란 얼굴이 갸름하게 바뀌길 기대하는 것과 같다.

물론 측만증의 교정치료를 주장하는 사람들은 효과가 있다고 이야기한다. 어떤 교정센터에 가면 교정 전 15도였던 만곡이 교정 후 11도로 좋아진 엑스레이 사진을 보여준다. 일반인들로서는 혹할 수밖에 없을 것이다. 하지만 같은 환자도 하루 중 언제 측정하느냐에 따라 10도 정도의 각도 차이가 있을 수 있다. 그러한 사실을 고려하면 이 정도의 각도 변화는 변화가 아니다. 실상은 전혀 변화가 없는 것이다.

휘어진 척추를 바로 잡는다고 한약을 1~2년 이상 먹는 사례도 종종 본다. 한약을 먹는다고 휘어진 척추가 곧아질까? 어불성설이다. 측만증에서는 한방치료, 깔창치료 등 여러 가지 검증되지 않은 치료법들이 거리낌 없이 행해지고 있다. 하긴 침술로 얼굴 주름도 없애고, 유방도 커지게 하는 세상이니 측만증을 치료하기 위해 한약을 복용하는 것쯤은 그리 탓할 일도 못 된다. 악화가 양화를 구축하듯이, 검증되지 않은 치료법들이 검증된 치료법들을 제쳐놓고 마구잡이로 점점 더 널리 행해지는 세태가 우려스러울 따름이다.

주변에서 남들이 어떤 치료를 하느냐에 관심을 갖기보다는 그 치료들이 과연 효과가 검증된 치료법인지 냉철하게 판단해야 한다. 객관적, 과학적, 통계적인 검증과정을 거치지 않았다면 치료효과를 인정받을 수 없다. 검증되지 않은 방법에 돈과 시간을 낭비하는 일이 있어서는 안 될 것이다.

미국에서 척추 분야를 대표하는 가장 권위 있는 학회가 측만증연구학회다. 이 학회는 측만증뿐 아니라 척추에 관한 모든 질병들을 대상으로 하는 학회다. 하지만 '척추학회'라는 이름 대신에 '측만증연구학회'라는 용어를 고집스럽게(?) 사용하고 있다. 측만증이 척추질환 가운데 가장 복잡하고 어려운 분야일 뿐 아니라 학문적으로도 가장 흥미 있는 분야라는 자부심 때문이다. 미국에서 측만증을 치료하는 척추외과 의사들은 대부분 측만증연구학회에 가입해 학술활동을 하고 있다.

측만증연구학회는 현재까지 과거 수십 년 동안 측만증의 기초연구, 원인규명, 역학疫學, 여러 가지 치료방법의 효과 등 측만증에 관련된 모든 연구를 과학적으로 진행하고 있으며 이를 의사들에게 널리 전파하고 있다. 이 학회에서는 측만증의 교정치료와 같이 검증되지 않은 치료는 전혀 인정하지 않는다.

세렌디피티

'세렌디피티'라는 로맨틱 코미디 영화를 본 적이 있다. 크리스마스이브에 백화점에서 선물을 고르던 남녀가 우연히 만나 서로에게 호감을 느낀다. 각자 애인이 있었고 애인에게 줄 선물을 고르다가 만난 것이다. 꿈같이 짧은 시간을 함께한 후 헤어질 때 남자는 전화번호를 교환하자고 하였으나, 여자는 운명적인 계시가 있다면 다시 만나게 될 것이라고 거절한다. 대신 여자는 책 1권을 사서 자신의 전화번호를 적은 후 중고 책 서점에 팔아버리고, 남자는 5달러 지폐에 자신의 전화번호를 적어 물건 살 때 점원에게 그 지폐를 줘버린다.

이후 수년 동안 서로를 잊지 못하고 찾아 헤매다가 우여곡절 끝에 남자는 여자의 책을, 여자는 남자의 지폐를 손에 넣게 되고 결국 두 사람이 다시 만나게 된다는 동화 같은 이야기다. 이 영화에서 세렌디피티는 '운명적 계시'를 뜻한다.

하지만 세렌디피티란 단어의 원래 의미는 '남들이 찾아내지 못하는 것을 우연히 잘 찾아내는 능력' 또는 '운 좋은 발견'이다. 18세기 영국의 소설가 호레이스 월폴Horace Walpole이 '세렌디프의 세 왕자'라는 동화에서 영감을 얻어 만들어낸 단어다. 그 동화는 옛날 옛적 지금의 스리랑카에 해당하는 세렌디프Serendip 왕국의 세 왕자가 항상 우연과 총명함으로 중요한 발견을 해냈다는 내용이다.

개인적으로 나 역시 세렌디피티를 경험한 적이 있다. 1990년대 중반 우연한 발견을 통하여 척추질환 하나를 우리나라 학계에 처음 보고한 것이다. 바로 요부변성후만증(우리나라 중노년 여성의 허리 굽는 병)이라는 병이다. 인터넷에서 내 이름을 치면 '요부변성후만증의 대가大家' 등의 표현이 나온다. 물론 과장된 표현이지만 이 병과 나의 인연이 각별한 것은 분명하다.

1990년대 중반의 어느 날, 60대 초반의 여성 환자가 나를 찾아왔다. 허리가 굽는 것이 주요 증상인 환자였다. 오래전에 디스크수술을 받았으나 증상은 하나도 좋아지지 않았고 오히려 더 심해졌다고 한다. 엑스레이 사진을 보니 허리 부위가 많이 굽어 있었다. 나이가 들면서 꼬부랑 할머니처럼 척추가 구부정해지는 '노인성 후만증'은 등 부위가 주로 굽는 데 반해, 이 환자는 허리 부위가 굽어 있었다.

그때까지 배워온 지식으로는 도저히 이 환자의 병을 설명할 수 없었다. 어떤 책에도 이런 환자는 나와 있지 않았다. 약이 올랐다. 하지만 진단을 내리지 못했으니 해결책은 당연히 없었다. 이 환자의 구부정한 모습과 엑스레이 사진은 내 머리에 깊이 각인되었다.

몇 달이 지난 후, 골절 워크숍 참석차 스위스 다보스Davos에 가게 되었다. 골절 연구의 최첨단을 달리는 AO연구소에서 열리는 워크숍이었다. 과거에 이 연구소에서 두 달 이상 머물렀기 때문에 별로 내키지는 않았지만 이런저런 사정 때문에 참석하지 않을 수 없었다.

워크숍이 열리는 학회장을 둘러보는데 정형외과 관련 서적들이 전시된 부스booth가 한쪽에 자리 잡고 있었다. 시간 여유가 있어 부스에 전시되어 있는 책을 한 권 한 권 꼼꼼히 보게 되었다. 그런데 그중에서 일본 척추외과 의사들의 논문을 모아놓은 책에 눈길이 갔다. 그 책의 논문 가운데 관심 있는 것을 몇 편 골라서 요약abstract부터 결론까지 대충 훑어보았다.

워크숍을 마치고 서울로 돌아오는 비행기에서 졸다 깨다를 반복하던 중, 내 머릿속에 갑자기 몇 달 전에 보았던 허리 굽은 60대 여성 환자가 떠올랐다. 그와 함께 다보스에서 보았던 일본의사의 논문 한 편과 겹쳐지는 것이었다. 일본 원로의사인 다케미쓰 요시하루 선생이 쓴 논문이 바로 이 환자의 상태와 유사한 내용이었던 것이다. 서울에 도착하자마자 다보스 학회장에 연락하여 그 책을 구입하였다.

다케미쓰 선생의 논문은 일본 농촌지역의 '허리 굽는 병'에 관한 논문이었다. 선생은 이 병을 '요부변성후만증lumbar degenerative kyphosis'이라는 병명으로 1988년 일본 학계에 보고했다. 이후 일본에서도 다케미쓰 선생의 논문은 별로 관심을 끌지 못했고, 우리나라에서는 이 병이 보고되지 않았음은 물론 병에 대한 인식이 전혀 없는 상태였다.

관련 논문들을 숙독하면서 허리 굽는 병의 개념을 갖게 되니 우리나라에도 이 병으로 고생하고 있는 환자가 꽤 많다는 사실을 알게 되었다. 1995년 국내 최초로 20명의 요부변성후만증 환자를 보고했고, 이듬해 100명의 환자를 보고했다.

이후 나는 요부변성후만증의 연구에 몰두하여 진단 기준, 수술법 등에 관해서 많은 발표를 했다. 일본에서도 이 병은 수술이 별로 이루어지지 않고 있었다. 나는 짧은 기간에 100명 가까운 환자를 수술했다. 하지만 어떤 환자는 수술 후 허리가 쭉 펴지면서 매우 만족해하는 반면, 어떤 환자는 수술로 허리를 펴주어도 보행하면서 다시 굽는 것을 발견하게 되었다. 나는 또다시 딜레마에 빠졌다.

요부변성후만증이 생기는 원인은 쪼그리고 앉아서 일하는 습관 때문이다. 수십 년 동안 쪼그리고 앉아 일하다 보면 허리를 펴주는 '신전근육extensor muscle'이 망가져 허리가 굽게 되는 것이다. 수술법은 허리뼈 하나를 부분 제거하여 굽은 허리를 펴주는 것이다. 그런데 어떤 환자는 수술 후 똑바로 서서 걷게 되고, 어떤 환자는 다시 굽어지는데 왜 그런지 도무지 이해를 할 수 없었다. MRI, CT 등의 정밀검사도 도움이 되지 않았다. 문제해결에 결정적으로 도움을 준 것은 '보행분석검사Gait analysis'였다. 여기에도 세렌디피티, 즉 운 좋은 발견이 한몫했다.

1992년 UC샌디에이고 병원에서 1년 동안 연수를 할 때 정년퇴임을 한 할아버지 의사 한 분이 계셨다. 뇌성마비 환자의 보행을 분석하는 분야에서 세계적 대가인 서덜랜드David Sutherland 교수였다. 이 분은 현역에서 물러나 보행검사실에서 파트타임으로 일을 하고 있었다. 심심하면 나를 불러 이런저런 이야기도 하고 보행분석검사를 가르쳐줬다. 척추와는 전혀 관련이 없는 뇌성마비 분야의 검사라서, 나는 설명을 들으면서도 내심 시간낭비라는 생각을 떨칠 수 없었다.

  요부변성후만증으로 수술받은 환자 가운데 왜 어떤 환자는 허리가 완벽하게 펴지고, 어떤 환자는 보행할 때 허리가 다시 굽어지는지 고민을 하던 중 그때 배웠던 보행분석검사가 떠올랐다. 결론부터 말하자면, 나는 이 검사를 통하여 원인을 찾아낼 수 있었다. 바로 엉덩이 근육의 문제였다.

  요부변성후만증은 허리를 펴주는 신전근육이 망가지면서 허리가 굽어지는 병이다. 그런데 허리의 신전근육이 망가졌어도 엉덩이근육이 정상인 환자는 수술 이후에 좋은 경과를 보이는 반면, 엉덩이근육까지 망가져 제 역할을 못하는 환자는 허리 펴는 수술을 해도 보행 중에 다시 굽어지는 것이었다. 엉덩이근육이 제 역할을 하는지 못 하는지는 보행분석검사로만 알 수 있는데, 보행분석검사상 엉덩이근육이 제 역할을 하지 못하는 환자는 절대로 수술을 해서는 안 된다.

  나는 요부변성후만증에서 엉덩이근육의 중요성과 보행분석검사의 유용성에 대한 연구논문을 2000년 호주 케이언스Cairns에서 열린 측만증연구학회에서 발표했다. 앞에서도 말했지만 척추외과 분야에서 가장 권위 있는 학회다. 이 논문은 학회에 참가한 수백 편의 논문 가운데 최우수논문의 차점자1st runner-up로 선정되었을 정도로 인정을 받았고 척추 분야 최고의 학술지인 〈척추〉에도 게재되었다.

다케미쓰 선생은 외국 학회에서 나를 만날 때마다 고맙다고 인사를 했다. 자기가 처음 보고했지만 관심을 끌지 못했던 요부변성후만증을 중요 질환으로 인식시켜준 데 대한 고마움 때문이었을 것이다.

내가 요부변성후만증이라는 병을 우리나라 학계에 처음 보고하고, 엉덩이근육의 중요성을 발견하는 과정은 세렌디피티 그 자체였다. '의도하지 않았으나 우연히 귀중한 것을 발견한 경우' 또는 '운 좋은 발견'이었으니 말이다. 별로 내키지 않았던 스위스 다보스 워크숍에 참석하지 않았더라면, 혹은 시간낭비라고 생각했던 보행분석검사를 배우지 않았더라면 나에게 그런 세렌디피티는 없었을 것이다.

세상사가 다 그렇겠지만, 세렌디피티도 준비된 사람에게만 찾아온다고 한다. 세상을 살면서 간혹 별로 내키지 않거나 도움이 되지 않는 일을 억지로 해야 할 때가 있다. 이럴 때 그냥 무던하게 '이건 내가 해야 하는 일인가 보다' 하고 담담하게 받아들이면 때로는 '운 좋은 발견'이라는 보답이 돌아오기도 한다. 매사에 최선을 다하라는 말이다. 이런 게 바로 '진인사대천명盡人事而待天命'이 아닐까.

참고로 평소에 자세를 똑바로 하라고 자녀들에게 잔소리를 많이 한다. 하지만 '잘못된 자세'는 척추가 휘는 것이나 굽는 것과 직접적인 인과관계가 없다. 척추가 옆으로 휘는 것은 대부분 '특발성(원인을 알 수 없이 일어나는 현상)'이며, 척추가 앞으로 굽는 것은 대부분 '퇴행성(나이 들면서 동반되는 노화 현상)'이다.

반면 '잘못된 습관'은 척추 변형을 초래할 수 있다. 바로 요부변성후만증이다. 오랜 기간 논밭이나 방바닥에서 쪼그리고 앉아 일하는 습관은 허리의 신전근을 망가뜨리면서 허리를 굽어지게 한다. 평소에 쪼그리고 앉아서 일하는 습관을 버리고 가급적 의자나 소파에 앉아 일하는 습관을 갖는 것이 중요하다. 사소한 습관의 차이가 노년기 삶의 질을 결정한다.

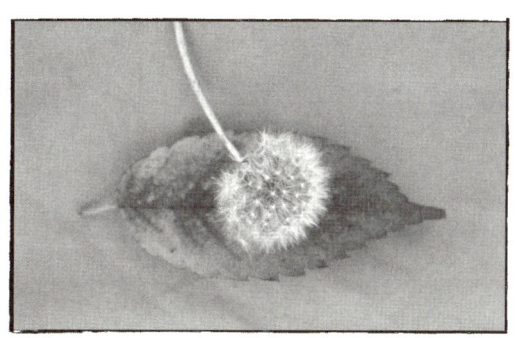

세상사가 다 그렇겠지만,
세렌디피티도 준비된 사람에게만 찾아온다고 한다.
세상을 살면서 간혹 별로 내키지 않거나
도움이 되지 않는 일을 억지로 해야 할 때가 있다.
이럴 때 그냥 무던하게 '이건 내가 해야 하는 일인가 보다' 하고
담담하게 받아들이면 때로는 '운 좋은 발견'이라는 보답이 돌아오기도 한다.
매사에 최선을 다하라는 말이다.
이런 게 바로 '진인사대천명'이 아닐까.

100세 시대의 허리 건강

　바야흐로 100세 시대다. 수명이 늘어나면서 척추질환으로 고생하는 노인 분들도 점점 많아지고 있다. 척추질환 가운데 특히 척추관협착증은 얼굴에 주름살이 생기는 것과 마찬가지로 노화현상의 하나로 나타나기 때문에 장수하는 분이라면 누구나 피해갈 수 없다. 협착증은 조금만 걸어도 엉덩이와 다리가 저리고 아픈 증상이 나타나 보행에 지장을 준다. 몸의 다른 부분이 아무리 건강해도 걷는 게 불편하니 여간 괴로운 게 아니다.

　젊은 사람들의 질병인 허리디스크는 특별한 치료를 하지 않아도 한두 달 정도 시간이 지나면서 자연치유되는 빈도가 높다. 하지만 노인들의 병인 척추관협착증은 수술을 해야 하는 경우가 많다. 협착증이 심해서 수술을 하게 되면 몸속에 타이타늄titanium으로 만든 나사못이 들어가는 큰 수술을 해야 한다니 걱정이 이만저만한 게 아니다. 신문을 보면 간단한 수술로 협착증을 치료할 수 있다고 하는데, 혹시 협착증이 심해지기 전에 간단한 수술로 미리 예방할 수 없을까 하고 궁금해하는 분들이 많다.

노인들의 척추질환인 척추관협착증에 대해 부담스러운 큰 수술을 피하고, 체력이 약한 노인들에게 별로 부담을 주지 않는 간단한 맞춤형 수술을 한다는 광고들을 종종 본다. 환자 입장에서는 정말로 반가운 소식이 아닐 수 없다. 하지만 간단히, 손쉽게 돈을 벌 수 있다는 광고가 대부분 사실이 아니듯이, 간단한 수술로 척추질환을 고칠 수 있다는 것도 사실이 아니다.

간단한 수술로 좋아질 환자는 수술을 하지 않아도 좋아지는 경우가 대부분이며, 정말로 수술을 필요로 하는 환자는 간단한 수술만으로는 해결되지 않는다. 달리 이야기하면 간단한 수술은 사실 불필요한 수술일 가능성이 높다고 할 수 있다. 세상에 공짜가 없다는 금언이 척추수술에도 해당되는 것이다.

그렇다면 이다음에 큰 척추수술 받아야 하는 것을 방지하기 위하여 미리 예방적으로 부담이 적은 척추수술을 받는 것을 고려해볼 수 있을까? 척추수술이 맹장수술이나 담낭을 떼어내는 수술과 다른 점은 수술로 얻는 것과 동시에 잃는 것이 있다는 사실이다. 따라서 수술이 효과를 보려면 잃는 것보다 얻는 것이 월등히 많아야 한다. 얻는 것과 잃는 것이 비슷하거나 반대로 잃는 것이 더 많다면 그 수술은 해서는 안 될 수술이다. 일반적으로 예방 목적의 척추수술을 적극적으로 권하지 않는 이유는, 수술로 얻는 것과 잃는 것의 차이가 별로 없거나 때로는 잃는 것이 더 많기 때문이다.

노인이 되면서 척추관협착증 등의 척추질환이 생기는 것은 어쩔 수 없는 자연현상이다. 자연스럽게 받아들여야 할 것을 억지로 막으려고 간단한 수술, 예방수술 등을 하다 보면 오히려 더 큰 부작용에 시달릴 수 있다. 수술보다는 평소 여러 운동(걷기, 등산, 수영, 스트레칭, 요가 등)을 적극적으로 하여 척추를 지탱해주는 근육을 강하고 부드럽게 유지해주는 것이 척추질환의 가장 좋은, 그리고 손쉬운 치료법이자 예방법이라는 점을 명심해야 할 것이다.

허리디스크, 요통 등의 허리병을 치료한다는 보조기는 어떨까? 요즘 신문이나 홈쇼핑 등에서 보조기 광고를 많이 볼 수 있다. 과연 보조기로 허리병을 낫게 할 수 있는지 궁금해하는 분들이 많다. 디스크 치료에서 보조기를 사용하는 이유는 크게 두 가지로 요약할 수 있다.

첫째, 보조기로 허리를 움직이지 않게 고정함으로써 통증을 완화시킨다는 것이다. 팔, 다리에 골절이나 골수염이 생기면 부목으로 병이 생긴 부위를 고정한다. 움직이지 않으면 통증이 줄어들기 때문이다. 허리병에서 보조기를 사용하는 것도 마찬가지의 원리다.

하지만 보조기로 과연 허리를 효과적으로 고정할 수 있는지에 대해서는 반론이 만만치 않다. 허리뼈 1~4번 사이는 보조기로 잘 고정되는 반면, 정작 가장 중요한 분절인 4~5번 허리뼈와 1번 천추뼈 사이의 분절은 오히려 더 많이 움직이게 된다는 연구결과도 있다. 즉, 보조기가 허리를 완전히 고정할 수 없으며 따라서 생각하는 것만큼 효과가 없다는 것이다.

보조기를 사용하는 두 번째 이유는 튀어나온 디스크를 도로 집어넣는다는 것이다. 최근 이런 목적으로 허리를 위아래로 견인하는 공기주입식 보조기가 여러 종류로 소개되고 있다. 하지만 효과적으로 견인하려면 체중의 25% 정도의 힘이 필요한데 공기를 주입하는 정도의 작은 견인력으로 디스크가 들어갈 가능성은 거의 없다.

보조기가 그나마 효과가 있는 것은 복압을 높여 허리를 지지해주기 때문이다. 말 그대로 '복대' 효과다. 또 허리를 의식하게 만들기 때문에 조심스럽게 행동하도록 한다. 따라서 보조기는 오랜 기간 누워 있다가 움직이기 시작할 때, 혹은 나이가 많은 환자의 약한 허리에 도움이 된다.

보조기를 사용할 때 가장 주의해야 할 점은, 가급적이면 꼭 필요한 기간 동안에만 사용해야 한다는 것이다. 보조기를 오랫동안 계속 사용하게 되면 허리근육이 약해져서 보조기 없이는 생활하기 힘든 약한 허리가 된다. 즉, 보조기에 의존하게 되는 것이다. 그러므로 가능하면 빨리 보조기를 풀고 허리근육을 튼튼하게 만드는 운동을 시작하는 것이 좋다. 근육운동을 통해 허리근육을 보조기만큼 강하게 만들어서 허리를 든든히 지지해주도록 하는 것이 중요하다.

척추수술 분야의 일대 전환점이 된 나사못수술

척추수술을 해야 하는 환자에게 몸속에 나사못기계가 들어간다고 하면 대부분 크게 낙담한다. 하지만 나사못기계는 잘만 사용하면 대단히 고마운 기계다.

도구는 지난 수백 년 동안 시행착오를 거치며 우리 몸과 마찬가지로 진화해왔다. 그래서 '도구는 신체의 확장'이라고도 한다. 지난 1,000년 동안 만들어진 도구들 가운데 가장 유용한 도구는 무엇일까? 망치, 톱, 대패, 안경, 클립…. 〈뉴욕타임스〉는 밀레니엄 최고의 도구로 나사와 나사돌리개를 선정했다.

헨리 필립스Henry Phillips라는 사람은 일자 나사의 부실한 홈 때문에 고생을 하다가 해결책을 찾아내 큰 부자가 되었다고 한다. 해결책은 간단했다. 홈을 하나 더 파서 일자형 나사못을 십자형으로 만드는 것이었다 (여기까지는 사실이지만 이 다음은 '믿거나 말거나'다).

필립스는 그렇게 번 돈으로 커다란 전구회사도 차렸고, 그 회사는 발전해서 가전제품을 만드는 유명한 대기업Philips으로 성장했다고 한다. 어떤 사람은 이 이야기가 사실이 아니라며 발명가 헨리 필립스는 엘(l)이 2개 있는 필립스라고 지적한다. 그리고 결정적으로 전자회사 필립스는 헨리 필립스가 태어난 다음 해에 설립되었다는 것이다.

어쨌거나 척추관협착증이 심한 환자는 좁아진 척추관을 넓혀주는 수술을 받게 된다. 주변의 뼈나 관절을 제거하여 공간을 넓혀줌으로써 오랜 기간 압박된 신경을 풀어주는 것이다. 이를 '신경감압술'이라고 한다. 감압술을 하고 나면 그 마디가 불안정해지는데 이것을 그냥 놔두면 장기적으로 여러 가지 문제를 일으키기 때문에 '척추유합술'로 안정화시켜 주게 된다. 따라서 척추관협착증 수술은 '신경감압술+척추유합술'로 요약할 수 있다.

동서양의 음식이 합쳐진 퓨전음식fusion food이 한동안 유행했다. 퓨전fusion이란 서로 합쳐진다는 뜻이다. 척추유합술 역시 퓨전이라고 부른다. 인접해 있는 척추뼈들을 나사못기계를 이용하여 고정한 후, 뼈이식을 통하여 1개의 통뼈로 합쳐주기 때문이다. 척추유합술은 퇴행성 척추질환, 척추골절, 척추기형(측만증), 목디스크 등 대부분의 척추질환에서 표준 수술방법이다.

척추유합술에서 사용하는 나사못기계는 척추뼈의 '척추경'이라고 부르는 부위에 삽입하기 때문에 '척추경 나사못'이라고 부른다. 많은 환자들이 몸속에 나사못이 박히는 것에 대해서 겁을 내고 거부감을 보인다.

하지만 사실은 대단히 고마운 기계다.

 1980년대 중반 이전에는 척추경 나사못이 없었기 때문에 나사못 대신 훅hook이라는 기계를 사용했다. 이 기계는 고정력이 떨어져 수술 후 이식한 뼈가 굳을 때까지 온몸에 깁스를 하고 꼼짝없이 누워 대소변을 받아내야 했다. 깁스를 하는 기간이 척추관협착증 수술에는 3개월, 측만증수술에서는 6~9개월 정도였으니 환자의 괴로움은 상상조차 하기 힘들다. 피부가 상하는 것은 물론 때로는 깁스 속에서 구더기가 생기기도 했다.

 반면 나사못기계를 사용하게 된 이후, 환자는 수술 후 4~5일이면 혼자서 걷고 화장실도 갈 수 있다. 움직이면서도 뼈가 굳을 수 있도록 척추뼈들을 견고하게 고정해주는 척추경 나사못의 개발은 MRI 검사와 함께 척추수술 분야의 획기적인 발전을 가능하게 한 일대 전환점이었다.

 그러나 아무리 좋은 문명의 이기도 널리 사용하다 보면 문제점이 발견된다. 나사못을 이용한 유합술도 마찬가지다. 수술 후 몇 년이 지나면서 바로 윗마디에 스트레스가 집중되어 새로운 협착증이 발생하는 '인접분절문제adjacent segment problem'가 대표적인 예이다. 이 문제를 극복하기 위하여 인공디스크, 연성고정술 등의 새로운 수술법들이 개발되어 사용되고 있다. 하지만 이 방법들은 그 대상이 아주 제한적이다. 특히 연성고정술은 아직 검증되지 않았고 문제가 많은 방법이다. 요약하면, 척추경 나사못수술은 현재 널리 사용되고 있는 표준 수술방법이며, 나의 개인적인 생각으로는 앞으로도 그럴 것 같다.

척추외과 의사가 되는 과정은 나사못을 척추경에 안전하게 삽입하는 것을 배우면서 시작한다. 척추외과를 전공한 지 20년이 넘은 의사들도 척추뼈에 나사못을 삽입하는 데 종종 어려움을 겪는다. 특히 뒤틀리고 휘어진 측만증 환자의 경우 나사못을 정확하게 박는 것은 쉬운 일이 아니다.

아는 사람은
말이 없고
말이 많은 사람은
알지 못한다

Part 4

●

'지자불언知者不言, 언자부지言者不知'라는 말이 있다. '아는 사람은 말이 없고, 말이 많은 사람은 알지 못한다'는 뜻이다. 요즘 우리 의료계는 비전문가들이 너무 큰 목소리를 내고 있다. 이미 위험수위를 넘어섰다. 어이없을 정도로 과장이 심한 의료광고부터, 검증되지 않은 사이비 의술의 난립까지, 총체적인 난국이다. 전문가의 한 사람으로서 우리 국민들이 당하고 있는 이 엄청난 피해를 더 이상 지켜볼 수만은 없다는 생각이 들었다. 이 파트에서는 전문가 집단의 사회적 책임에 대해 생각해보고, 우리 사회에 귀감이 될 만한 동서양의 선각자들을 소개한다.

어느 곤충학자의 진지한 결론

곤충학자가 벼룩에 관한 실험을 했다. 1단계 실험에서 벼룩을 보고 "뛰어!" 하고 명령하니까 벼룩이 톡톡 잘 뛰었다. 2단계 실험에서 벼룩의 다리를 다 떼어내고 다시 "뛰어!" 하니까 벼룩은 꼼짝도 하지 않았다. 두 단계의 실험을 통하여 이 곤충학자는 다음과 같이 결론을 내렸다. "벼룩은 다리를 떼어내면 잘 듣지 못한다."

어리석은 곤충학자의 황당한 결론이라고 웃고 흘려버릴 수도 있는 농담이다. 하지만 세심하게 살펴보면 주변에서 이와 같은 황당한 일들을 종종 접할 수 있다.

「40대 초반의 남자 환자 A씨는 오랜 시간 바둑을 두고 난 후 허리가 뻐근한 증상이 생겨 MRI 검사를 했다. MRI 사진에서는 별다른 이상이 발견되지 않았지만 왠지 불안한 마음에 척추전문병원을 찾았다. 그 병원에서는 A씨에게 요통의 원인이 디스크 이상이라면서 고주파치료를 권했다. 그런데 고주파치료를 받고 몇 달이 지났지만 증상은 호전되지 않았다. A씨는 다른 전문병원을 찾았고, 거기에서는 이번에 새로 나온 치료법이라면서 오존치료를 권했다. 하지만 오존치료를 받은 후에도 요통은 호전되지 않았고 오히려 더 심해져 일상생활이 힘들어졌다. A씨는 답답한 마음에 이 병원, 저 병원 찾아다녔지만 뾰족한 방안은 없었다. 오히려 가는 곳마다 '왜 검증되지 않은 오존치료, 고주파치료 같은 것을 받아서 허리를 망가뜨렸느냐'는 이야기만 여러 번 들었다. 엉뚱한 치료로 괜히 병세를 악화시켰다는 것이 너무 억울한 A씨. 밤에 잠도 안 올 정도였다. 결국 불면증까지 걸린 A씨는 매일 술을 마시고 사회생활도 거의 못 하는 폐인이 되었다.

오존치료나 고주파치료는 한때 새로운 디스크 치료법이라고 언론을 통하여 크게 소개된 적이 있다. 하지만 현재는 거의 사용되지 않고 있다. 특히 오존치료는 대다수 전문가들이 국적불명, 정체불명의 치료라고 비난한다. 이런 치료방법들을 처음 소개했던 의사들은 "오존치료를 해서 요통이 좋아졌다. 그렇다면 치료효과가 있는 것 아닌가?"라고 주장한다. 하지만 이런 주장은 앞의 곤충학자와 별로 다르지 않다.

오존치료나 고주파치료로 요통 증상이 좋아진 경우, 과연 이런 치료들 때문인지, 아니면 치료를 받느라 누워서 쉬었기 때문인지, 아니면 함께 사용한 진통 소염제나 물리치료 때문인지 분명치 않다. 요통에 영향을 미치는 변수가 너무나 많기 때문이다. 이 변수들을 하나하나 과학적으로 검증하지 않은 상태에서 '오존치료나 고주파치료를 하고 증상이 좋아졌으니까 이들 치료는 효과가 있다'는 주장은 앞의 곤충학자의 비과학적인 주장과 다를 바 없다.

특정한 치료법이 효과가 있는지 없는지 판단하는 과정은 결코 쉬운 문제가 아니다. 증상에 영향을 미치는 여러 변수들을 함께 고려해야 하기 때문이다. 백번 양보하여 이들 치료방법이 몇몇 환자에게 효과가 있었다 하더라도, 모든 환자에게 효과가 있는 것으로 일반화시켜서는 안 된다. '다리가 없으면 못 듣는다'는 결론을 내린 곤충학자처럼, 자신의 전문 분야에서 동료 전문가들의 의견을 무시한 채 독단적으로 엉뚱한 결론을 주장하는 사람들이 우리 주변에는 많이 있다.

A씨의 사례를 통하여 몇 가지 교훈을 생각해볼 수 있다.

첫째, 자신의 신체는 완벽해야 한다는 강박감이 오히려 부작용을 초래할 수 있다는 사실이다. 나이가 들면서 허리가 아픈 것은 자연스러운 것이며, 어느 정도 불편함은 감수한다는 여유로운 마음가짐을 가졌더라면 A씨와 같은 불행한 사태는 생기지 않았을 것이다.

둘째, 돌이켜 생각해보면 맨 처음으로 돌아가 오랜 시간 바둑을 두고 나서 허리가 뻐근했을 때, 허리를 부드럽게 풀어주는 스트레칭 운동만 잘 했어도 증상이 좋아졌을 것이다. 허리가 아플 때 다른 어떤 치료보다 가장 먼저 시도해봐야 할 치료가 바로 운동치료다. 대부분의 경우 부작용도 없고 효과도 좋다.

셋째, 꼭 치료를 받아야 한다면 반드시 과학적이고 객관적으로 검증된 치료방법을 선택해야 한다. 하지만 일반인 입장에서 어떤 치료법이 검증된 방법인지 판단하는 것이 쉽지 않다. 간단한 팁을 주자면, 검증되지 않은 방법들은 대개 달콤한 말로 과대포장을 하는 경향이 있다는 것이다. 또한 첨단 치료법이라는 인상을 주는 용어를 자주 사용한다. 레이저, 고주파, 오존 등이 그 예다.

혹세무민하는 온갖 치료법의 홍수 속에서 환자들 스스로가 정신을 바짝 차리고 바른 길을 찾는 것이 중요하다. 검증되지 않은 치료(또는 사이비 의료)를 감별하는 데는 다음과 같은 지침이 도움이 될 것이다. 이 지침은 인도주의실천의사협의회가 권고하는 사항이다.

1. 난치병에 대해서 완벽한 치료효과를 보장한다.
2. 연예인, 운동선수, 정치인 등의 유명인사의 완치 사례나 추천을 활용한다.
3. 왜 완치될 수 있는지 과학적 근거를 설명하지 못한다.
4. 일반적으로 통용되는 치료법은 해로우며 자신들의 치료법을 안 쓰면 큰일 날 것처럼 이야기한다.
5. 자신들의 치료법은 기적이라면서 치료법의 근거 등을 물으면 비밀이라고 이야기한다.
6. 현재는 비판받지만 미래에는 인정받을 것이라거나, 기존 의료계가

기득권을 지키기 위해 자신들을 탄압하고 있다고 주장한다.
7. 비용이 턱없이 비싸다.

어떤 치료법이 검증된 치료법인지 아닌지 판단하는 것이 쉽지 않은 것처럼, 어떤 전문가가 진짜 전문가인지 사이비 아마추어 전문가인지 판단하는 것 역시 쉽지 않다. 의료는 결코 아마추어들이 설칠 분야가 아니다. 프로와 아마추어의 차이를 알아보자.

내 주변의 의료인들 가운데는 자신의 전문 분야가 아닌 분야에서도 발군의 실력을 발휘하는 사람들이 꽤 많다. 여가를 즐기기 위하여 시작한 취미활동이 거의 전문가 수준에 달해 본업을 무색하게 하는 사람들도 심심치 않게 본다. 언더파를 칠 정도로 탁월한 골프 실력을 가진 사람도 있고, 개인 연주회나 전시회를 열어도 될 정도로 음악이나 미술에 심취해 있는 사람도 있다. 오페라에 대해 전문가 못지않은 일가견이 있는 사람이나, 주식 책을 펴낼 정도로 주식에 식견이 높은 사람도 있다.

이들 가운데 적지 않은 사람들이 매스컴 등을 통하여 유명세를 타기도 한다. 전공이 아닌 분야에서 각고의 노력 끝에 수준급의 실력에 도달한 것이니, 이런 사람들이 부러움의 대상이 되거나 화제의 인물로 부각되는 것은 당연하다. 하지만 간혹 유명해지는 정도가 지나친 경우도 있다. 해당 분야의 진짜 전문가들 대신 이런 사람을 더 조예가 깊은 전문가로 칭송하는 경우다. 이는 그리 바람직한 현상은 아닌 것 같다.

언제부터인가 사람들은 자신의 전공과 동떨어진 분야에서 탁월한 솜씨를 발휘하는 사람들에 대해서 경외의 눈길을 보내곤 한다. 그러나 이들은 결코 그 분야에서 프로가 아니다. 단지 아마추어 고수일 뿐이다. 아마추어 골프의 최고 고수라고 자부해도 골프를 전공하는 중학생 선수를 이기지 못할 것이고, 취미로 바이올린을 평생 연주했다 해도 바이올린을 전공하는 예술중학교 1학년 학생을 당해내지 못한다. 평소 노래에 자신이 있고 노래방에만 가면 좌중을 압도하는 실력을 가졌다 해도, 직업 가수나 성악가 앞에서는 감히 명함을 내밀지 못할 것이다.

일반적으로 프로와 아마추어는 비교의 대상이 되지 못한다. 프로와 달리 아마추어는 아무리 노력해도 한계가 있기 때문이다. 어떤 사람이 평소에 척추에 관심이 커서 시중에 나와 있는 척추 관련 책을 모조리 구해서 수년간 공부를 했다고 치자. 그렇다고 그가 과연 척추 분야의 전문가가 될 수 있을까? 척추 전문가인 척추외과 의사들이 보기에는 설익은 아마추어에 지나지 않을 따름이다.

언제부터인가 설익은 아마추어들이 사회 각 분야에서 목소리를 높이기 시작했고, 급기야 이들이 전문가로 인정받는 이상한 풍토가 조성되었다. 의료 분야도 예외가 아니다. 의료와 관련된 여러 입법 과정에서 목소리를 높이는 시민단체들이 그 예라고 할 수 있다. 우리 사회가 더욱 성숙한 단계로 발전하려면 아마추어 전문가나 시민단체가 아닌 그 분야의 진짜 전문가들의 의견이 존중되어야 한다. 또한 자신의 전공 분야를 떠나 외도(?)하는 사람들보다 자신의 전공 분야에서 소리 없이 일로매진(一路邁進, 한길로 곧장 거침없이 나아간다는 뜻)하는 사람들이 더욱 각광받고 존중받는 풍토가 조성되어야 할 것이다.

이쑤시개를 이용한 가짜 침치료

만성요통에 '침치료'가 과연 효과가 있을까? 이 점에 관해서 많은 연구가 이루어졌지만 가장 권위 있다고 인정받는 연구는, 독일에서 진행되어 2007년 발표된 논문과 미국에서 진행되어 2009년 발표된 논문이다. 두 논문 모두 RCT라는 연구방식을 취하고 있기 때문에 높은 평가를 받고 있다.

연구방식에는 여러 형태가 있지만 가장 신뢰도가 높다고 인정받는 형태는 RCT이다. 최근에는 RCT가 아닌 논문은 현저히 평가절하되는 경향이 있을 정도로 RCT 연구방식이 강조되고 있다. RCT 연구방식을 간단히 설명하면 이렇다. 새로 만든 진통제가 과연 효과가 있는지 확인하는 과정을 예로 들어보겠다. 임의로randomized 선정된 100명의 환자에게 새로 만든 진통제를 처방하고, 다른 100명의 환자에게 그 진통제와 똑같은 모양의 밀가루로 만든 약을 처방한다. 밀가루 약을 처방받은 환자 그룹을 대조군control group이라고 한다. 환자는 자신이 어느 그룹에 속하는지 모르고, 처방하는 의사 역시 알 수 없다. 즉 맹검blinded 상태에서 진짜 약을 준 그룹과 대조군 그룹의 치료효과를 비교하는 연구방식이 바로 RCT이다.

앞에서 말한 2007년, 2009년의 두 논문 모두 RCT 방식의 연구로, 미국의사회가 발간하는 유명 학술지 〈내과의학회보 Archives of Internal Medicine〉에 발표되면서 침치료의 효능에 관한 가장 신뢰성 높은 문헌으로 많이 인용되고 있다.

두 논문은 별개로 진행된 연구지만 비슷한 아이디어를 사용했다. 만성요통을 보이는 환자를 크게 3그룹으로 나누어 첫째 그룹은 침으로 치료했고, 둘째 그룹은 가짜 침으로 치료했으며, 셋째 그룹은 물리치료, 약물치료, 운동치료 등의 전통적인 방법으로 치료하여 결과를 비교했다.

재미있는 것은 '가짜 침' 그룹이다. 이 그룹의 환자들은 자신들이 침으로 치료받는 것으로 알고 있었지만 실제로는 이쑤시개 toothpick를 침 대신 사용하였다. 연구자들은 이를 '플라세보 침 placebo acupuncture' 또는 '가장된 침 simulated acupuncture'이라고 불렀다.

연구결과를 보면, 2007년 독일 연구의 경우, 3개 그룹의 치료 성공률은 각각 47.6%, 44.2%, 27.4%이었다. '침치료'와 이쑤시개를 이용한 '가짜 침치료'가 전통적인 치료법(물리치료, 약물치료, 운동치료)보다 높은 성공률을 보인 것이다. 2009년 미국의 연구도 비슷한 결과를 발표하였고, 침치료에 관한 다른 23개의 RCT 논문에서도 유사한 결과를 확인할 수 있었다. 이러한 연구결과들을 근거로 의료선진국인 독일(2006년), 미국(2007년), 영국(2009년)에서는 '침치료'를 만성요통 치료법의 하나second-line therapy로 인정하게 되었다.

여기까지 읽고 독자 여러분들이 어떤 생각을 하는지 궁금해진다. '침치료가 정말 효과가 있구나!' 하고 감탄하는 분들도 있을 것이고, '이쑤시개로 찔러서 침치료와 비슷한 효과를 얻었다면 침치료는 가짜가 아닌가?'라고 근본적인 의문을 제기하는 분들도 있을 것이다.

실제로 위의 두 논문이 발표된 후 전문가들 사이에서도 많은 논쟁이 벌어졌다. '침치료'가 물리치료, 약물치료, 운동치료보다 치료효과가 높다면 당연히 사용되어야 한다고 주장하는 전문가들이 있는 반면, 이쑤시개로 찌르는 것과 차이가 없다면 침치료는 단지 위약효과에 불과할 뿐 과학적으로는 효과가 없는 게 아니냐고 목소리를 높이는 전문가들도 있다.

침치료를 옹호하는 전문가들은 대부분 값싼 침치료를 이용하여 의료에 소요되는 비용을 줄이려는 데 관심을 가진 의료정책 분야의 전문가들이다. 이들은 '환자중심의료'를 지지하면서, '환자가 좋다고 하면 다 좋은 치료법'이라는 이유로 침치료를 지지한다. 반면 침치료를 비판하는 전문가들은 '근거중심의학'을 내세우며 의료의 과학적인 측면을 강조하는 쪽이다. 대표적인 사람들이 2011년 〈척추〉에 침치료에 대한 비판적인 입장을 제기한 하버드대 의료진들이다. 이들이 신봉하는 '근거중심의학'을 기준으로 판단할 때 침치료는 전혀 효과가 없는 치료이며, 위의 두 논문을 근거로 침치료를 만성요통 치료법의 하나로 받아들인 정책 당국의 결정은 잘못된 것이라고 비난했다.

이처럼 의료현장에서는 '환자중심의료'와 '근거중심의학'이라는 두 가지의 철학이 격돌하는 중이다. 특정 치료법을 사용하여 환자가 좋아졌다면, 또는 그 치료법을 사용한 의사가 환자에게 효험이 있다고 판단하면, 그 치료법을 받아들이자는 것이 '환자중심의료'의 입장이다.

반면 세심한 연구와 조사를 통하여 그 치료가 정말 효험이 있는지 검증한 후, 믿을 만한 근거가 있다면 받아들이지만 근거가 없다면 철저히 배격해야 한다는 것이 '근거중심의학'의 입장이다. 근거중심의학에서 가장 중요하게 여기는 것은 검증과정이 객관적이고 과학적이어야 한다는 점이다. 아무렇게나 대충 검증을 하고 효과가 있다고 주장해서는 안 된다. 그래서 요즘은 어떤 논문도 RCT 방식을 사용해야만 인정을 받는 것이다.

'환자중심의료'와 '근거중심의학' 중 어느 쪽이 옳은가? 일반인이나 의료계 비전문가들은 대부분 '환자중심의료' 쪽으로 기운다. 환자가 좋다는 치료법을 쉽사리 받아들이지 않는 근거중심의학을 이해할 수 없기 때문이다. 하지만 환자중심의료는 몇 가지 심각적인 문제점을 가지고 있다.

첫째, 터무니없는 사이비 의료행위들이 기승을 부릴 가능성이 높다는 점이다. 계룡산이나 치악산에서 득도했다고 주장하는 도인들이 터무니없는 치료를 마구잡이로 하더라도 '치료효과가 있다'고 주장하면 제재할 수 있는 수단이 없다. 사이비 의료행위의 부작용으로 신음하는 우리 사회에서 도저히 용납할 수 없는 일들이 벌어지게 될 것이다.

'환자중심의료'의 두 번째 문제점은 환자들이 느끼는 치료효과가 사실은 위약효과일 가능성이 높다는 점이다. 이쑤시개를 이용한 가짜 침 치료나 밀가루로 만든 가짜 진통제가 그 사례다. RCT 기법을 이용하여 과학적으로 분석하면 치료효과가 없음에도 불구하고 위약효과로 인하여 환자는 증상의 호전을 보인다. 하지만 엄밀하게 보면 위약효과는 치료효과가 아니다. 단지 심리적인 현상일 따름이다.

세 번째 문제점은 치료하는 의사의 착각 또는 판단 착오의 가능성이다. 실제 치료효과가 없음에도 불구하고 치료효과가 있다고 착각한 의사는 그 치료를 계속 고집할 수 있다. 대다수 동료 전문가peer들이 이구동성으로 치료효과가 없다고 지적을 해도 아니라고 강변한다. 상업적인 목적, 즉 돈을 벌기 위해서 그러는 경우도 있지만 진짜로 자신의 치료가 효과가 있다고 굳게 믿는 경우도 있다.

이와 같이 사이비 엉터리 치료가 활개를 쳐도, 혹은 위약효과일 가능성이 높거나 의사가 착각하고 있는 것이 분명해도, 환자의 증상이 좋아지기만 하면 다 인정해야 한다는 것이 '환자중심의료'의 치명적인 약점이다.

이러한 문제점을 해결해줄 가장 좋은 특효약은 바로 '근거중심의학'이다. 근거중심의학의 기준으로 볼 때 어떤 치료법이 효과가 있다고 인정받기 위해서는 RCT 연구를 통하여 위약효과보다 우수한 치료성적을 보여야 한다.

근거중심의학은 현대의학의 최고의 가치이며 어떤 경우에도 양보할 수 없는 최후의 보루다. 환자중심의료가 당장은 환자를 위하는 것 같지만 장기적인 관점에서 볼 때 진짜 환자를 위한 의료는 바로 근거중심의학의 검증과정을 통과한 안전한 의료행위다.

※ 이 글에서 언급한 두 논문의 결론에 대해서 동의할 수 없는 침 전문가들이 있을 것이다. 그런 분들을 위하여 두 논문의 출처를 밝힌다.
(1) *German Acupuncture Trials (GERAC) for Chronic Low Back Pain*, Arch Intern Med. 2007;167(17):1892-1898
(2) *A Randomized Trial Comparing Acupuncture, Simulated Acupuncture, and Usual Care for Chronic Low Back Pain,* Arch Intern Med. 2009;169(9):858-866

판사님은 민간의술 전도사?

수년 전 모 일간지에 '판사님은 민간의술 전도사'라는 기사가 실렸다. 무면허 의료행위로 금지되고 있는 민간의술(또는 민중의술)을 인정해야 하며, 무면허 의료행위를 전면 금지하는 현행 의료법은 위헌이라는 현직 부장판사의 소신과 근황을 소개하는 기사였다.

기사에 따르면 현행 의료법은 자격증을 가지고 있는 의료인들이 자신들의 기득권을 지키기 위해 만든 법이며, 이런 의료법 때문에 효험이 있는 민간의술이 부당하게 박해받고 있다고 한다. 계룡산 도사도 신통하기만 하다면 의사면허가 없어도 의료행위를 허락해야 한다고 주장하는 것이다.

민중의술을 주장하는 이분은 전국 각지를 다니며 자신의 개인적인 의견을 강연하는데, 일부 국민들 사이에서 공감 내지는 인기를 얻고 있다고 한다. 현직 법관이 현행법을 부정否定하는 개인적인 의견을 불특정 다수에게 전파해도 우리 사회 공동체가 제대로 유지될 수 있을지, 아노미anomie 상태가 되지 않을지 심히 걱정된다. 판사의 주장대로 '의사, 치과

의사, 한의사 면허증을 가진 사람들만 의료행위를 하는 것이 위헌'이라고 한다면 사법고시 붙은 사람만 판검사, 변호사로 활동하는 것 역시 위헌 아닌가?

현직 법관의 파격적인 발상이 놀랍기도 하지만, 자칫 국민들을 오도하고 크나큰 부작용을 초래하지 않을까 걱정이 된다. 의료 분야에 대해서 비전문가인 한 개인의 잘못된 판단과 편견이, 법관의 생각은 대개 옳다는 사회적인 통념과 만나 근거 없는 믿음을 만들 게 뻔하니 말이다.

현재 우리나라에서 무면허 의료행위들이 불합리한 현행 의료법 때문에 주눅이 들어 눈치를 보면서 은밀히 행해지고 있을까? 아니면 제도권 의료행위를 능가하며 활개 치고 있을까?

이 법관이 민중의술의 전도사가 된 것은 다분히 자신의 개인적인 치료경험 때문이라고 한다. 수술로도 낫지 않았던 비염이 동네 침술원에서 뜸을 맞고 나았다는 것이다. 이런 개인적인 경험을 근거로 '민간의술은 효험이 있다'는 주장을 펼친다고 한다. 담론의 중심은 이 주장이 과연 사실인지, 즉 '민중의술이 과연 효과가 있는지'에 모아져야 할 것이다. 이해를 돕기 위하여 나의 개인적인 경험을 들려주고 싶다.

나는 학창 시절에(정확히 기억하지는 못하지만 아마도 고등학교 무렵이었던 것 같다) 매년 2, 3월만 되면 축농증 증상이 나타나 고생을 했다. 오전 10시경부터 두통이 나타나는데 머리를 앞으로 숙이면 두통이 심해지고, 양미간兩眉間 사이를 두드리면 머리가 울려 매일 아스피린을 1~2알씩 먹었다. 이비인후과의사와 상의하니 '진공두통vacuum headache'이라는 특수한 형태의 축농증이라고 하면서 아스피린 등의 대증요법(증상만 완화시키는 치료)을 권했다. 한두 달 지나면 두통이 사라졌기 때문에, 해마다 이른 봄의 연례행사라 생각하고 받아들였다.

하지만 신기하게도 30대에 접어들면서 이른 봄의 축농증 증상은 감쪽같이 사라졌다. 체질이 바뀌어 알레르기 증상이 사라진 것인지 알 수는 없었지만 특별한 치료를 하지 않고 증상이 사라졌으니 자연치유된 것이 분명하다.

나의 개인적인 경험에서 대단히 중요한 사실을 하나 지적할 수 있다. 만약 내가 수술을 받았다면 축농증이 완치된 것이 수술 덕택이라고 생각했을 것이고, 뜸을 떠서 좋아졌다면 판사처럼 뜸 덕분이라고 생각했을 것이다. 판사의 비염이 뜸으로 좋아졌는지, 나의 축농증처럼 저절로 좋아진 것인지 현재로서는 판단하기 어렵다.

하지만 백번 양보하여 판사의 비염이 뜸 덕분에 완치되었다고 하더라도 뜸 치료를, 더 나아가 민중의술을 인정해야 한다는 판사의 주장은 근거가 약하다. 동일한 치료효과를 다수의 환자에서 얻지 못한다면 제대로 된 치료법으로 인정받을 수 없기 때문이다.

의학에서 가장 경계해야 할 금기사항은 '어떤 치료법이 몇몇 환자에게 효과가 있다는 사실에 감탄하여 모든 환자에게 효과가 있다고 일반화시키는 행위'다. 몇몇 환자에게 효과가 있는 것을 '일화성 에피소드 anecdotal episode'라고 하는데, 일화성 에피소드에 감탄하여 그 치료법이 다수의 환자에게도 효과가 있다는 착각에 빠지지 말라는 것이다.

비염에 대한 뜸치료의 효과를 인정받으려면 불특정 다수의 비염 환자에게 효과가 있다는 사실이 객관적, 과학적으로 입증되어야 한다. 예를 들어, 100명의 비염 환자가 뜸치료를 받았을 때 90명 이상 치료효과를 경험하면 치료법으로 인정받을 수 있을 것이다. 이런 치료법이 바로 검증된 치료법이다. 하지만 민간요법의 대부분은 치료자가 지정한 특정 환자에서는 치료효과를 확인할 수 있지만 다수의 환자에게 적용하면 효과가 없다는 공통점(?)을 가지고 있다.

민간요법들을 검증도 하지 않고 대충 효과가 있다고 주장하는 것은 현대 의학의 관점에서 볼 때 참으로 어이없는 주장이다. 현대 의학은 한마디로 과학적 검증을 최고의 가치로 여기는 '근거중심의학'이기 때문이다.

판사의 주장대로 민중, 민간요법을 다 인정해주면 특효약과 비법으로 무장한 계룡산 도사, 치악산 도인들이 넘쳐날 것이다. 지금도 이런 사이비 민간요법에 의한 피해가 말도 못할 정도다.

혹자는 '내가 민간요법의 효험을 직접 경험했는데 객관적인 검증이나 과학적인 분석이 왜 필요하냐?'고 항의할 것이다. 또한 개인의 주관적인 경험보다 객관적 검증, 과학적 분석 등을 중시하는 것은 전체를 보지 못하고 부분에 집착하는 편협한 '서양식 사고방식'이라고 비난할지도 모른다. 하지만 이는 억지 주장이다.

동양에서도 서양과 마찬가지로 객관적인 검증의 중요성을 강조하고 있다. 《논어》의 〈위정〉편을 보면 '자신의 주관적이고, 특수한 경험을 객관적, 보편적인 사실이라고 고집하는 것은 위험하다'라고 이야기하고 있다. 또한 사마천의 《사기》 역시 미신을 철저하게 부정하며, 과학적이고 합리적인 사고방식을 강조하고 있다.

동서고금을 막론하고 객관적 검증의 중요성을 강조하고 있는 것이다. 민간의술을 주장하는 사람들은 대부분 자신의 개인적, 주관적인 경험을 객관적, 보편적인 사실이라고 고집하고 있다. 의료는 결코 아마추어들이 활개 칠 분야가 아니다. 자신이 민중의술의 대가라거나, 자신의 의료행위가 엄청난 효과가 있다는 착각에 빠진 사람들이 목소리를 높여서도 안 되는 분야다. 그 어떤 의료행위도 과학적, 객관적 검증을 받아야 한다.

요즘은 민중의술과 함께 대체의학을 주장하는 분들이 많다. 이분들은 대체의학을 연구해야 할 당위성으로 크게 다음의 세 가지를 이야기한다.

첫째, '현대의학 또는 서양의학이 한계에 부딪쳤기 때문에 대체의학을 연구해야 한다는 것'이다. 하지만 이는 사실이 아니다. 현대의학은 지금 새로운 혁명의 소용돌이 속에 있다. 인간이 가진 DNA의 염기서열 32억 개 전체를 밝혀내는 대역사 human genome project가 완성 단계에 접어들고 있으며, 이에 따라 암에서 정신병까지 발병 전에 예방한다는 꿈과 같은 이야기가 현실화되고 있다. 이 엄청난 연구는 단지 여러 가지 첨단의학 연구의 한 가지에 지나지 않는다.

부러운 것은 그들의 연구성과만이 아니다. 연구에 자만하지 않고, 연구에 따르는 도덕적, 윤리적인 문제까지 걱정하는 선진국 의학자들의 겸손함과 신중함을 보면서 고개가 저절로 숙여질 뿐이다. 과연 우리가 서양의학의 한계를 논할 자격이 있을까? 서양의학의 한계가 아니라 바로 우리의 한계다. 우리가 가진 지식의 한계이며, 능력의 한계다. '서양의학의 한계'라는 말은 부족함을 깨닫지 못하는 우리의 학문적인 교만을 보여주는 표현이다.

대체의학을 지지하는 분들의 두 번째 주장은 '미국의 하버드대학도 대체의학을 연구하고 있다'는 것이다. 맞다. 하버드대학에서도 대체의학을 연구하고 있다. 하지만 그들은 분자 생물학, 유전학, 그 밖의 첨단의학 분야에 막대한 투자를 하면서 극히 일부 의사들이 대체의학을 연구하는 것이다. 첨단의학에 거의 투자하지 못하는 우리 현실에서 '하버드대학에서 대체의학에 투자한다니까 우리도 해야 한다'는 것은 전혀 설득력이 없는 이야기다. 또한 하버드대학의 대체의학에 대한 투자는 연구라기보다는 검증과정이라는 표현이 더 적절할 것 같다.

세 번째 주장은 대체의학에 신비한 효능이 있다는 이야기다. 침으로 마취도 하고, 움직이지 못했던 동물이 침을 맞고 움직이게 되었다고 감탄한다. 물론 그럴 수도 있다. 그러나 의학에서 가장 경계해야 할 점이,

조금 전에 이야기한 바와 같이 몇몇 일화성 에피소드에 감탄하여 그것을 일반화시키는 행위다. 의학의 생명이 통계인 이유도 바로 여기 있다. 몇몇 개체에서 일어난 일화를 전체 집단에 적용했을 때 똑같은 결과를 얻지 못한다면 그 일화는 결코 '사실fact'로 인정받을 수 없는 것은 의학의 기본이다. 대체의학이 주장하는 신비한 효능의 문제점은 바로 여기에 있다. 일부 전문가들은 대체의학이 학문적인 차원을 벗어나 신비화되는 것을 우려하기도 한다.

개인적으로 또 한 가지 우려스러운 점은, 현재 우리 국민들이 겪고 있는 대체의학의 오남용과 그에 따른 부작용 문제다. 우리나라는 세계 어느 나라보다도 대체의학이 극성스러운 나라다. 전 세계 녹용 생산량의 거의 대부분을 소모하며, 한의학의 원조인 중국에서도 볼 수 없는 보약 문화가 국민들의 생활 속에 깊이 자리 잡고 있다. 몸보신 광풍 때문에 전국토에서 산짐승, 들짐승의 씨가 말랐고, 공중에서 까마귀를 본 지도 오래되었다. 대체의학에 대한 지나친 맹신과 의존 때문에 대체의학에 소모되는 비용이 전체 의료비를 훨씬 초과한다고 추정하는 학자들도 있다.

대체의학의 부작용에 대해서 의사들은 매우 잘 알고 있다. 대체의학을 주장하는 어떤 분들은 대체의학을 연구해야만 대체의학의 폐해를 막을 수 있다고 주장한다. 그러나 이것은 또 다른 자기합리화이며, 변명에 지나지 않는다.

의학을 표현하는 데 서양의학, 동양의학, 정통의학, 대체의학, 보완의학, 민간의술 등 여러 가지 용어들이 사용된다. 하지만 의학 분야에서 가장 권위 있는 학술지인 〈NEJM〉에 따르면 의학에는 '효과가 검증된 의학'과 '효과가 검증되지 않은 의학'의 두 가지만이 존재한다. 대체의학, 보완의학, 민간의술 등을 인정해야 할지, 인정해서는 안 될지는 결코 복잡한 문제가 아니다. 그 효과가 객관적, 과학적으로 검증되었다면 인정해야 한다. 그러나 검증단계를 거치지 않고 몇몇 환자의 사례를 근거로 주장한다면 인정해서는 안 된다.

지금은 모든 치료법에 대한 검증을 더욱 철저히 해야 할 단계다. 검증되지 않은 치료법으로 인하여 우리 국민 가운데 단 한 사람이라도 피해자가 생기지 않도록 사전에 예방해야 하기 때문이다. 대체의학의 폐해를 사전에 예방하고 이겨내는 가장 효과적인 방법은 의학의 정도正道를 추구하는 것뿐이라는 사실을 명심해야 한다.

21세기 화타는 유죄

　얼마 전 '현대판 화타'로 불리던 96세의 노인이 대법원에서 '무면허 의료행위'로 유죄판결을 받았다. 그는 2003년부터 2006년까지 환자 1명당 50만 원을 받고 진료하며 10억 원이 넘는 수입을 올린 혐의로 재판에 넘겨졌다. 그가 기소된 이후 언론에서는 그와 구당 선생을 둘러싼 불법의료 논란이 불거지기도 했다. 한쪽에서는 그의 구명운동을 벌이는 모임도 생겼고, 그 자신의 의술과 주장을 소개하는 책이 출간되기도 했다.
　이번 대법원 선고에 대해 대한한의사협회의 한 관계자는 "법치주의의 근본을 확실하게 밝히는 정당한 판결"이라며 환영했다. 그 관계자의 말이 압권이었다. "운전을 잘한다고 해서 면허 없이 차를 몰고 다닐 수는 없다. 법이 정한 면허는 사회질서와 안녕을 위해 만들어졌기 때문에 국민건강을 위한 의료체계와 법질서를 확립하는 판결이라고 본다."

　이번 판결이 나기 전에 그 노인이 고발되었을 당시, 노인이 진료하던 지역의 교수, 약사, 공무원 등 번듯한 사회인 100여 명이 재판부에 선처를 호소했다고 한다. 이들은 노인에게 치료받고 효험을 본 사람들로 자신들의 개인적인 경험을 밝힌 것이다. 재판부는 이들의 증언에 신빙성이 있다고 보고 노인에게 치료의 비법을 공개해보라고 요구했으나, 노인은 자신의 의술을 의심하는 사람에겐 말해줄 수 없다며 거부했다고 한다. 인권 변호사 출신인 노인의 변호사 역시 자신의 통풍을 노인에게 치료받고 있다고 했고, 이 노인은 법으로 처벌을 받더라도 환자들을 계속 치료하겠다고 했단다.

"환자만 낫게 하면 되지 치료행위가 왜 죄가 되느냐?"라고 분개하는 분들도 있을 것이다. 면허가 없다는 이유 때문에 특별한 능력을 가진 분이 박해를 받는다는 느낌을 받았을 수도 있다. 하지만 조금만 냉정하게 생각해보면 노인의 치료행위는 명백한, 그리고 전형적인 무면허 진료행위다. 노인에게 치료받은 사람들의 개인적인 치유 경험은 전형적인 일화다.

노인에게 치료를 받고 좋아진 환자들이 진정 그 치료로 좋아졌는지 아닌지도 확실치 않을 뿐 아니라, 노인의 치료를 받고도 호전되지 않은 환자들이 얼마나 많은지, 또 노인의 치료를 받고 부작용에 시달리는 환자들은 얼마나 있는지 전혀 밝혀지지 않았다. 이런 사실들이 밝혀지기 전에 몇몇 환자의 경험담만 믿고 그 치료법이 효과가 있다고 판단하는 것은 원시적인 주술 의료행위와 다르지 않다.

의학은 통계의 학문이다. 어떤 치료법을 인체에 적용하기 위해서는 사전에 동물실험 등을 통해서 안정성을 입증해야 하며, 그 이후에도 아주 신중하게 다수의 환자에게 사용하여 정말 치료효과가 있는지, 부작용은 없는지 통계적으로 분석해야 한다. 이 과정을 거치지 않는 한 어떤 특효법도 인체의 치료법으로 인정받을 수 없다는 것이 현대의학의 불변의 진리다.

이런 단계를 거치지 않은 치료법을 직접 사람에게 사용하는 것은 인체를 실험실 동물과 같이 취급하는 것과 다르지 않다. 절대 있어서는 안 될 일이다. 엄격한 검증과정을 통해서 치료법으로 인정받았다 해도 수년간 다수의 환자에게 널리 사용한 후 심각한 부작용이 발견되어 사용이 중단된 치료법도 많다. 노인의 치료법은 기본적인 검증과정조차도 이루어지지 않았기 때문에 인체에서 사용되어서는 안 된다.

그 노인은 100년 묵은 희귀한 약재 등을 사용하여 위암도 치료하고, 통풍도 치료한단다. 만약 노인이 돈을 받지 않고 자신의 능력을 환자들을 치료하는 데 사용했다면 그 선의의 취지를 감안하여 선처해줄 여지가 있을지도 모른다. 하지만 노인은 10억 원이 넘는 치료비를 챙긴 혐의도 받고 있다. 사실이라면 전형적인 무면허 불법 영업행위다.

만약 이 노인이 이번에 유죄판결을 받지 않았다면, 특효의 치료비법으로 무장한 수많은 21세기의 화타들이 발호할 것이며, 계룡산 도사, 치악산 도인을 자처하는 무면허 의료인들도 인정하지 않을 수 없을 것이다. 그리고 이런 무면허 진료행위의 피해는 고스란히 우리 국민들에게 돌아간다. 자칭 화타라고 떠벌리는 사람들로 인해 피해를 당하지 않도록 내가 경험한 한 환자의 사례를 소개하겠다.

「중학생 M양은 학교 대표 수영선수였다. 매일 아침 등교하면 수업 시작 전에 수영복으로 갈아입고 수영연습을 했다. M양은 전날 밤 수영장 청소를 위하여 물을 빼놓은 것을 미처 확인하지 못하고 급히 수영장에 뛰어들었다가 바닥에 머리를 부딪히면서 목뼈가 부러지고 척추신경을 다쳐 전신마비가 되었다.

일반적으로 목이 부러지면서 전신마비가 되면 어떤 치료를 해도 신경기능은 회복되지 않는다. 수술을 하긴 하지만 신경기능의 회복을 위한 수술은 아니다. 부러진 목뼈를 고정하여 조기에 휠체어를 타게 함으로써 욕창이나 폐렴, 방광염 등의 합병증을 예방하는 것이 그 수술의 주요 목적이다.

M양도 흔들거리는 목뼈를 고정하는 수술을 받고 전신마비 환자의 재활치료를 받게 되었다. 하지만 기적 같은 일이 일어났다. 시간이 지나면서 신경기능이 점점 회복이 되어 3년 후 거의 정상에 가깝게 회복된 것이다. 이후 M양은 어엿한 직장인으로 사회생활을 하다가 결혼하고 가정주부로 잘 살고 있다.」

어떻게 M양의 신경기능이 100%에 가깝게 회복되었을까? 내가 수술을 잘해서일까? 그렇지 않다. 수술을 받는다 해도 대부분의 전신마비 환자들은 신경기능이 회복되지 않기 때문이다. 솔직히 왜 신경기능이 회복되었는지 M양을 수술했던 나도 잘 모른다. 굳이 추정을 한다면 M양처럼 어린 환자들은 어른과 달리 신경의 자연치유 기능이 남아 있어 신경이 되살아났다고 겸허하게 해석할 수 있을 것이다. 또 한 가지 가능성은 M양의 초기상태가 완전 사지마비가 아니라, 신경이 몇 가닥 살아 있는 불완전 사지마비였을지도 모른다. 완전 사지마비와 달리 불완전 사지마비는 시간이 흐르면서 신경기능이 일부 회복되기도 한다.

만약 M양을 치료한 내가 "내가 치료를 잘해서 전신마비 환자가 기적같이 회복되었다."고 떠벌린다면? 매스컴에 특종으로 보도될 것이고 죽은 화타가 다시 살아났다고 추앙받게 될 것이다.

미국 초대 대통령인 워싱턴 대통령이 사망한 날 벌어진 상황을 살펴보면, 검증되지 않은 특효 치료법의 폐해를 간접적으로나마 알 수 있다. 1799년 12월 14일, 69세의 워싱턴 대통령은 아침에 깨면서 발열과 호흡곤란을 호소했다. 워싱턴은 방혈放血 치료사에게 피 500cc를 뽑도록 했다. 당시 미국과 유럽의 부유한 집안에는 방혈 치료사가 상주하고 있었다. 피를 뽑아주는 방혈이 모든 질병의 중요한 치료법으로 인정받고 있었기 때문이다.

하지만 증상은 호전되지 않았고, 대통령 주치의들이 황급히 달려와 상황을 파악한 후 피를 더 뽑을 것을 지시했다. 2번 더 방혈을 했으나 증상은 전혀 호전되지 않았다. 함께 있던 한 젊은 의사는 호흡곤란을 치료하기 위하여 기관지 절개를 제안했으나 거부당했다. 방혈이 부족하다고 생각한 의료진은 1번 더 방혈을 하여 총 4번의 방혈로 2,500cc의 피를 뽑았다. 하지만 호흡곤란이 악화되면서 밤 10시경 워싱턴 전 대통령은 사망했다. 현대의학은 대통령의 사인을 디프테리아로 추정하고 있다.

미국을 건국한 대통령이 허무맹랑한 방혈치료로 애꿎게 피만 뽑히다가 제대로 된 치료를 받지 못하고 사망했다. 이 에피소드를 보면서 현대의학이 발달하기 이전의 황당한 의료행위라고 생각할 수도 있을 것이다. 하지만 문제는 방혈치료가 여전히 우리 주변에서 많이 시행되고 있다는 사실이다. '죽은피'를 뽑아내면 모든 병이 낫는다고 주장하는, 소위 사혈치료가 공공연하게 시행되고 있는 것이 우리의 현실이다.

주변에서 불치병, 난치병이나 말기암을 고쳤다고 주장하는 사이비 의료인들을 종종 본다. 하지만 이는 사실이 아니다. 우선 불치병이라는 진단 자체가 틀린 경우가 많다. 설령 불치병이라 하더라도 특정 치료법 때문에 좋아졌을 가능성보다는 앞서 M양의 사례에서 보듯이 자연치유의 가능성이 훨씬 크다.

자신의 특효 치료법으로 병이 치유되었다고 주장을 하려면 과학적 검증을 통하여 그 치료법과 치유 사이에 인과관계를 확실히 입증해야 한다. 또한 몇 명의 환자에서 효과가 있다고 해서 널리 통용되는 치료법으로 인정할 수 없다. 특효약이나 비방이 인정받지 못하는 이유다. 질병을 치료할 수만 있다면 어떤 치료법이건 다 인정해야 한다는 일각의 주장은 의학의 본질을 이해하지 못하는 아마추어들의 위험한 발상에 지나지 않는다.

실속은 없고 말만 많은 병원들

「한 골목에 3개의 구둣방이 있었다. 어느 날 첫 번째 구둣방이 '우리나라에서 제일 잘하는 구둣방'이라고 간판을 써 붙이고 선전을 하자 사람들이 이 집으로 몰려들었다. 이튿날 두 번째 구둣방이 '세계에서 가장 잘하는 구둣방'이라고 선전을 했다. 사람들은 이 구둣방으로 몰렸다. 다음 날 세 번째 구둣방은 '이 골목에서 가장 잘하는 구둣방'이라고 간판을 바꿔 달았다. 어느 구둣방으로 사람들이 몰렸을까?」

요즘 신문을 펼치면 병의원, 한의원 등의 광고가 심하다 싶을 정도로 많다. 불경기로 기업들이 광고를 많이 줄이는 현실에서 기현상이라고 하겠다. 광고를 통하여 환자를 끌려는 목적도 있을 것이고, 남들이 다 광고를 하니 우리 병원만 광고를 하지 않으면 환자가 줄지 않을까 싶어 울며 겨자 먹기로 광고하는 경우도 있을 것이다.

의료광고는 대한의사협회 산하 의료광고심의위원회에서 자율적으로 사전심의를 하게 된다. 최근에는(2012년 8월부터) 인터넷 뉴스서비스, 주요 포털사이트, 방송사 홈페이지 등에 게재하는 의료광고도 사전심의를 거치도록 하는 의료법 시행령 개정안이 국무회의에서 의결됐다.

넘쳐나는 의료광고의 홍수 속에서 혹시나 과대광고로 인한 피해가 발생하지 않을지 걱정이 앞선다. 한때 금지되었던 의료광고를 다시 허용하는 전제는 '그 효과가 객관적, 과학적으로 검증된 치료법만이 국민들에게 전달되어야 한다'는 것이다. 의료법에 따르면 의료광고에서 (1)평가받지 않은 신의료기술, (2)치료효과 보장, (3)타 의료기관과 비교, (4)시술행위 노출, (5)부작용 정보 누락, (6)거짓과 과장 등으로 홍보를 하는 것은 위법이다.

이런 법적 규제가 잘 지켜지고 있을까? 현실은 그렇지 않은 것 같다. 의사, 치과의사, 한의사 모두 해당 협회 차원에서 광고를 심의하고 있음에도 불구하고 제대로 검증되지 않은 치료법들이 버젓이 광고되고 있다.

의료 분야의 과대광고는 다양한 양상으로 나타난다. 치료가 어려운 병에 대해 완치를 보장하거나, 연예인, 운동선수 등 유명인사의 추천을 활용하는 경우가 많다. 물론 왜 나을 수 있는지 과학적인 근거는 대지 못한다. 의료 과대광고는 '수술 – 시술법'과 '특효약'의 두 가지로 나누어 생각할 수 있다.

첫 번째, 수술 – 시술법의 과대광고를 보자. 현재 멀쩡하게 널리 통용되는 수술 – 시술법을 해로운 것처럼 비난하면서 자신이 개발한 방법의 우수성을 주장한다. 하지만 근거가 없거나 검증되지 않은 경우가 대부분이다. '세계가 주목하는 수술법' 등의 낯간지러운 문구를 사용하기도 하며, '노인 맞춤형 수술' 등 솔깃하고 매력적인, 그러나 근거가 박약한 표현을 사용하기도 한다.

간혹 수술하지 않고도 잘 낫기 때문에 굳이 수술이 필요 없는 질병에 대해서 불필요한 수술을 하면서 자신들의 수술법으로 잘 낫는다고 교묘하게 포장을 하기도 한다. 해당 분야 전문가가 아니면 이런 교묘한 포장을 도저히 간파할 수 없다는 데 문제의 심각성이 있다.

두 번째, 자신들이 개발한 특효약을 광고하는 경우를 보자. 키를 크게 하는 약, 정력을 강하게 하는 약, 머리를 좋아지게 하는 탕제, 암이나 당뇨병을 치료하는 약 등 다양한 분야에서 특효약 광고를 볼 수 있다. 그런데 과연 이런 약제들이 철저한 시험과 검증과정을 거친 것일까? 주제로부터 약간 벗어난 얘기지만, 약제개발에 대한 설명을 좀 더 부연해보겠다.

인체에 사용되는 약제를 개발하는 것은 천문학적인 비용과 수년 혹은 수십 년의 시간을 요하는 철저하고 복잡한 과정이다. 옛날 옛적 신통한 도사가 전설의 비방에 따라 특효약을 제조하듯이 한 개인이 자신의 경험과 노하우에 따라 약제를 만들던 행태는 더 이상 용납될 수 없다.

비과학적인 방식으로 제조된 약제가 설령 몇몇 환자에서 효험이 있다 해도 인체에서 함부로 사용되어서는 안 된다. 사용하기 전에 정말 효험이 있는지 객관적, 과학적으로 입증되어야 한다. 약제 개발자가 선택한 몇몇 환자에서 효과가 있다고 해서 다수의 다른 환자에서도 반드시 효험이 있는 것은 아니기 때문이다. 신약의 개발과정은 기초탐색과정, 전前임상과정, 임상 1상 시험, 2상 시험, 3상 시험, 4상 시험 등 대략 6단계를 거치게 된다. 이들 과정에서 약리시험, 동물을 이용한 독성시험, 인체 대상의 임상시험 등을 하게 된다. 인체에서 사용하기 전에 안전성, 유효성, 부작용 등을 철저하게 검토하는 것이다.

이렇게 개발된 약제도 막상 다수의 환자에게 널리 사용되었을 때 전혀 예상치 못했던 부작용들이 나타나기도 한다. 신경안정제로 널리 사용되었던 '탈리도마이드Thalidomide'를 그 예로 들 수 있다. 이 약을 복용한 임산부가 팔, 다리 없는 기형아를 출산한다는 사실을 뒤늦게 발견한 것이다.

또 다른 예로 관절염 치료제인 '바이옥스Viox'가 있다. 철저한 개발과정을 통하여 FDA의 승인을 받고 전 세계적으로 널리 사용되던 바이옥스는 한때 아스피린 이후 가장 획기적인 약으로 평가를 받았으나 사용한 지 10년 가까이 지나면서 일부 환자에게 심장질환을 일으키는 것이 발견되어 사용이 중지되었다.

이와 같이 어떤 약제들은 소수의 환자에게는 문제를 일으키지 않으나 다수의 환자에서 장기간 사용할 경우 부작용이 드러나기도 한다. 과학적이고 철저한 검증과정을 거쳐 개발된 약제도 이러한데 비방에 따라 특효약을 제조하듯이 어떤 개인이 얼렁뚱땅 제조한 약제에 부작용이 없기를 기대하는 것은 무리다. 인체에서 사용되는 약제는 양방 약제이건, 한방 약제이건 사용 전에 안전성, 유효성, 부작용 등을 철저하게 검증해야 한다는 데 이견이 있을 수 없다.

다시 본론으로 돌아와, 광고는 그 본질상 약간의 과장이 불가피하다. 이 점은 누구나 인정한다. 그러나 현행 의료광고의 행태는 도가 지나치다. 가장 두드러진 문제점은 장점만 줄기차게 광고한다는 점이다. 어떤 의료행위도 장점이 있으면 단점이 있다. 장점만 홍보하는 현행의 의료광고의 행태는 형평성 면에서 국민들의 올바르게 알 권리를 침해하는 것이다.

이런 과대광고의 피해자는 대부분 돈 없고 빽(?) 없는 사람들, 순진한 시골사람들, 판단력이 흐려진 노인들인 경우가 많다. 따라서 의료광고는 상업적인 의도에 따른 장점 위주의 광고에서 벗어나 원래의 취지대로 의료기관의 이미지 광고에 국한해야 한다.

또한 의료광고의 피해를 막기 위해 해당 분야 전문가들이 관심을 가지고 감시해야 한다. 아울러 국민들도 온갖 혹세무민하는 의료광고의 홍수 속에서 정신을 바짝 차려야 한다. 광고를 하지 않는 의료기관들 가운데 실력 있는 병원들이 더 많다는 사실, 더 나아가 광고를 하지 않고 묵묵히 환자를 돌보는 병원들이 더 실력 있는 병원이라는 발상의 전환이 필요하다. 아는 사람은 말이 없고, 말이 많은 사람은 알지 못한다는 말을 되새겨야 할 때다. 말 많은 사람은 실속이 없고, 신뢰성도 떨어진다. 의료기관도 마찬가지다. 유독 홍보나 광고를 많이 하는 의료기관은 조심하는 것이 좋다.

전문가 집단의 사회적 책임

　인체에서 행해지는 어떤 의료행위도 반드시 과학적인 검증과정을 거쳐야 한다. 그런데 요즘 효과가 검증되지 않은 치료법들이 일반인들에게 마구잡이로 아무런 여과 없이 전달되고 있다. 암을 전공하는 의사들이 모여 '세계 암학회'를 개최하는 동안, 다른 한편에서는 엉터리 암치료법들이 신문광고나 언론 매체 등을 통하여 달콤한 포장을 하고 환자들에게 접근한다.

　전문지식이나 과학적 판단능력이 없는 일반인들은 의사들의 딱딱한 설명보다 '몇 달 만에 암 덩어리가 확 줄었네!'라는 광고문구에 더 혹하게 마련이다. 검증과정을 거치지 않은 엉터리 치료법은 의료의 모든 분야에서 활개 치고 있다. 미국산 쇠고기에 흥분하는 우리 국민들은 정작 심각한 부작용을 초래할 수 있는 이들 사이비 의료행위에 대해서는 무관심하다. 몇 달 만에 암 덩어리를 다 없앤다는 그 특효법은 객관성이나 타당성이 결여된, 검증되지 않은 치료법이다. 어떤 치료법이 정말로 효과가 있는지 검증하는 것은 국민들의 건강 보호를 위해 너무나도 중요한 일이다. 하지만 검증과정을 거치지 않은 엉터리 치료법들이 의료의 모든 분야에 만연해 있다.

엉터리, 사이비 치료법에 대한 검증은 보건 관련 행정당국에서 주도적으로 해야 할 일이지만 현실적으로는 방치되고 있다. 그러니 해당 분야 전문가에게 기대할 수밖에 없는 상황이다. 그렇다면 실제로 전문가들이 이런 검증활동을 하고 있는지 궁금하다.

적지 않은 의사들이 검증활동의 필요성에 대해서 공감하기 때문에 학회 주도로 검증의 장場이 만들어지기도 한다. 정형외과를 예로 들면, 연전年前학회 내에 정형외과 관련 의료행위를 검증하는 위원회가 구성되어 활동한 적이 있다. 일부 병의원에서 개발한 자신들만의 치료법, 일부 한의원에서 사용하는 척추질환 탕제와 관절염 탕제, 키 크는 약제나 기계 등이 과연 효과가 있는지, 부작용은 없는지 전문가들이 평가하는 위원회였다. 문제가 있다고 판단되면 언론을 통하여 국민들에게 주의를 환기시키자는 것이 위원회의 취지였다. 아마 다른 임상과科에서도 이와 비슷한 검증활동을 시도했을 것이다. 임상과 차원에서 좀 더 확대되어 의학회 차원에서 검증활동을 시도한 적도 있었다. 하지만 이런 검증활동들은 대부분 별다른 성과를 얻지 못하고 흐지부지되고 말았다.

시작할 당시에는 전문가들이 당연히 해야 할 사회적인 책무라고 생각해 의욕이 넘쳤지만 막상 활동을 하다 보면 부딪히는 난관이 한두 가지가 아니었다. 첫 번째 난관은 해당 병의원, 한의원의 반발이었다. 자신들의 치료법이 효과가 있다고 강변하면서, 외국 유명대학이나 연구소에서 인정했다고 주장한다. 이미 나름대로 검증과정을 마쳤다는 것이다. 하지만 의료행위의 검증과정은 그 행위를 하는 주체나 이해관계가 있는 사람들이 할 수 있는 일이 아니다. 자신을 평가할 사람을 자기 입맛에 맞게 고르거나 공신력이 떨어지는 사람에게 맡기게 되면 제대로 된 검증이 이루어질 수 없기 때문이다. 이해관계가 전혀 없고 신뢰할 수 있는 해당 분야 전문가들만이 검증을 할 자격이 있다. 여하튼 해당 병의원의 심한 반발로 법적인 분쟁으로까지 이어질 수 있는 상황이 자주 벌어지다 보니 적극적인 검증활동이 쉽지 않다. 검증위원회 구성원들의 소신과 의지가 확고해야 이런 난관을 극복할 수 있을 것이다.

검증활동에서 부딪히는 두 번째 난관은, 학회를 대표하는 장長 또는 리더의 협조 여부다. 검증활동에 관해 대응하는 태도에 따라 리더들은 몇 가지 유형으로 나눌 수 있다. 가장 바람직한 유형은 전문가의 검증활동에 공감하고, 법적분쟁의 가능성에 개의치 않고 위원회를 적극적으로 지지해주는 용기 있는 리더다. 그런데 이런 리더는 찾아보기 힘들다.

대부분의 리더는 소극적인 유형이다. 송사訟事가 벌어질 경우 학회장은 소송 당사자가 되기 때문에 위원회의 검증활동이 결코 달가울 리 없을 것이고 따라서 지지하는 데도 다소간 위축되게 마련이다. 그렇다고 위원회 활동에 부정적인 태도를 보인다면 '감투만 누리려고 회장을 맡

앉느냐'는 비난에 직면하게 된다. 그러다 보니 리더들은 적극적인 지지 대신 마지못해 끌려가는 모습을 보이게 된다.

　가장 문제가 큰 리더는 위원회 활동의 발목을 잡는 유형이다. 자기 임기 내에 골치 아픈 일이 생기는 것이 싫어 이런저런 핑계로 시간을 끌면서 위원회 활동을 지연시키고 트집을 잡으며 제동을 거는 것이다. 어떤 리더는 위원회의 검증활동을 치기로 몰아세우면서 '세상을 그렇게 과격하게 사는 것이 아니다'라고 충고까지 한다. 이런 리더는 원래 검증활동에는 별로 관심이 없었고, 소명의식도 부족한 사람들이다. 학회의 리더가 어떤 유형인지는 검증활동의 성패에 결정적이다.

　검증활동의 세 번째 난관은 학회 구성원 내부의 이견이다. 대부분의 구성원들은 학회의 검증활동에 공감한다. 반면 일부 구성원들은 근본적인 문제를 제기한다. 학회의 존재 이유는 논문발표 등 학문적인 활동이 아니냐는 것이다. 왜 쓸데없는 검증활동까지 벌여 학회가 시끄러운 일에 말려들어야 하느냐고 항의한다. 이 문제는 결국 지식인의 사회적인 역할이 무엇인가 하는 문제로 귀결된다. 지식인은 자기 연구만 하면서 고고하게 살아야 하는 것인가, 아니면 자신의 전문 분야에 대해서 적극적으로 의견개진을 하고 사회적인 역할을 해야 하는가. 선택의 문제다.

　의욕을 가지고 시작한 검증활동은 결국 해당 병의원의 반발, 학회 리더의 무관심, 학회 구성원들의 이견과 갈등 등으로 좌초하기 십상이다. 처음에는 의욕적으로 활동하던 검증위원회 위원들 역시 "왜 소중한 시간을 써가면서 쓸데없는 일을 자처하는가?"라는 자괴감과 함께 열정도 식어버린다. 일부 구성원들은 "엉터리, 사이비 치료에 전문가들이 침묵하는 것은 비겁하다."고 정의감을 앞세우며 분개하지만 그 역시 독불장군으로 비쳐질 뿐이다. 이렇게 몇몇 학회에서 벌였던 사이비 의료행위 검증활동은 이런저런 갈등을 겪으면서 시들해지고 말았다.

여기서 한 가지 의문을 갖지 않을 수 없다. 어떤 치료법이 정말로 효과가 있는지, 안전한지 검증하는 것이 학회의 본연의 임무와 동떨어진 일인가? 전문가, 지식인 집단인 학회가 나서지 않으면 대체 누가 나서서 사이비 의료행위를 바로 잡을 수 있을까?

지식인이라는 단어는 19세기 드레퓌스 사건의 격랑 속에서 널리 사용되기 시작했다. 본래 '아는 것이 많고 젠체하는 사람'이란 의미를 지녔었는데, 사르트르는 '지성의 영역을 통해 명성을 얻고, 자신의 영역을 넘어 인간에 대한 총체적이며 단호한 생각에 따라 사회와 기성 권력을 비판하는 사람'으로 다시 규정한 바 있다. '나 아닌 누군가 나서서 검증활동을 해주겠지' 하고 기대하는 지식인 전문가들에게 일제 군국주의에 맞서 싸웠던 야나이하라 다다오 교수와 드레퓌스 사건의 에밀 졸라 이야기를 들려주고 싶다.

야나이하라 다다오 교수

　1937년 노구교 사건을 빌미로 중일전쟁이 터지자 동경대학 경제학과 교수였던 야나이하라 다다오 교수는 일본의 침략전쟁을 날카롭게 비난하는 내용의 논문을 당시 일본의 대표적 월간지인 〈중앙공론〉 9월호에 '국가의 이상理想'이라는 제목으로 발표한다. 강대국이 힘없는 나라를 짓밟는 것은 국제정의에 어긋나며, 정의를 배반하는 일본 같은 나라는 멸망할 수밖에 없다는 내용이었다.

　이 논문은 곧 일본 사회에 큰 파문을 일으켰고, 정부는 대학 당국에 해직 압력을 넣었다. 모두들 그의 해직은 당연한 것이라고 생각했다. 경제학부에서조차 겨우 2~3명의 교수만 해직에 반대했고, 나머지 교수는 모두 야나이하라 교수의 해직에 찬성했다. 국력을 총동원해서 수행하고 있는 성전聖戰에 반대하는 비국민非國民이라는 이유에서였다.

　그러나 야나이하라 교수는 뜻을 굽히지 않았다. 그는 성전을 '불의의 침략전쟁'이라 규정하고, 일본 군국주의는 정의와 평화를 따르지 않았기 때문에 조만간 멸망할 것이라고 공언했다. 대다수의 일본 국민들은 그를 비난하고 매도했다.

1937년 12월 4일 해직이 결정된 야나이하라 교수는 고별강연에서 "육체를 멸滅할 수는 있어도 정신을 멸할 수는 없다. 권력을 두려워하지 말라…."는 고별사를 남기고 동경대를 떠난다. 그 후 1945년 일본 패전까지의 8년 동안 해직상태에 있던 야나이하라 교수는 자신의 집에서 기독교 집회를 열고 군국주의 일본의 멸망이 하루 빨리 도래할 것을 기원했다. 그는 누구보다 일본을, 일본 국민을 진심으로 사랑했기에 군국주의 일본은 하루 빨리 멸망해야 한다고 강조했다.

야나이하라 교수는 일본의 식민주의 아래에서 신음하는 한국인의 딱한 사정에도 동병상련의 마음을 가지고 있었다. 33세 약관의 교수이던 1926년, 6.10만세 사건이 일어나자 조선총독부의 탄압, 착취정책을 신랄하게 비난하면서, 한국의 독립을 준비하기 위하여 한국인에 의한 의회를 구성해야 한다고 주장했다. 이 주장은 당시 한국의 지식인층에게 영향을 끼쳐 만세사건 다음 해인 1927년, 한국 민족운동의 핵심체였던 신간회新幹會 발족의 한 계기가 된다.

그는 1940년 9월, 한국 YMCA 회관에서 로마서를 주제로 성서강의를 하기도 했다. 야나이하라 교수는 "한국은 우리의 아일랜드"라고 하면서 한국민들이 겪는 고난의 역사에 안타까운 심정을 가졌다. 서울대 사학과 박지향 교수는 저서 《슬픈 아일랜드》에서 "한국과 아일랜드는 강대국 곁에서 겪은 수난의 역사가 닮았고, 한恨이라고 부를 수 있는 정서를 공유하고 있고, 유라시아 대륙의 동쪽 끝과 유럽의 변두리라는 지정학적 위치의 유사함 때문에 야나이하라 교수가 이런 심정을 갖지 않았을까?"라고 해석하고 있다.

야나이하라 교수의 정의감과 용기는 젊은 시절 은사였던 우치무라 간조 선생의 가르침에서 큰 영향을 받았다. 우치무라 선생은 일본의 제1고등중학교(동경대학 교양학부의 전신) 교사로 재직 중이던 1891년, 일본 천황이 선포한 교육칙어에 허리 굽혀 절하는 의식을 거부하여 큰 파문을 일으켰다. 그는 60여 명의 교사와 1,000여 명의 학생이 주시하는 가운데 교육칙어에 절하는 것을 거부하였고, 이는 즉시 일본 전역의 언론에 보도되어 불경한 비국민, 역적으로 규탄당하고 급기야 학교에서 추방되었다. 추방당한 우치무라 선생은 경제적인 빈곤, 아내와의 사별, 폐렴 등 역경을 겪지만 자신의 신념을 버리지 않았다. 이후 우치무라 선생은 일본 기독교계의 위대한 지도자 중 한 사람으로 자리매김하게 된다.

우치무라 선생은 우리나라 무교회無敎會 기독교 신앙의 지도자였던 김교신, 함석헌 선생의 스승이기도 하다. 야나이하라 교수는 우치무라 선생을 평생의 표상表象으로 삼았다. 야나이하라 교수가 보여줬던 정의감과 용기는 우치무라 선생과 크게 다르지 않다고 하겠다.

일본의 패전 후 1945년 11월 야나이하라 교수는 8년간의 해직생활을 끝내고 동경대학 경제학부 교수로 복직되었다. 그리고 6년 후인 1951년 12월, 동경대학 총장 선거에서 교수들의 압도적 지지를 받고 전후戰後 2

대 총장(개교 후 16대 총장)으로 당선되었다. 총장이 된 그는 동경대학을 세계 일류의 명문대학으로 도약시킨 공로자로 인정받고 있다.

우리 사회가 발전하고 성숙하려면 사회 각 분야에서 지식인들이 제 역할을 하는 것이 중요하다. 그렇다고 일부 시민단체의 사이비 전문가들처럼 사사건건 시비를 걸어야 한다는 것은 아니다. 최소한 자신의 전문 분야에서 잘못된 것을 발견하면 외면하지 말아야 한다는 말이다.

의료인의 경우 사이비 치료, 검증되지 않은 치료에 대해서 의분을 느끼며 국민들의 건강을 위하여 과감하게 정론을 밝히는 사회적인 역할을 해야 한다. 이런 일을 하다 보면 법적인 송사에 휘말릴 수 있다. 그런 일에 개인적으로 부담을 느낀다면 학회나 분과 학회를 통하여 이런 역할을 더 효율적으로 할 수도 있을 것이다. 송사에 가슴 졸이지 말고 대범하게 대응해나갈 수 있는 정의감과 용기를 야나이하라 교수에게서 배울 수 있다. 개인적으로 엄청난 불이익을 감수하면서까지 대중들의 잘못된 믿음과 그릇된 여론에 과감히 맞서 사회를 변화시킨 사람이 아닌가.

에밀 졸라와 드레퓌스 사건

의사들의 전문집단, 쉽게 말하면 '학회'의 역할은 무엇일까? 어떤 사람들은 학회는 본시 학문을 논하기 위한 단체이므로 학술활동에만 전념해야 한다고 주장한다. 반면 어떤 분들은 전문가 집단인 학회의 활동이 학술 분야에만 국한되는 것은 시대착오적이며, 사회적인 역할, 다시 말하면 비윤리적 의료행위를 감시하는 역할도 학회의 중요한 임무라고 목소리를 높인다. 이 문제는 사실 새삼스러운 이슈가 아니다. 20세기 초부터 이런 논쟁이 있어왔다.

막스 베버M. Weber는 1919년 《직업으로서 학문》이라는 책에서 학문하는 사람은 오로지 자기 학문에 갇혀서 눈가리개를 쓰고 학문 그 자체에 열중해야 한다고 주장하면서 학문의 몰가치성을 강조하였다. '행복을 위한, 또는 다른 무엇을 위한' 학문은 본래의 길에서 이탈하는 것이라고 하며, 전제 없는 학문 그 자체가 가장 바람직하다고 주장했다.

반면 하버마스J. Habermass 등은 '진리가 인간의 삶 전체를 포괄하는 것이라면 학문은 모름지기 인격적, 도덕적 책임을 가지고 있다'고 반론을 제기했다. 이들의 입장은 '학자는 민중의 눈이요, 마음이며, 생각하는 자인 동시에 생활하는 자'다, 따라서 학자는 박학한 계층이라는 이유 하나만으로 존재할 수는 없다. 그의 지식은 현실을 개선하기 위한 산지식이어야 한다는 입장을 개진했다.

전문가 집단인 학회의 역할에 대해서, 또한 지식인의 역할에 대해서 심도 있는 토론과 성찰이 있어야겠다. 이제부터 소개하는 드레퓌스 사건은, 우리에게 그다지 익숙하지는 않지만, 지식인의 역할에 대해서, 더 나아가 지식인 한 사람이 어떻게 사회와 역사를 바꿀 수 있는지를 잘 보여주는 사례다.

1884년, 군사기밀이 독일로 새어나가고 있는 것을 감지한 프랑스 정보 당국자들은 군부 내에 침투한 스파이를 잡기 위하여 혼신의 힘을 기울인다. 장교들을 조사하는 과정에서 육군참모본부에 근무하고 있는 알프레드 드레퓌스Alfred Dreyfus 대위가 유태인이라는 사실이 드러나면서, 그를 유력한 용의자로 지목한다. 스파이를 찾기 위하여 골머리를 앓고 있던 프랑스 정보부는 안성맞춤인 범인을 찾아낸 셈이고, 군부 고위층도 유태인을 진범으로 모는 것이 누구에게도 부담 없고 여러 모로 편하다는 생각을 하게 된다.

드레퓌스는 즉각 체포되었고 육군사관학교 후배들이 보는 앞에서 공개적으로 대위 견장이 뜯겨지는 모욕을 당한 후 구금되었다. 프랑스 신문들은 '유태인이 국가기밀을 독일에 팔아먹었다'는 기사를 연일 대대적으로 보도했고, 국민들은 흥분하여 유태인을 프랑스에서 추방해야 한다고 시위를 벌였다. 드레퓌스는 결백을 주장했지만 그의 주장은 받아들여지지 않았고, 종신형을 선고받아 프랑스에서 가장 가혹한 유형지인 '악마의 섬' 감옥에 수감되었다.

18개월 후, 그 사건은 거의 잊혀졌다. 하지만 그동안 착실하고 모범적인 드레퓌스 대위가 범인일 리 없다고 생각했던 몇몇 측근 장교들이 비공식적인 조사를 벌였고, 그 결과 정보유출 사건의 진범이 따로 있음이 밝혀졌다. 귀족 출신 아가씨와 결혼한 후 돈 씀씀이가 커져 빚을 많이 지고 있던 페르디낭 에스터하지Ferdinand Esterhazy 소령이 독일에 정보를 팔아먹은 진범이었던 것이다.

이 사실을 알아낸 측근 장교들은 재수사를 요구했다. 하지만 군 고위층은 강하게 거부했다. 국민이고 언론이고 할 것 없이 누구도 재판결과에 불만을 가진 사람이 없다는 것이 거부의 이유였다. 군부의 명예를 지키기 위해서라도 재수사는 있을 수 없는 일이었다. 군부와 프랑스 정부는 에스터하지 소령을 무혐의로 처리한 후 드레퓌스를 감옥에 그대로 두기로 결정한다.

1888년 유명 작가인 에밀 졸라Emile Zola는 일간지 〈로로르L'Aurore〉에 '나는 규탄한다'라는 제목의 성명을 기고했다. 유태인이라는 이유로 한 개인에게 억울한 누명을 씌운 군부와 정부 당국을 규탄한 것이다.

그럼에도 불구하고 프랑스 정부는 꿈쩍도 하지 않았고, 오히려 졸라를 비방죄와 명예훼손죄로 몰아 재판에 회부했다. 졸라의 성명서에 흥분한 프랑스 사람들은 공판장에 몰려와 졸라를 감옥에 보내라고 아우성쳤고, 유죄판결을 받은 졸라는 신변의 위험을 느껴 영국으로 망명했다.

프랑스 국민들이 졸라의 허수아비로 화형식을 열고 그를 반역죄로 다스리라고 난리를 치는 와중에, 영국에서는 졸라의 진짜 장례식이 열렸다. 졸라가 망명 중에 사망한 것이었다. 졸라의 죽음을 계기로 전 유럽이 들끓기 시작했고, 프랑스 내 여론도 둘로 갈렸다.

결국 1902년 7월 프랑스 대법원은 재심에 착수했고 드레퓌스는 무죄판결을 받고 석방된다. 그는 오랜 수감생활로 노인처럼 변해 있었다. 군대로 복귀한 그는 제1차 세계대전에 대령으로 참전하여 무공훈장을 받았고, 1935년에 죽었다.

이상이 드레퓌스 사건의 개요다. 언론의 왜곡된 보도, 쉽게 흥분하는 대중들, 자기와 의견이 다르면 모두 악惡이라는 적대적이고 폭력적인 사람들…, 드레퓌스 사건 때 파리 시민들의 광기 어린 모습이다. 하지만 1세기도 더 지난 지금, 웬일인지 그다지 낯설지 않다. 우리의 모습 속에서도 찾아볼 수 있는 집단적인 광기는 오히려 익숙한 느낌이 든다. 그런데 그 누구도 반대의견을 제시하기 힘든 상황에서, 에밀 졸라는 어떻게 자신의 안위를 걱정하지 않고 과감히 나설 수 있었을까?

이 사건은 유태인 인종차별 때문에 드레퓌스 개인이 억울하게 옥살이를 한 단순한 사건으로 끝날 수도 있었다. 하지만 에밀 졸라 덕분에 역사적, 사회적으로 큰 의미를 가지게 되었다. 역사적으로는 이스라엘 국가 설립의 단초가 되었다. 이 사건을 취재하다 유태인들의 핍박을 경험한 오스트리아 〈비엔나 신문〉의 기자 출신 유태인 테오도르 헤르츨 Theodor Herzl은 매년 시오니스트 대회를 열고 이는 곧바로 이스라엘 국가 창설로 이어진다. 헤르츨은 현재 이스라엘의 국부로 추앙받고 있다.

사회적으로 이 사건은 대중의 광기, 불의에 맞선 에밀 졸라, 지식인 한 사람의 양심적 행동이 세상을 바꿀 수 있다는 사실을 보여준 점에서 큰 의미를 가지고 있다.

19세기 말 당시 천덕꾸러기였던 유태인이 부당한 대우를 받는 것은 다반사였다. 그러나 졸라에게 드레퓌스 사건은 단순한 인종차별의 문제가 아니었다. 거대한 조직의 음모와 부당한 처사, 힘없는 개인의 파멸…, 한마디로 불의에 맞서는 문제였던 것이다. 주변에 무모하다고 만류하는 사람도 있었을 것이고, 공연히 쓸데없는 짓을 한다고 비난하는 사람도 있었을 것이다. 그러나 졸라는 자신이 옳다고 판단한 일을 위하여 목숨을 걸고 과감하게 나섰다. 용기 있는 지식인의 전형을 볼 수 있다.

우리 사회가 제자리를 잡지 못하고 계속 시끄러운 원인이 뭘까? 이를 정부나 통치자에게서만 찾는 사람들이 많다. 하지만 우리 각자에게는 책임이 전혀 없는 것일까? 자신의 책임은 망각하고 남의 탓만 하고 있는 건 아닌지 모르겠다. 사회 각 분야에서 에밀 졸라와 같이, 대중들의 잘못된 믿음과 그릇된 여론에 과감히 맞서 진실을 밝히는 지식인들이 많이 나타나야 할 텐데, 그렇지 못해서 아쉽다. 무엇하러 공연히 나서서 몸과 마음만 피곤해지는 일을 쓸데없이 자초하느냐고 비웃는 분들도 있을 것이다. 이런 분들에게는 히틀러 치하에서 나치의 죄악에 침묵했던 어느 목사님의 뒤늦은 탄식이 시사하는 바가 클 것이다.

"히틀러가 유태인을 공격했을 때, 나는 유태인이 아니었다. 그래서 관심이 없었다. 히틀러가 가톨릭을 공격했을 때, 나는 가톨릭 신자가 아니었다. 그래서 관심이 없었다. 히틀러가 노동조합을 공격했을 때 나는 조합원이 아니었다. 그래서 관심이 없었다. 그리고 히틀러는 프로테스탄트 교회를 공격했다. 이제 그 일을 걱정해줄 사람은 아무도 남아 있지 않았다."

일본의 선각자, 후쿠자와 유키치

요즈음 법조인들은 대한민국을 동방고소지국東方告訴之國이라고 부른다. 어느 통계자료에 따르면 한 해 동안 고소, 고발된 사람이 76만 명으로(2008년) 국민 80명당 1명이 고소당한 셈이다. 인구 대비 일본보다 155배나 많았다고 한다. 언젠가부터 우리 국민들의 마음이 삭막해져 무언가 잘못되면 남의 탓부터 하는 건 아닐까?

분쟁이 끊이질 않는 의료기관, 의사와 환자 사이의 갈등…, 우리나라 의사들은 항상 의료사고를 의식하면서 진료를 한다. 이웃 나라 일본은 사정이 좀 다른 것 같다. 일본과 한국 양쪽 병원에서 근무했던 의사의 말에 따르면, 일본은 우리나라만큼 의료분쟁이 많지 않다고 한다. 유독 우리나라에서만 고소, 고발이 난무하는 것도 어쩌면 같은 맥락이 아닐까 싶다. 일본인들의 뛰어난 법규준수와 질서 정연함, 남에게 폐를 끼치지 않으려는 마음가짐…, 이런 것들은 과연 어디서 유래한 것일까?

지난여름, 일본 북해도대학에서 학회를 마치고 휴양지 토야로 가게 되었다. JR을 타고 170킬로미터 거리를 2시간 동안 가는데 놀랍게도 만

원 기차 안에서 휴대전화를 사용하거나 큰 목소리로 대화하는 사람이 단 1명도 없었다.

　우리나라 고속버스나 전철, 기차를 타면 휴대전화 공해가 너무 심해 괴로울 때가 많다. 엘리베이터에서도 다른 사람에 아랑곳하지 않고 큰 소리로 대화를 나누거나 휴대전화를 사용하는 사람들도 많다. 도로에서도 새치기 주행, 고속도로 갓길주행은 다반사고, 시위대는 광화문 앞 대로를 불법 점거하고 폭력을 휘두르기도 한다. 한마디로 후진적인 행태다. 우리나라와 일본이 왜 이렇게 차이가 날까? 일본은 선진국 가운데서도 질서의식이 가장 앞선 나라다. 이런 일본의 강점은 어디서 기인하는 것일까?

　세계 어느 나라든 지폐의 초상화 인물은 그 나라를 대표하면서 동시에 국민들에게 가장 존경을 받는 사람이다. 특히 고액권에 등장하는 인물일수록 그렇다. 일본의 화폐 중 가장 높은 금액인 1만 엔권 속의 인물, 즉 일본을 상징하는 인물은 누구일까? 1984년 선정되었던 다른 지폐의 인물들은 2004년 모두 교체되었으나 1만 엔권의 이 인물은 건재하다. 바로 근대 계몽사상가인 후쿠자와 유키치다.

　후쿠자와 유키치라는 이름을 처음 들어본 사람도 많을 것이다. 우리의 세종대왕에 필적하는 이 사람이 생소하게 느껴지는 것을 보면 아직도 우리가 일본을 잘 모르는 것 같다. 우리에게 잘 알려진 이토 히로부미는 후쿠자와에 상대도 안 되는 사람이다. 물론 이토는 초대총리를 포함해 총리를 4회나 역임했고, 초대 추밀원 의장으로 활약하는 등 생전의 지위는 후쿠자와를 월등히 앞선다. 그러나 사후 영향력 면에서는 후쿠자와와 비교도 할 수 없는 인물이다. 참고로 이토 히로부미는 1963~1984년의 21년 동안 1,000엔권 지폐의 인물이었다. 한마디로 후쿠자와는 일본의 국부國父인 셈이다.

후쿠자와는 1835년 오사카 근처 나카즈번에서 하급무사의 아들로 태어났다. 두 살에 아버지를 여의고 가난에 찌들어 살던 그는 20세에 나가사키로 가서 화란어와 난학을 배우기 시작한다. 3년간 침식을 잊고 공부하여 그의 실력이 널리 알려지면서 24세에 에도(현재의 도쿄)의 어느 영주 저택의 한 모퉁이에서 '게이오 의숙'을 열고 화란어를 가르치기 시작한다. 훗날 이 의숙은 일본 최고의 사립대학인 게이오대학으로 발전한다.

후쿠자와는 어느 날 요코하마에 갔다가 화란어와 난학의 시대는 저물고 영어의 시대가 도래했음을 발견한다. 그때부터 독학으로 영어 공부에 매진하여 경제학 원론을 영어로 강의할 수 있는 수준에 이른다. 자신을 연마하는 한편, 장차 새로운 일본을 책임질 인재양성을 위하여 서구 열강들의 앞선 문명에 관심을 갖는다. 마침 서구 문명국들을 방문할 기회를 갖게 되었고, 1860년 미국 방문 사절단의 수행원을 시작으로 메이지 정부가 수립되기 전 7년 동안 미국을 2회, 유럽을 1회 시찰하게 되었다. 그는 이 여행에서 보고 배운 것들을 《서양사정西洋事情》이라는 10권짜리 저서로 일본 국민들에게 소개한다.

그의 여러 저서 가운데 일본인들에게 가장 큰 영향을 끼친 저서는 1872년에 발간된 《학문의 권면》이다(한국어판은 《학문을 권함》, 《학문의 권유》라고도 번역되었다). 그는 이 책의 첫 장에서 "하늘은 사람 위에 사람을 만들지 않고, 사람 밑에 사람을 만들지 않는다."는 말로 시작한다. 그리고 민본, 인권, 평등의 사상과 함께 개인의 존엄성, 법치국가 개념 등을 일본인에게 소개한다. 봉건적 인습에 젖어 있던 당시 일본인들에게 이 책은 하늘의 계시처럼 느껴졌다.

4년에 걸쳐 총 17편으로 출판된 《학문의 권면》은 메이지 시대의 민심을 근본부터 흔들어놓았다. 그는 좋은 국민 위에 좋은 정부가 생기고, 좋은 국민은 독서로부터 온다고 학문의 중요성을 역설하였다. 《학문의 권면》은 일본 인구가 3,500만 명이었던 당시에 무려 370만 부가 팔릴 정도로 초超베스트셀러였다. 거의 모든 일본인들이 이 책으로 공부를 했다는 이야기다. 오늘날 일본 국민이 세계에서 가장 책을 많이 읽는 국민이 된 것은 후쿠자와의 영향력 때문이라고 해도 과언이 아니다. 지하철에서 휴대전화로 게임이나 하는 우리와 비교된다.

구한말과 일제 치하, 우리의 많은 지식인들 역시 후쿠자와의 열렬한

팬이었다. 김옥균, 박영효, 서재필 등 갑신정변의 주역들은 물론이요, 일제 치하의 이광수, 최남선 등도 후쿠자와를 자신의 롤모델로 삼았다. 유길준의 《서유견문》, 이광수의 《민족개조론》 등이 모두 후쿠자와의 영향을 받았다고 알려져 있다.

세상만사가 그렇듯이 후쿠자와에게 좋은 점만 있었던 것은 아니다. 그에게도 큰 과오가 있었다. 일제 군국주의의 침략에 이론적 발판을 제공하였다는 비판이 그것이다. 일본에 시달린 인접 나라 국민들의 입장에서 보면 그는 달갑지 않은 인물이다.

초기의 후쿠자와는 민권을 주창하였으나 1882년 언론사업에 뛰어들어 〈지지신보〉라는 영향력 있는 신문(현재의 〈산케이신문〉)을 통하여 국익에 앞장서는 철저한 민족주의자로 변신했다. 부국강병과 탈아입구론脫亞入歐論을 주장하여 일본이 군국주의, 패권주의로 나아가는 이론을 제공했다. 1894년 청일전쟁이 발발했을 때 군비헌납운동을 적극적으로 전개할 정도로 일본의 침략정책을 옹호했다.

이런 부정적인 평가에도 불구하고, 후쿠자와는 구한말, 우리가 쇄국과 정쟁으로 날밤을 지새우는 동안 교육과 저술활동을 통하여 일본 국민을 계몽한 선각자였다. 일본이 동양 3국 가운데 가장 먼저 근대화를 달성할 수 있었던 이면에는 후쿠자와와 같은 인물이 있었기 때문이다. 이광수는 후쿠자와를 '일본에 복을 주기 위해 하늘이 내린 위인'이라고 극찬했다.

　후쿠자와가 일본인들의 추앙을 받는 또 다른 이유는 그의 겸허했던 생활태도 때문이다. 탁월한 식견과 훌륭한 업적으로 여러 차례 높은 관직을 제의받았으나 모두 고사했다. 포상, 학위, 훈장, 작위 등의 세속적인 영예를 모두 거절하고 평민의 신분으로 민중과 더불어 사는 것을 평생 낙으로 삼았다.

　문화심리학자인 명지대 김정운 교수는《일본열광》이라는 저서에서 일본영화 '실락원', '사랑의 유형지', '철도원'의 주인공들인 일본 중년남자들의 심리상태를 분석하고 있다. 기차를 타고 어디론가 멀리 떠나고(김 교수의 표현에 따르면, "슬픈 한국 남자는 당구장으로 가고, 슬픈 일본 남자는 기차를 탄다."), 불륜도 하고, 자살도 하는 눈빛 촉촉한 주인공들의 행동은 그들을 짓누르고 있는 아버지의 그늘로부터 도망침과 동시에 아버지를 극복하기 위한 행동으로 해석되는데, 그 아버지가 바로 후쿠자와 유키치라는 것이다.

　이렇듯 후쿠자와는 일본의 아버지다. 그가 일본인들의 행동거지 하나하나를 규정해 놓았기 때문이다.《학문의 권면》에서 후쿠자와는 특히 '분수'의 중요성을 강조했다. 그는 분수를 '다른 사람을 방해하지 않고 자신의 자유를 향유하는 것'이라고 정의했다. 일본 아이들은 어릴 적부터 '남에게 폐를 끼치면 안 된다'고 귀가 따갑게 교육받는다. 이런 교육은 후쿠자와의 가르침에서 큰 영향을 받은 것이다.

　우리 아이들은 어떤가? TV만 켜면 연예인들의 신변잡기가 쏟아지고, 흥미위주의 토크쇼와 저질 개그가 청소년들의 정서교육을 담당한다. 경박함으로 무장한 연예인들은 청소년들의 우상이 되었고, 초등학교 시절부터 자기편은 무슨 짓을 해도 옳고, 의견이 다른 사람은 미워하도록 가르치는 교육에 노출되어 있다. 사회질서와 권위를 무시하고 잘못된 것은 다 남의 탓이라고 정죄하는 교육도 받는다. 반면 다른 사람들에게 폐를 끼치면 안 된다는 교육은 받아본 적이 없다. 그러다 보니 공공장소에서 초등학생들이 남들을 의식하지 않고 자기 집 안방처럼 뛰어다니며 소란을 피워 눈살을 찌푸리게 한다.

　우리는 여전히 일본을 우습게 안다. 전 세계에서 일본을 무시하는 유일한 나라가 대한민국이라고 할 정도다. 하지만 일본을 우습게 여긴다고 일본을 이기는 것은 아니다. 먼저 그들을 잘 알고, 그들의 장점을 겸허히 받아들여야 한다. 과연 우리가 그들의 강점, 약점, 실체를 정확하게 파악하고 있는지 다시금 생각해봐야 할 것이다. 그러기 위해서는 우선 지식인과 전문가 집단의 반성이 선행되어야 한다.

섀클턴의 위대한 항해, "우리는 꼭 살아 돌아간다!"

서른 넘어서부터였나, 마흔 넘어서부터였나, 언제부터인가 '가장 존경하는 인물이 누구냐'는 질문을 받지 않게 되었다. 나이가 들면 존경하는 인물이 없어지는 걸까? 어쨌든 그런 질문에 답을 해본 지 하도 오래 되어서 갑작스럽게 질문을 받으면 조금 난감해진다. 초등학생 때야 세종대왕, 이순신 장군 등을 이야기했지만, 나이가 나이인지라 아무렇게나 답할 수도 없다.

하지만 언젠가 한 매체와 인터뷰를 하면서 그 질문을 받았을 때 나는 망설임 없이 어니스트 섀클턴 경이라고 대답했다. 그리 잘 알려진 분은 아닐지도 모르겠다.

세상을 살아가면서 누구나 한번쯤은 도저히 이겨낼 자신이 없는 역경을 맞게 된다. 8,000미터가 넘는 고산을 자주 등정하는 알피니스트들이야 이런 역경을 맞는 것이 예삿일이겠지만, 평범하게 살아가는 사람들 역시, 남들은 잘 모르겠지만 힘든 고비 앞에서 좌절하는 경우가 있다.

나 역시 직업의 특성상 힘든 일을 자주 겪는다. 수술 중에 극복하기 힘든 문제가 발생할 때도 있다. 그럴 때면 '과연 내가 이 고비를 무사히 넘길 수 있을까' 하고 자신감을 잃기도 한다. 다급한 마음에 임시방편을 바라거나, 때로는 등골에서 식은땀이 나면서 평정심을 잃기도 한다.

이럴 때 내가 의도적으로 머리에 떠올리는 인물이 있다. 바로 어니스트 섀클턴 경이다. 그가 겪었던 역경을 생각하면서 기를 받는 것이다. 그러다 보면 어느새 평정심과 자신감을 회복하게 된다. 그의 이야기가 독자 여러분들에게도 도움이 될 것이다.

아일랜드에서 의사의 아들로 태어난 어니스트 섀클턴은 학교를 졸업하고 고급 상선의 선원으로 일하다가 28세 때인 1901년 유명 탐험가 로버트 스콧Robert Falcon scott의 첫 번째 남극탐험에 동반자로 참가한다. 하지만 탐험은 실패로 끝났고 섀클턴은 괴혈병으로 썰매에 실려 돌아오는 신세가 되었다.

1908년 직접 탐험 자금을 확보하여 두 번째 남극탐험에 나선 섀클턴은, 남극점을 150킬로미터 앞두고 더 이상 전진할 수가 없었다. 결국 포기하고 간신히 살아서 귀환한다. 하지만 이 탐험에서 스콧의 전진 기록을 약 600킬로미터 앞지른 섀클턴은 국민적 영웅으로 떠올랐고, 기사 작위를 받는 영광을 누린다.

섀클턴이 탐험 때문에 진 빚으로 허덕이고 있었던 1911년, 스콧은 다시 한 번 남극점 정복에 나선다. 하지만 노르웨이의 탐험가 아문센과의 경쟁에서 패하면서 비참한 죽음을 맞는다. 북극과 남극 정복에 잇따라 실패한 영국은 스콧의 영웅적인 죽음에 자극을 받아 섀클턴을 적극 지원한다. 그가 남극점을 정복하는 것 이상의 의미가 있는 남극횡단을 준비하고 있었기 때문이다.

섀클턴은 노르웨이의 극지탐험용 배 전문 조선소에서 300톤 규모에 길이 44미터의 튼튼한 배를 구입한 후 인듀어런스(Endurance, 인내) 호라 명명한다. 자신의 앞날에 엄청난 인내를 요구하는 운명이 기다리고 있을 줄은 꿈에도 모르고 지은 이름이었다.

27명의 대원을 엄선한 섀클턴은 1914년 8월 8일 영국을 떠나 부에노스아이레스를 거쳐 12월 5일 마지막 기항지인 사우스조지아 섬을 출발하여 남극으로 향한다. 엄청난 부빙浮氷을 피해 항해하던 인듀어런스 호는 상륙 예정지인 바셀 만을 불과 130킬로미터를 앞두고 1915년 1월 18일 부빙에 포위되어 갇혀버렸다.

배는 얼음 사이에 갇혀 꼼짝도 할 수 없었고, 여름이 되어 얼음 녹기를 기다리는 수밖에 없었다. 얼마나 지속될지 알 수 없는, 배와 부빙을 오가는 지루한 생활이 시작되었다. 겨우 희망을 버리지 않고 기다리던 대원들에게 불운이 다가오고 있었다. 여러 달이 지난 1915년 10월 27일 부빙의 압력 때문에 인듀어런스 호가 서서히 부서지면서 가라앉기 시작한 것이다. 대원들은 배에서 탈출하여 바로 옆에 있는 부빙으로 옮겨 캠프를 차릴 수밖에 없었다. 결국 11월 21일에 배는 완전히 가라앉았고 3척의 구명보트를 건질 수 있었다는 게 그나마 다행이었다.

　섀클턴과 선원들은 부빙 위에서 생활하면서 얼음이 녹길 기다렸으나 해빙의 조짐은 전혀 보이지 않았다. 그렇게 해가 바뀌어 1916년이 되었다. 썰매 개들도 다 잡아먹었고 연료와 식량도 점점 줄어들어 펭귄과 물개가 주 식량원이 되었다. 설상가상으로 부빙이 점점 녹아 그들은 곧 그곳을 떠나야만 했다.

　1916년 4월 7일까지 장장 15개월 동안 얼음에 갇혀 있던 대원들은 3척의 구명보트에 나누어 타고 바다로 나갔다. 하지만 그전까지와는 비교도 할 수 없는 참혹한 고난이 시작되었다. 언제 끝날지 모르는 상태로 대원들은 3척의 구명보트에 의지하여 강한 바람과 높은 파도, 맹추위를 견뎌야 했다. 가장 온화할 때조차 영하 8도인 날씨에, 배를 부술 듯 휙휙 지나가는 얼음 덩어리로 둘러싸인 남극의 겨울바다에서 7일 동안 공포에 떨던 대원들은 겨우 목숨을 부지하여 엘리펀트 섬에 상륙할 수 있었다. 사우스조지아 섬을 떠난 이후 497일 만에 처음으로 밟아보는 육지였다. 대원들은 휴식을 취하고 물개고기 스테이크로 요기를 했다.

　하지만 아무도 살지 않는 외딴 엘리펀트 섬에서 무작정 구조를 기다리고 있을 수는 없었다. 섀클턴은 중대한 결정을 내린다. 구조요청을 하기 위해 일부 대원을 데리고 처음 출발지인 사우스조지아 섬으로 떠나기로 한 것이다. 갑판도 없는 길이 6미터짜리 구명보트 제임스 커드 호를 타고 1,000킬로미터나 떨어진 사우스조지아 섬으로 가는 것은 거의 자살행위나 다름없었다. 시속 100킬로미터의 바람이 불고 20미터 높이의 거대한 파도가 치는, 지구에서 가장 험난한 겨울바다를 겨우 쪽배를 타고 항해해야 했기 때문이었다. 하지만 다른 방법이 없었다.

섀클턴을 포함하여 6명의 대원은 4주 동안 버틸 식량을 가지고 1916년 4월 24일 엘리펀트 섬을 떠나 망망대해로 나섰다. 평생 처음 보는 거대한 파도에 맞서 싸우고 허리케인 등을 겪으며 사우스조지아 섬을 향해 항해를 계속했다. 나중에 알게 되었지만 이 허리케인은 인근 해역에서 500톤의 증기선을 침몰시킬 정도로 엄청난 규모였다.

숱한 위기를 넘긴 6명의 대원은 16일간의 사투 끝에 1916년 5월 10일 사우스조지아 섬에 도착한다. 어떤 사람은 엘리펀트 섬에서 사우스조지아 섬까지의 이 항해가 인류 역사상 가장 위대한 항해라고 평가한다. 그러나 그게 끝이 아니었다. 섬을 가로 질러 구조를 요청할 수 있는 포경기지까지 가는 게 또 다른 난관이었다. 얼음 절벽과 크레바스 협곡을 지나 포경기지에 도착하는 데 또 10일이 걸렸다. 결국 5월 20일 오후 3시, 기괴한 행색의 대원들이 포경기지에 도착했을 때 사람들은 술에 취한 거지로 생각하고 멀찌감치 피해갔다.

영국 신문들은 섀클턴의 생존소식을 대서특필했고 국왕은 직접 전보를 보내왔다. 하지만 섀클턴은 초조했다. 엘리펀트 섬에 남아 있는 22명의 대원들을 한시라도 빨리 구조해야 하기 때문이었다. 어렵사리 구조선을 구해 다시 엘리펀트 섬으로 갔으나 부빙 때문에 번번히 접근에 실패했다.

섀클턴은 칠레 정부에 간청해서 네 번째 구조선을 빌려 엘리펀트 섬으로 향했다. 이번에는 다행히 성공해 1916년 8월 30일 섬에 도착했다.

섬으로 접근하는 배에서 섀클턴은 쌍안경으로 깃발을 흔들어대는 대원들의 숫자를 헤아렸다. 22명이었다. 그동안 한 사람도 사망하지 않은 것이다. 섀클턴은 그제야 처음으로 안도의 표정을 지었다. 당시 그의 심정은 아내에게 보낸 편지에 잘 나타나 있다.

"드디어 해냈고…, 한 사람도 잃지 않고, 우리는 지옥을 헤쳐 나왔소."

수년 뒤 1921년 9월, 다시 남극탐험에 나선 섀클턴은 사우스조지아 섬에서 탐험준비를 하던 중 심장발작으로 숨졌다. 그의 나이는 47세였다. 동료들은 그를 영국의 좁은 공동묘지가 아닌 사우스조지아 섬에 묻었다. 자유로운 섀클턴의 영혼이 거칠고 웅장한 남극에 남길 원해서였다.

어떤 역경이 이보다 더 혹독할 수 있을까? 남극오지와 겨울바다에서 섀클턴 경과 그 대원들이 겪었던 20개월은 그 어떤 역경과도 비교할 수 없을 것이다. 아무런 희망도 없이 초조하게 누군가를 기다리는 시간들, 6미터짜리 구명보트를 타고 거친 남극바다를 항해해 1,000킬로미터나 떨어진 사우스조지아 섬으로 떠나야 하는 절망적인 상황…. 섀클턴 경은 특유의 낙천적인 성격과 부하를 위한 희생정신, 리더로서의 책임감으로 이 엄청난 역경을 극복하고 단 한 명의 희생도 없이 대원 전체를 구해냈다. 나는 어려운 문제가 생길 때마다 섀클턴 경과 그 대원들을 생각하며 자신감을 회복하려고 노력한다.

섬으로 접근하는 배에서 섀클턴은 쌍안경으로 깃발을 흔들어대는 대원들의 숫자를 헤아렸다. 22명이었다. 그동안 한 사람도 사망하지 않은 것이다. 섀클턴은 그제야 처음으로 안도의 표정을 지었다. 당시 그의 심정은 아내에게 보낸 편지에 잘 나타나 있다.
"드디어 해냈고…. 한 사람도 잃지 않고, 우리는 지옥을 헤쳐 나왔소."

| 저자소개 |

　서울아산병원 정형외과 주임교수. 1980년 서울대학교 의과대학을 졸업하고 서울대학병원 정형외과 전공의를 거쳐 척추 전임의로 일했다. 현재 서울아산병원 정형외과 교수(척추 분야)이고 서울아산병원 척추측만증센터 소장이며 울산대학교 의과대학 교수이다.

　미국 UC샌디에이고에서 전임의로 1년간 근무했으며 미국 측만증연구학회 회원이다. 한국의 명의 100명 중 한 사람으로서, EBS '명의' 등에 출연했다. 문사철文史哲의 교양이 삶에 녹아 있는 명망 있는 의사로 유명하다.

독수리의 눈, 사자의 마음, 그리고 여자의 손

2012년 9월 5일 초판 1쇄 | 2022년 12월 9일 14쇄 발행

지은이 이춘성
펴낸이 박시형, 최세현

책임편집 최세현
마케팅 양근모, 권금숙, 양봉호, 이주형 **온라인마케팅** 신하은, 정문희, 현나래
디지털콘텐츠 김명래, 최은정, 김혜정 **해외기획** 우정민, 배혜림
경영지원 홍성택, 이진영, 김현우, 강신우
펴낸곳 (주)쌤앤파커스 **출판신고** 2006년 9월 25일 제406-2006-000210호
주소 서울시 마포구 월드컵북로 396 누리꿈스퀘어 비즈니스타워 18층
전화 02-6712-9800 **팩스** 02-6712-9810 **이메일** info@smpk.kr

ⓒ 이춘성 (저작권자와 맺은 특약에 따라 검인을 생략합니다)
ISBN 978-89-6570-087-6 (03810)

- 이 책은 저작권법에 따라 보호받는 저작물이므로 무단전재와 무단복제를 금지하며, 이 책 내용의 전부 또는 일부를 이용하려면 반드시 저작권자와 (주)쌤앤파커스의 서면동의를 받아야 합니다.
- 잘못된 책은 구입하신 서점에서 바꿔드립니다.
- 책값은 뒤표지에 있습니다.
- komca 승인필

쌤앤파커스(Sam&Parkers)는 독자 여러분의 책에 관한 아이디어와 원고 투고를 설레는 마음으로 기다리고 있습니다. 책으로 엮기를 원하는 아이디어가 있으신 분은 이메일 book@smpk.kr로 간단한 개요와 취지, 연락처 등을 보내주세요. 머뭇거리지 말고 문을 두드리세요. 길이 열립니다.